陈忠实纪念集

人民文学出版社编辑部 编

In Memory of Chen Zhongshi

人民文学出版社

图书在版编目（CIP）数据

陈忠实纪念集 / 人民文学出版社编辑部编．—北京：人民文学出版社，2017
ISBN 978-7-02-013136-5

Ⅰ.①陈… Ⅱ.①人… Ⅲ.①陈忠实（1942—2016）—纪念文集 Ⅳ.①K825.6-53

中国版本图书馆CIP数据核字（2017）第183495号

责任编辑　刘　稚　薛子俊
装帧设计　崔欣晔
责任印制　王重艺

出版发行　人民文学出版社
社　　址　北京市朝内大街166号
邮政编码　100705
网　　址　http://www.rw-cn.com

印　　刷　北京千鹤印刷有限公司
经　　销　全国新华书店等

字　　数　200千字
开　　本　880毫米×1230毫米　1/32
印　　张　11.125　插页8
印　　数　1—5000
版　　次　2017年9月北京第1版
印　　次　2017年9月第1次印刷

书　　号　978-7-02-013136-5
定　　价　48.00元

如有印装质量问题，请与本社图书销售中心调换。电话：010-65233595

1959年，初中毕业照。陈忠实（前排左一）
手拿1959年刊有《创业史》的《延河》。

1963年的陈忠实。

1980 年春，与毛西公社干部在村头。

1980年，在家乡菜园和老农交谈。

中年陈忠实。

1990 年代中期，写作。

1993年冬，在陕西作协办公室门前留影。

1990年代，陈忠实与博尔赫斯夫人玛丽亚·儿玉女士在一起。（摄影：尚洪涛）

2010年,重温当年写《白鹿原》的感觉。《白鹿原》就是在这张小桌上写的。

2010年，学老腔艺人表演。

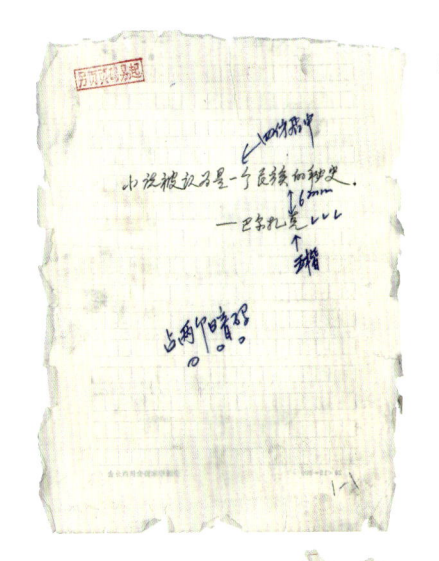

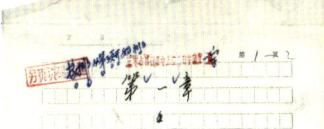

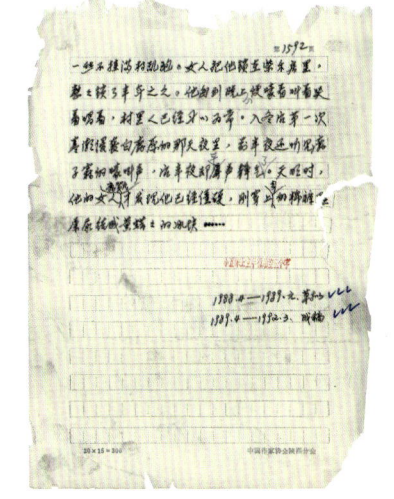

《白鹿原》手稿。

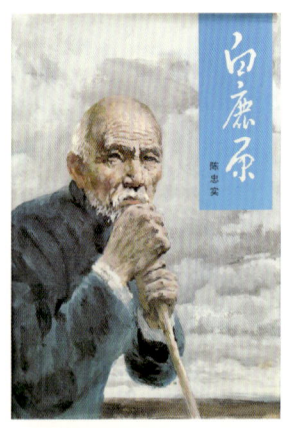

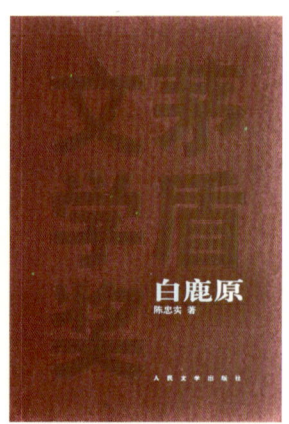

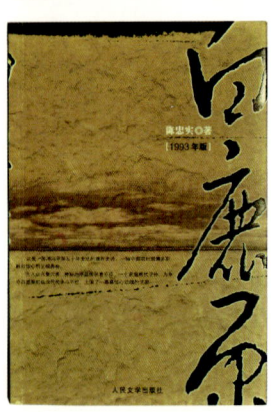

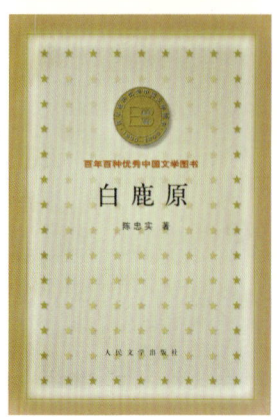

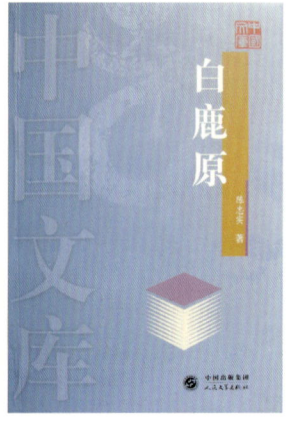

人民文学出版社各种版本的《白鹿原》。

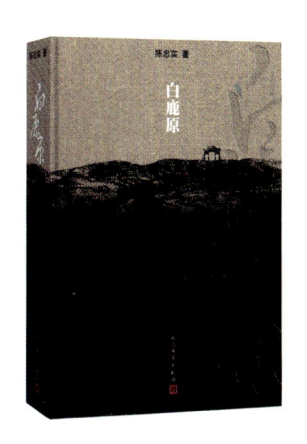

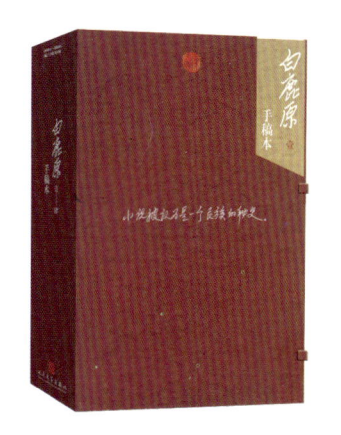

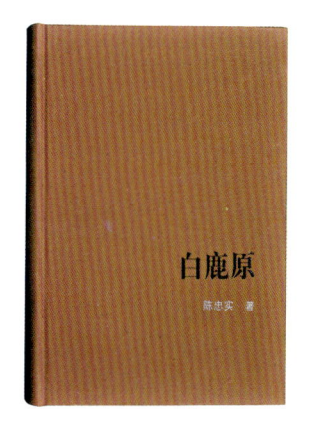

人民文学出版社各种版本的《白鹿原》。

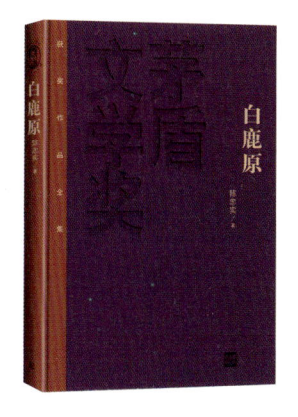

2010年的陈忠实。(摄影：尚洪涛)

目 录

忠实的胸怀	阿　莹	1
原上原下	白　描	6
不懈的"寻找"　不朽的丰碑	白　烨	23
《白鹿原》的第一次研讨会	常振家	39
儿子眼中的父亲	陈海力	48
"悲伤，是我们为爱付出的代价"	陈勉力	53
陈忠实生命的最后三天	陈　彦	59
回忆陈忠实老师的三次笑	陈　毓	65
遥祭陈忠实	党益民	71
他走了，文学依然神圣	韩霁虹	80
陈忠实为我们改稿	韩小蕙	86
永生的忠实	何启治	93
永远的陈忠实	贺绪林	107
先睹为快	洪清波	113
大山倒地亦巍然，万民为你吼老腔	忽培元	123
在陈忠实逝世一周年追思会上的发言	贾平凹	137
哭陈忠实老师	孔　明	140
忠实兄永在我心	雷　达	144
陈忠实印象记	李建军	151

陶塑《白鹿原》创作往事	李小超	165
你是一座大山	李　星	170
去南海栽一棵树	刘醒龙	183
再见，白鹿原！	潘向黎	194
秦岭不倒　渭水长流	祁念曾	203
斯人已逝，风范长存	铁　凝	208
痛悼忠实	王　蓬	213
说来话长	魏心宏	222
老陈，走好	吴　峻	226
陈忠实，我们时代的一个文化 logo	肖云儒	232
陈忠实的寂寞	邢小利	237
先生，您还欠我一套书	薛保勤	260
只要《白鹿原》在，忠实就活着	阎　纲	268
注目南原觅白鹿	杨海蒂	272
白云一片去悠悠	叶广芩	278
文学依然神圣	叶　子	285
好人陈忠实	远　村	292
邻家大哥陈忠实	张艳茜	299
寻找越文版《白鹿原》	章学锋	317
和陈忠实相处的日子	赵　安	323
灞桥的那个老汉	赵　丰	331
编后记		351

忠实的胸怀

阿 莹

我是在中央党校学习班的结业式上听闻陈忠实去世噩耗的。那天,与我同班的铁凝主席告诉我陈忠实早晨走了,我一听不禁"啊"了一声。昨天才听她说先生病危了,作协的钱书记已赶赴西安探望,怎么刚刚过去一夜就撒手人寰了?我原本还想着回到西安就赶去医院看望先生的,这个愿望却在瞬间破碎了。

从悼念先生的大厅出来,我的脑子呆木木的,使劲在想跟先生交往的过程,却怎么也想不起当初是怎么跟先生认识的了,只记得他的《信任》当年荣获了短篇小说奖,我们一帮文学票友围上他一声声道贺,但他的反应并不热烈,额头的皱纹并没有得意的迹象;待他的《白鹿原》出版后好评如潮,我每每捧读都感到沉甸甸的,有评论说这部书是新中国成立以来最伟大的文学收获,我把这些重复给他,他却只露出一点淡淡的笑容，额头的皱纹依旧深深的不愿舒展。他似乎喜欢保持那么一副矜持的表情，好像谁的评价都难以触动他的心扉。

其实，陈忠实最让我感动的还是他的人格魅力。那年我在西安东郊一家军工厂做事，有一天我们在城里相遇，先生吞吞吐吐说他有个侄子找了个对象，已到了谈婚论嫁的程度，但女方提出必须调到西安才能成婚。那时候从县城调进省城还是挺麻烦的，我费了点周折才把孩子调进厂来。然而，没隔多久他侄子忽然急切地找到我，说俩人谈吹了，无论如何让我想法把人退回去。我感到为难，就去找先生商量怎么处理，想不到先生早已知晓此事，他轻描淡写地说：谈不成就不成了，人咋能退回去，成不了亲人也不能成仇人。我听罢此言，感慨良多，先生宽宏的胸怀和为人的品行便深深地印到我脑海了。以后每每见到先生，都会感觉他就是从《白鹿原》里款款走来的那位孤傲高洁的朱先生。

由于公务所累，我有好多年没再从事业余创作，彼此便自然少了交往。后来，我被军工人研制1999年国庆阅兵装备时表现的精神所感动，组织作家们采写了一批反映这个艰难过程的报告文学，后来已经准备付梓了，部队首长建议请名家为书作个序。我马上想到了先生，可我们已许久没有谋面了，想不到他依旧那么坦诚热情，那天接过书稿简单翻了翻，就说军工人可是咱国家的脊梁，为他们出书立传值得。随后他还真把那厚厚一摞文稿通读了一遍，写了一篇激情洋溢的序言。当我接到那一笔一画饱蘸着先生心血的文字，刚读过几行就激动起来，他对军工事业和军工人的理解是那么深刻，已不是几句感谢的话能够概括得了。

后来也是公务所驱，我写了部陕北歌剧《米脂婆姨绥德汉》，正巧省上在丈八沟宾馆召开艺术家座谈会，我以前从没写过这类文学作品，便忐忑地把剧本拿给他，请先生拿回家看了提点意见。第二天一大早，先生就把我叫到他房间，详细地谈了他的整体印象和对主人公的认识，告诫我一定找个好导演，好好把这部戏做下去。这当然增添了我莫大的信心，从此每每排演遇到困难，我就用先生的话鼓励大家也鼓励自己。后来先生去看了首场演出，写了评论，字字句句都饱含着对文学人的呵护和期许。我当时瞅他凝神签字的模样，便抄起相机拍了一张彩照，自以为抓住了作家的神韵，便仔细贴了塑面送给他。今天这张照片似乎有了永恒的意义。

前年，我牵头邀请专家们梳理陕西的文化资源，策划了三十个重大文化项目，其中就有一个以先生创作的《白鹿原》为背景的文化园区。为了把这个项目做出彩，我又把省内外文学、历史、旅游界的学者邀来反复论证，大家异口同声陕西早该打这张名片了。这个文化园区实质上就是在白鹿原上再现滋水老县城，再现先生魂牵梦绕的白鹿两家的老宅子，还要为先生开辟一院"陈忠实书屋"，还将建造二三个小剧场，常年上映有关《白鹿原》的故事和戏剧。可想那里当然是一处浓缩着关中风情的文化景区,可使天南地北的人来到关中就能够享受到白鹿原的魅力,也享受到这片黄土地带来的厚重滋润。我以为这样一个指向性明确的规划,先生一定会十分惦念的,因为这在一定意义上讲就是先生艺术成就和创作生涯集大成的展现,却没想到在以后的日子里,也不知是他怀疑这个规划的可行性,还是担心将来的景区会破坏人们对他倾心营造的白鹿原的憧憬,始终没有向我问过一个字。我后来听闻先生病了,还侧面向参加白鹿原文化园区论证会的邢小利打听先生对这个规划的看法,只是听闻先生异常高兴,但他又说政府拿钱建文化园不容易,等到建造得差不多了再抽暇去看看。

　　去年,我突然听说先生病重住院了,便约了刚到省作协上任的黄道峻去医院探视。我以为这时候先生应该对这项工程询问两句的,得了这种病谁都会想自己身后事的,可想不到先生依然抿着嘴唇什么也没问,只是听我在那里与大夫乱扯。待我从病房出来,反复思量依然不得其解。后来我回到办公室看到书架上的《白鹿原》,忽然醒悟先生这般默言惜语,内心当然是期待和欣慰的,毕竟那是以他的作品命名的文化园区,但他又不便多言,害怕提的意见会给政府增加负担,而且他会想到,自己身后的名声也绝不是靠一个文化园区就能奠定的。

我昨天见到专程前来西安吊唁的铁凝主席便说，原来先生曾要为八月份将要开园的白鹿原文化园区揭幕的，而今那个历经波折的工程正在收尾，白鹿原上的主角却随风飘去了，使得这个人们盼望已久的文化项目平添了永远的遗憾。我想，只能在将要举行的开园仪式上为先生祭上三杯酒了，愿先生的在天之灵能够佑护白鹿原上的万千人家康泰幸福，也愿他额头上深深的皱纹能够从此舒展……

2016年5月5日于新城

（作者为陕西省总工会主席）

原上原下
——走近陈忠实

白　描

一

这里是关中平原的边角地带，一方混沌苍茫的天地。

北边是河，南边是原，东边是山。河道里顽石遍布，细瘦的河水慵懒萎靡，流得无精打采。河堤之外是农田，土地不算肥沃，村落散布在原上原下，几乎都是一样的平庸、沧桑、灰头土脸。人们世世代代守着脚下的土地，在沉重的劳作中挣扎、喘息，年景不好时会怨天尤人，心气不顺时会骂人干仗，但更多的时候是心平气和，与世无争，也容易满足，但凡逢上风调雨顺，看见地里的麦穗饱满，豆荚鼓胀，他们便会笑逐颜开，额手相庆，日子过得倒也舒坦自在，有滋有味。

这里离西安不远，五十里地，但庄户人家，去那花花绿绿、闹闹哄哄的省城干啥？五十里地也要走路爬坡，过河涉水，来回一天都急急慌慌，耽误地里的活计不说，口袋里没银子，去了教人当叫花子看？乡下人就是乡下人，过自己的日子当紧，原坡下庄稼的长势，河堤柳梢上的春暖秋凉，圈里母猪下了几只猪崽，囤里的粮食能不能接到麦黄，土坯旧房能否遮风挡雨，黄鼠狼夜晚又叼走了几只鸡，东邻西舍媳妇的针线茶饭如何，谁家有了生老病死……只有这一切，才是他们心之所系，构成了日常的喜怒哀乐和最要紧的话题。这个世界被骊山、灞水和白鹿原围拢，距离城市五十里的距离，就是距离另一个世界的五十里鸿沟。这里的日出日落，与远方无关。

这是一个幽闭的穷地方。

还有大煞风景的事情。

康熙四十二年，皇上西巡陕西，经风陵，渡黄河，入潼关，进关中，路过骊山脚下，臣子们奏请乾隆帝游览骊山。此山远望如同一匹黑色骏马，故以骊山名之。上古时期，女娲在这里"炼石补天"；西周王室在这里建造烽火台，特别是秦始皇千挑万选，将他的陵寝建在骊山脚下。山上自然景观秀丽，文物胜迹众多：烽火台、老母殿、老君殿、晚照亭、上善湖、七夕桥、遇仙桥、三元洞……康熙在山脚下细细打量，传谕奉上笔墨，题诗一首，随后命御驾转头离去。诗曰："骊山九破头，灞水向西流，民无百年富，官至二品休。"世人看骊山形如骏马，康熙却以为是乱峰破头。那山脚下的灞水，确是西向而流,康熙断定此地风水不佳,拒绝登山。康熙懂不懂风水,是不是真写了那首诗,值得怀疑,但这传说传播开来,便如同谶语,让这一方水土自惭形秽。

陈忠实就出生在这块土地上,村子叫西蒋村,村子东北方向就是骊山,村前就是向西流去的灞水。

山压原挤,僻远苍凉,又传说遭康熙帝厌弃,这地方实在有点让人丧气。

但还可以做梦。

若干年后,当陈忠实打开一本名叫《百年孤独》的书,读到被他视为"神人"的哥伦比亚作家马尔克斯写下的第一句话时,犹如受到电击:"多年以后,奥雷连诺上校站在行刑队面前,准会想起父亲带他去参观冰块的那个遥远的下午。"他眼前跳出的画面是父亲带他去看戏的那些遥远的日子。少年奥雷连诺看到吉普赛人表演杂耍,父亲带陈忠实看的却是秦地戏台班子的演出。他坐在父亲的肩膀上,在拥挤的人群里高高在上。每逢节庆或麦收忙罢农人短暂歇息的日子,原上原下一些村子就会搭台唱戏,十里八乡内的男女都会赶去看热闹。小小陈忠实不懂戏文,不明白那些红脸白脸吼呀唱呀说呀念呀扭呀晃呀在表达什么,不明白穿着戏袍的那些人甩胡须抖帽翅是想干啥,但在原上原下的土戏台前,在父亲的肩膀上,看到有人哭,有人笑,他获得了一个粗浅的认识:在没有他之前,这个世界上曾发生过很多让人高兴或让人悲伤的事情，这些事情铭刻在人们记忆里，穿过长长的光阴，一直被说着唱着念着想着，就像村前的灞河水一样，世代流淌。再过若干年后，他才明白，那叫历史。历史早已翻过，但历史不会泯灭。父亲带他去看戏，实际上在他懵懂的意识里已经种植下对历史好奇的心苗。

培养他好奇心的还有流传于原上原下的传说：周幽王戏诸侯，秦穆公称霸西戎改滋水为灞水，刘邦侥幸逃离鸿门宴亡命白鹿原，灞柳伤别，白鹿精灵……乡人把传播历史掌故叫"说古经"。"古经"点燃了少年陈忠实探究这个世界最初的兴趣。他在后院喂猪，背靠猪圈的短墙，呆呆地想：仓皇逃命的刘邦是不是就从他家后门这条小路逃回他在白鹿原的大本营？临近的铜人原是秦始皇焚书坑儒的现场，那些被活埋的读书人，尸骨还能挖出来吗？还有不远处的凤栖原上埋葬着汉文帝和汉宣帝，那被人称颂的"文景之治"好在哪里？一切仅仅是好奇，一切都还懵懵懂懂，但他的目光试探着越过灞水河道里的雾岚和白鹿原顶头的云朵，开始想象远方。

但直到十二岁前，他没有走出囿于他的那个封闭的世界。他生命中的第一次远足，发生在他的第一个本命年，我在《不能永远穿着没有后跟的破鞋走路》一文里记录了此事：他随着老师同学去三十里路外的小镇考初中。沙石路磨穿了他的破鞋底子，磨破了他的脚后跟，血肉模糊的双脚几乎无法支撑他走进考场，直到看见飞驶而过的火车，看到"世界上有那么多人不用脚走路",他才奋然跃起,发誓"不能永远穿着没有后跟的破鞋走路"。这是走出家门,走出白鹿原的第一次努力,他还寄望自己走得更远。但这希望夭折于六年后的高考。那是1962年,刚刚经历三年大饥荒,城市里养不起更多人口,全国大学招生名额大幅度降低,这一变故把他挡在希望的门槛之外。但在此前他发现了一条通道,一条充满魔力、勾人心魄的通道,是书籍,是文学。他从图书馆弄来好多小说,先是中国的,后是外国的,读书让他的目光突然延伸到很远的地方,那些地方他从不知晓,但在阅读里,他走进了魏、蜀、吴三国交锋的战场、水浒梁山的山寨、通往西天的取经路,走进了三里湾、黄甫村、柴达木盆地,走进了保卫延安的硝烟、渭北平原大木匠和卖菜者的村落,还有更远的地方——顿河哥萨克人的牧场、俄国中部的白净草原、塞纳河畔的城市和教堂、英国的呼啸山庄、西班牙执矛骑士挑战风车的荒原和旅店城堡……书籍里的世界是那么丰富多彩,那么奇幻迷人,能不能也来建造一个自己的世界呢?

他动手了,在他十六岁那年。全国都在"大跃进",他造了一座山,他的心飞到了云端:"粮食堆如山,钢铁入云端。兵强马又壮,收复我台湾。"这首诗发表于《西安晚报》,很正规的公开发行的报纸,但此后他并不认可这是他的处女作。在创作年表上他把他的处女作向后推了七年——1965年3月8日发表于《西安晚报》副刊的散文《夜过流沙沟》。

白鹿原北坡下一个庄户人家的儿子,要走出这片苍茫混沌的土地,向着梦想飞翔了。

二

但随后突然发生的一切,让眼前的世界变得不可思议。革命、造反、火烧、炮打、摧毁、砸碎、大破、大立、狗头、画皮、游街、示众……一切全乱了套。他读过的那些书,那些让他心摇神荡带他走向另一个世界的书,一律遭到查禁,作家们都是"裴多菲俱乐部"里的人物,听说西安城里正批斗作家,那个一直驻守长安县黄甫村过着农民生活的柳青,他最为崇敬的陕北老头,也被揪了回去,脖子上挂着牌牌,押在大卡车上,游遍了西安城东西南北四条大街,他的常识遭到颠覆,他顿觉周身寒彻,心灰意冷——看来作家是当不成了。

但他不甘心。

当民办教师,他私下给学生们仍在讲中国的《小二黑结婚》和俄国的《小公务员之死》;当公社卫生院院长,他带领赤脚医生去秦岭的深山老林里挖药,帆布挎包里仍塞着《创业史》。后来形势稍微松动,文学出现复苏的迹象,早先埋藏在他心里那颗梦想的种子,也随之萌动,被堵死的路,在面前裂开一道缝隙,有光亮从那缝隙里透射过来,他循着这光亮,试探性地迈开步子。

在陕西后起的青年作家中,陈忠实是兄长,是这票人马重要的领军人物。1973、1974、1975连续三年,陈忠实一年一炮,推出小说《接班以后》《高家兄弟》《公社书记》。这是后来被称作"文学陕军"这支队伍的开山炮,并由此为其后整个青年作家群体的创作奠定了基调,涂抹上最初的底色,让青年作家们看到在当时浓重的"文革"氛围下,把柳青等老一代作家主张的现实主义创作方法和精神熔铸到自己创作实践中的可能性和实现通道。

那一阵子人们对陈忠实刮目相看,他的影响越过陕西地面,越过潼关,引起全国文坛瞩目。但后来,一位陕北后生平地突起,光芒四射,成为比陈忠实名声更响亮的陕西文学又一领军人物。

这是路遥。

其实,20世纪七八十年代的陕西文坛,谁站到青年作家队伍的前列都不奇怪。那时冒出很多人:徐建铭、陈忠实、邹志安、京夫、路遥、王蓬、沙石、贾平凹、莫伸、程海、李康美、李天芳、李佩芝、李凤杰、蒋金彦、王晓新、张子良、王宝成、王吉呈、张敏、申晓、魏雅华、韩起、周矢……这个名单还可以列出很长。1986年中国作协筹备全国第三次青年作家创作会议,让各省市自治区摸底三十五岁以下的青年作者情况,在陕西作协书记处内,我分管青年作家培养和刊物工作,统计的结果是,在全国公开发行的报纸、刊物上发表过作品的青年作者近千人。这个数字和人名报上去，中国作协不信，一个省哪会有这么多青年文学人才？我们拿出发表作品情况登记表，他们才觉得陕西实在了不起。陕西人经商不如晋人，做官不如湘人，出门闯荡不如豫人，年轻人中，选择文学作为出路的人很多。路遥脱颖而出，不是什么意外的事情。

陈忠实见证了路遥的崛起。1982年，两人同时进入陕西作协创作组，成为专业作家，白鹿原下的陈忠实在作协大院里安了家。那一年路遥的《人生》发表，陕西作协办公和住宅在一个院子，在这个早先国民党高级将领高桂滋的公馆里，人们习惯下班晚饭后，从家走出，在院子里聊天闲谈。院子有几进，青砖铺地，栽植各种花木，人们从办公室拉一把藤椅出来，再捧一杯清茶，可以聊到很晚。那一段时间，《人生》和路遥成为主要话题。陈忠实去门房拿报纸信件，作协一位司机拦住他，绘声绘色给他讲《人生》里的故事和情节，弄得他听也无心，走也不是。同一时期，他先后发表了《尤代表轶事》《信任》《乡村》《初夏时节》等小说，出版了短篇小说集《乡村》，短篇小说《信任》先是发表在1979年6月3日的《陕西日报》副刊，随即被《人民文学》七月号、《青年文学》创刊号转载，也产生过不小的影响，但这些成就，相对于《人生》投射在路遥身上的光芒，自是暗淡了许多。

一个小兄弟，跃身冲到了他的前边，他必须调整好心态，适应这种格局的变化,重新确定自己的姿态。

他回到了原下。

1985年,陕西作协召开"陕西长篇小说创作促进会",这是新时期陕西文学发展道路上具有重要意义的一次会议。我是会议组织者之一。我主编《延河》,《延河》作者中有位部队军官,我请他帮忙从解放军西安政治学院借来一辆豪华大轿车,会议的安排是从西安出发去陕北,在延安和榆林两地召开。这次会议是陕西作家向长篇小说领域进军的准备会、探讨会、动员会,但结束的时候,已经有点誓师会的味道了。我清楚地记得那天是1985年中秋节,在榆林毛乌素沙漠,我们设计了一场别开生面的篝火晚会。全体与会者乘车行进到大漠深处一片"海子"边,事前已从当地人家那里购得柴火、嫩玉米棒之类,也带了酒水来,人员在此集结后,先是宣布了晚会的"律条":不分职务高低,不分男女长幼,不分名头大小,今夜,我们都是文学的信徒;这个群体,是"大漠文学酋长国"。大家推举白洁、封筱梅两位女作家为"取火女神",王观胜和朱玉葆两位壮汉为"圣火保护神",贾平凹为"大漠文学酋长国巫师"。当两位"保护神"护卫着两位"女神"走向摞起的木材堆,在点燃"圣火"的那一刻,全体人员齐刷刷跪倒,"巫师"贾平凹用一种颤抖的巫气十足的声音念诵"咒语"——那一刻,原本带有轻松玩耍性质的篝火晚会,在每个人心中倏然转为肃穆隆重的仪式,也许不少人在那一刻已在心中立誓。

在我后来的记述文章中,把这次篝火晚会,称作文学陕军的"大漠盟誓"。

但陈忠实是个例外。

会议结束前,要做统计,让大家填表报告长篇创作计划,陈忠实没有填。其时路遥已经完成《平凡的世界》的详细提纲,这次会议一结束,他就一头扎到铜川陈家山煤矿开笔写作了;贾平凹有了"商州系列"的构想,一年多后拿出了《浮躁》;京夫在酝酿《八里情仇》;邹志安打算写农村男女爱情生活,后来推出《多情最数男人》;我报的计划是长篇小说《苍凉青春》,后来改变计划写成纪实文学。陈忠实明确表示他没有写长篇的打算,近几年里他的中短篇写得很顺手,《康家小院》《初夏》《梆子老太》《地窖》《十八岁的哥哥》《罗马大叔》《夭折》……一系列作品陆续发表于《当代》《长城》《延河》《飞天》等刊物上,他不想中断这种势头。大家理解他的想法,但终觉有些遗憾,在向长篇领域进发的陕西文学队伍中,少了陈忠实,声威肯定会打折扣。

但这一年底,在他写作中篇小说《蓝袍先生》时,一道火光突然在他眼前升腾而起,一种冲动被引燃了。

"在小说主要人物蓝袍先生出台亮相的千把字序幕之后,我的笔刚刚触及他生存的古老的南原,尤其是当笔尖撞开徐家镂刻着'耕读传家'的青砖门楼下的两扇黑漆木门的时候,我的心里瞬间发生了一阵惊悚的战栗,那是一方幽深难透的宅第。也就在这一瞬,我的生活记忆的门板也同时打开,连自己都惊讶有这样丰厚的尚未触摸过的库存……长篇小说创作的欲念,竟然是在这种不经意的状态下发生了。"这是陈忠实后来的回忆文字。

由此,陈忠实开始了他文学生涯中一次至关重要的长征。

1986年冬,路遥《平凡的世界》第一部在《花城》杂志首发。刊物出来后,陕西作协、《花城》杂志,还有出版图书的中国文联出版公司,联合在北京召开《平凡的世界》第一部研讨会。我是这个会议的组织者之一。会后回到西安,一天陈忠实从乡下回到作协大院家里,晚上叫我去他家一趟。我们两家在一个单元,他住四楼,我住五楼。去了他那里,才知道他要打听的是北京怎样评价《平凡的世界》。北京的研讨会大部分人不看好《平凡的世界》,有激烈的青年评论家甚至说:《平凡的世界》手法陈旧,思想平庸,叙事老套,怎么都不会相信这种作品出自《人生》作者路遥之手。陈忠实听后眼睛一瞪:"咋能这么说?太过分了!太过分了!"聊了一会儿,他从五斗柜里拿出一瓶"城固特曲",没有佐酒菜,只从厨房拿出两块蒸熟但放凉了的红薯,一瓶水蜜桃罐头。两人开始小酌。两杯下肚,他舒了一口气,说他把《花城》看了,看过后心里轻松了一大截子,他最担心的是他的长篇会和《平凡的世界》撞车,现在看来是不会了。我理解他这一刻的心情。他的轻松,绝无轻视《平凡的世界》的意思，相反觉得北京的评价对路遥不公。他和路遥，都视柳青为精神教父和文学导师，两人早期有些作品，有着明显追随柳青笔法的痕迹，两人现在都开始弄长篇，他真的是担心走进一个模子里去，包括时代背景的选择、所要表达的思想、行文叙事的风格。他心里放下了一块石头，心平气静地又回到了他的白鹿原。

陈忠实对他的长篇有信心，但母鸡罩窝却迟迟下不出蛋来。贾平凹的《浮躁》，躲在户县两个月就写完了，路遥的《平凡的世界》，虽说准备时间很长，但写作速度是一年一部。他的《白鹿原》1986年准备，1988年动笔，却迟迟出不了手。于是就有了这样那样的议论。这些议论倒不会影响陈忠实按自己计划行事，但这是一个极为看重尊严的人，终归他曾经是陕西中青年作家中的"大哥大"，但这个时候聚光灯已经转移到路遥身上。过去常有人到作协找他，现在来人都是找路遥的，有时在院子里碰见他，会问："师傅，路遥办公室在哪里？"或："路遥家在哪个单元？"陈忠实苦笑自嘲："咱现在就是一个指路的。"

1991年春，《平凡的世界》荣获茅盾文学奖。路遥从北京领奖回到西安，省上又隆重召开了庆贺表彰大会。那天会后，陈忠实进了我的办公室，脸色发青，什么也不说，坐在我对面的沙发上，掏出雪茄点着。我知道他感到了压力。作家们之间较劲再正常不过，陕西作家大都闷不吭声，但彼此瞅着瞪着飙着，你弄出响动，我要弄出更大的响动，只要不在背地暗处向对方打黑枪、使绊子，这便可以看作是一种良性的相互竞争，有益的相互砥砺。成片林子里的树木总会比单株独苗长得高。其时我举家正要调往北京，我和陈忠实曾经有约，他的长篇写完，《延河》首先选发部分章节。《延河》有选发长篇的传统，"文革"前十七年文学史上的"三红一创"（《红岩》《红日》《红旗谱》《创业史》），有"两红一创"（《红日》《红旗谱》《创业史》），是在《延河》上首发的。我在《延河》主编任上的日子屈指可数，当然希望这部作品首先在我手上与读者见面。这一天重提早前的约定，陈忠实深深吸了口雪茄，埋下的头从弥漫的青色烟雾中抬起来，慢慢地说："不急，急啥哩，路遥都获奖了，我过去不急，现在更不用着急了。"实际上，据我所知，此时他手里的长篇，已经基本完稿，但他重新调整了自己将要跨越的标杆尺度，那是一个更高的目标。

陈忠实撂下这句话，又一头扎回白鹿原，重新收拾他的稿子，有些章节几乎是重写，这一拼，差不多整整一年。

1978年柳青逝世。在他生病住院期间，作协派人去医院看望他，他在病床上寄语陕西青年作家，重申了他的一贯主张：作家要甘于寂寞；提出文学创作必须是"六十年一个单元"。柳青的话传达到陕西青年作家当中，对大家启迪和鼓励很大。陈忠实知道他干的是什么活，必须耐得住寂寞，六十年一个单元，那就是一辈子的事情，眼光放长远，急有何用？

急功近利弄不成大事。

三

陈忠实去过很多地方，但我敢说，他与任何一个家乡之外的地方都格格不入，他只属于他的白鹿原。

他不知到过北京多少次，但北京对他永远是一个陌生的城市。来开会，开会就是开会，除了宾馆、会场，此外没有兴趣去任何地方。刊物、出版社、有关单位为作品的事情请他来，谈完事就走人，人家过意不去，要安排一些游玩的活动，他会一口谢绝。他没有兴趣看景点、逛大街、转商场，他搞不清崇文和宣武、海淀和朝阳的方位，他以为后海在颐和园或者圆明园里，儿子海力考入北方交大，他让海力找我，告诉说："白描叔叔的家在东直门外的新街口豁口。"一次他来京住空军招待所，一名女记者采访他，我和他在一块。他讲的有些陕西方言女记者听不懂，我在一旁帮着翻译，他抱歉地告诉女记者他不会讲普通话，夸女记者的北京话好听、地道，说他就爱听公共汽车上售票员报站。那女记者明显带有东北口音，他的夸奖让对方产生误解："陈老师，不带这样埋汰人的啊。"他却莫名其妙，他是真心夸女记者，在他听来，东北话与北京话没有什么区别。

他曾经专心专意地逛过一次北京城。1994年夏，中国作协安排他去北戴河创作之家疗养，他特意带上妻子一同前往。

妻子王翠英是陈忠实事业的后盾,他在原下老家写作《白鹿原》的那几年,妻子是他的粮秣官,每周一次,从西安城里赶到西蒋村,送去擀好的面条、蒸好的馒头,把冰箱装满,为丈夫提供后勤保障。她留守在城里的家中,照顾三个正在读书的孩子,操持一应家务,《白鹿原》的成功,她既有苦劳也有功劳。她没出过远门,更没见过大海,这番去北戴河,陈忠实是想犒劳她一回。从北戴河返程,陈忠实特意在北京多待了几天,他要陪妻子逛逛北京城。他不愿意麻烦作协和出版社,悄悄给我说了他的打算,于是我陪着他们夫妇,用了三天时间,去了天安门、故宫、八达岭长城、十三陵水库、颐和园、圆明园等一些标志性景点。妻子知道他对游览兴趣不大,各处奔跑都是为了陪她,所以每到一个景点,也就是匆匆一看就要走,遇到一些必须另外购票才能进入的场所,说什么也不愿意进去。我说这样的游览过于浮光掠影,陈忠实笑笑说:"她说行就行,总算是来过了。"

陈忠实出过国,全国大部分地方也都跑过,但"在外千日好,不如在家一顿饱",在外即使面对山珍海味、珍馐美馔,他也吃不饱,因为没有家乡的面条。他每次来京,北京的老陕们聚会,都选择陕西风味馆子,这里有秦地氛围,感觉亲近,吃得顺口。

这样一个人,是不是有点"土"?是不是视野窄狭,活得寡淡无趣?如果这样想,那就错了。他可以给你讲俄国的列夫·托尔斯泰、涅克拉索夫，苏联的柯切托夫，讲法国的莫泊桑、福楼拜、巴尔扎克，英国的狄更斯、毛姆，美国的马克·吐温、海明威，古巴的卡彭铁尔。他会给你讲东瀛伊豆的歌女，讲西班牙第二共和国的内战，讲乞力马扎罗的雪山；讲巴西的桑托斯和弗拉门戈球队，讲阿根廷的河床，讲意大利的巴乔、荷兰的古利特、法国的亨利；讲芭蕾舞台上的乌兰诺娃，拳坛的阿里和泰森；他热爱秦腔，但在20世纪70年代，他会在天寒地冻的三九天，骑自行车顶风赶路去镇子上看小泽征尔率领波士顿交响乐团来华演出的纪录片；他喜欢下棋，着迷足球，甚至做过这样的表白："我首先是个球迷，其次才是个作家。"……

这个白鹿原下的男人，深沉如潭，丰赡如秋天的田野，你一眼两眼绝对看不透，这是一个复杂的矛盾体。他那张标志性的脸，布满皱纹，如黄土高原上沟壑纵横，那是岁月沧桑的雕刻，是人生历练的呈现。读不懂那皱纹的苍凉，就读不懂他的秘密。

早年，陈忠实和父亲，在他家大门外的场墹上栽植了一棵椿树。那椿树嫩枝刚抽条，便遭人拦头击断。小树苗似乎憋了气，硬是要长出一番模样来，从折断的地方新生出两根小杈，一直长开去。父亲没再修剪它，它就一直保留着双枝分杈的形态，数十年过去，当初遭到断头打击的小苗已长成合抱不拢的大树，双枝擎天，浓荫如盖。每年麦收之后，这椿树满枝头便绣集起一团团米粒一样的小白花，飘散着清新的花香，引来一片蜂鸣，竟成为一道醒目的风景，甚至成为一种标志。有人找陈忠实家问路，最明了的回答就是：往前走，门口有一棵双杈大椿树。

　　这树像陈忠实。这树就是一个隐喻。它有着强韧的生命力，历劫难而最终成大景象，是因为它把根深扎进生养它的土地里，而那土地，是一块埋藏着传说的土地，是白鹿的精灵佑护的土地。

2016 年 5 月 29 日于课石山房

（作者为鲁迅文学院原副院长）

不懈的"寻找" 不朽的丰碑

——陈忠实写作《白鹿原》的前前后后

白 烨

陈忠实因病溘然长逝,实在来得突然,令人猝不及防。因为事出意外,令人格外惋惜,也使人倍加怀念。

忠实走后,人们在以各种方式悼念和追怀他时,都会想到和提到他的《白鹿原》。在西安殡仪馆参加他的遗体告别仪式时,看到他果然在头下枕着一本初版的《白鹿原》,样态格外满足而安详。当年写作《白鹿原》时,忠实曾抱定要写作一部死后能"垫棺作枕"的作品,他可谓如愿以偿了。生前为写《白鹿原》殚精竭虑,死后枕着《白鹿原》安详长眠,他与《白鹿原》真是难解难分。

忠实曾借用海明威的"寻找属于自己的句子"的名言,来为自己的"《白鹿原》创作手记"命名,并在后记里说道:"作家倾其一生的创作探索,其实说白了,就是海明威这句话所做的准确又形象化的概括——寻找属于自己的句子。"忠实从一开始从事写作，到不同时期的文学跋涉，都是在努力寻找属于自己的句子。他就是在这样一种不懈寻找的过程中，一点一点地发现着自己，一步一步地接近着目标，最终到达文学的高地——"白鹿原"，铸就了他自己的"垫棺作枕"之作，打造了中国当代文学的不朽的丰碑。

回想起陈忠实写作《白鹿原》的前前后后，我觉得那蓄势待发的经过与全力爆发的结果，都是在向人们诉说着一个作家倾心倾力地打造一部文学精品的精彩故事。

陈忠实 1962 年中学毕业后，由乡村民办教师做到乡干部、区干部，到 1982 年转为专业作家，在社会的最底层差不多生活了二十年。他由 1965 年到 70 年代的创作初期，可以说是满肚子的生活感受郁积累存，文学创作便成为最有效、最畅快的抒发手段和倾泻渠道。他那个时期的小说如《信任》等，追求的都是用文学的技艺和载体，更好地传达生活世象本身。因而，作品总是充溢着活跃的时代气息和浓郁的泥土芳香，很富于打动人和感染人的气韵和魅力。我正是在这个时候开始关注陈忠实的创作的。1982 年，《文学评论丛刊》编辑部要约组当代作家评论专号的稿子，主持其事的陈骏涛要我选一个作家，我不由分说地选择了陈忠实。因为我差不多读了他的所有作品，心里感到有话要说也有话可说。为此，与陈忠实几次通信，交往渐多渐深。嗣后，或他来京办事，或我出差西安，都要约到一起畅叙一番，从生活到创作无所不谈。

他那出于生活的质朴的言谈和高于生活的敏锐的感受,常常让我感到既亲切,又新鲜。

忠实始终是以文学创作的方式来研探社会生活的,因而,他既关注创作本身的发展变化,注意吸收中外有益的文学素养;更关注时代的生活与情绪的替嬗演变,努力捕捉深蕴其中的内在韵律。这种双重的追求,使他创作上的每一个进步,都在内容与形式上达到了较好的和谐与统一。比如,1984年他尝试用人物性格结构作品,写出了中篇小说《梆子老太》,而这篇作品同时在他的创作上实现了深层次的探测民族心理结构的追求。而由此,他进而把人物命运作为作品结构的主线,在1986年又写出了中篇力作《蓝袍先生》,揭示了因病态的社会生活对正常人心性的肆意扭曲,使得社会生活恢复了常态之后,人的心性仍难以走出萎缩的病态。读了这篇作品,我被主人公徐慎行活了六十年只幸福了二十天的巨大人生反差所震撼,曾撰写了《人性的压抑与人性的解放》一文予以评论。我认为,这篇作品在陈忠实的小说创作中具有很重要的意义,它标志着在艺术的洞察力和文化的批判力上,作家都在向更加深化和强化的层次过渡。

1988年间,我因事去西安出差,忠实从郊区的家里赶到我下榻的陕西作协招待所,我们几乎长聊了一个通宵。那一个晚上,都是他在说,说他正在写作中的长篇小说《白鹿原》。

我很为他抑制不住的创作热情所感染、所激奋，但却对作品能达到怎样的水准心存疑惑，因为这毕竟是他的第一部长篇。

1991年初，陈忠实要在陕西人民出版社出一本中篇小说集，要我为他作序。我在题为《新层次上的新收获》的序文里，论及了《地窖》等新作的新进取，提及了《蓝袍先生》的转折性意义，并对忠实正在写作中的《白鹿原》表达了热切的期望。忠实给我回信说：

 依您对《蓝袍先生》以及《地窖》的评说，我有一种预感，我正在吭哧的长篇可能会使您有话说的，因为在我看来，正在吭哧的长篇对生活的揭示、对人的关注以及对生活历史的体察，远非"蓝袍"等作品所能比拟；可以说是我对历史、现实、人的一个总的理解。自以为比《蓝袍先生》要深刻，也要冷峻一步……

我相信忠实的自我感觉，但还是想象不来他正在写作的《白鹿原》会是一个什么样子。1992年初，陕西的评论家李星看了《白鹿原》的完成稿，告诉我《白鹿原》绝对不同凡响，一定会超出所有人的想象。后来参与编发《白鹿原》的人民文学出版社的高贤均又说，《白鹿原》真是难得的杰作。这些说法，既使人兴奋，又使人迷惑，难道陈忠实真的会一鸣惊人么？

《白鹿原》的稿子交予人民文学出版社并确定出版之后，忠实一直想知道出版社的具体安排。我因住在人民文学出版社对面的社科院宿舍,便替他去社里打听了情况。1992年5月11日,我在了解了人民文学出版社拟在年底分两期在《当代》连载,而后随即出书的大致安排后(最终的情况是《当代》于1992年第6期,1993年第1期连载,1993年6月出书),给忠实去信说了情况,忠实于6月6日回信,既稍感安慰,又不无忐忑:

> 您信告的人文社大致的安排意见,即《当代》四、五期连载,社里同时出书,正月发行。这当然令人振奋了,肯定是最理想的安排了。不过,这个安排意见,他们至今没有告诉我。但愿您打听到的这个安排意见不要节外生枝。
>
> 我有一个预感,您会喜欢这部书的,似乎这话我在某一次信件中给您说过。原因是您喜欢《蓝袍先生》。这部书稿仍是循着《蓝袍先生》的思路下延的,不过社会背景和人物都拓宽了,放开手写了。另外,您是关中人,我是下劲力图写出这块地域的人的各个风貌的,您肯定不会陌生,当会有同感。当然,除却友情,让您以评论家眼光审视时,那就是另外一回事了,我准备接受您的审视。
>
> 无论如何,您的热心热情已经使我感动了。我知道您多年来都在关注我的行程,从最初的评论短篇的文章,到不久前作序,我也知道您更关注都是手中的这个"货",

究竟是个啥货？您像我的几个为数不多的好朋友一样，为我鼓着暗劲，我期盼不要使好朋友太失望。

《白鹿原》交稿之后，出书很快确定了下来，但在《当代》杂志怎样连载、连载前要不要修改等，一时定不下来，忠实又托我便中了解一下情况。经了解，知道是在《当代》1992年第6期和1993年第1期连载，主要是酌删有关性描写的文字。在我给忠实去信的同时，人民文学出版社也给陈忠实电告了如上的安排，忠实来信说：

我与您同感。这样做已经很够朋友了。因为主要是删节，可以决定我不去北京，由他们捉刀下手，肯定比我更利索些。出书也有定着，高贤均已着责编开始发稿前的技术处理工作，计划到八月中旬发稿，明年三四月出书，一本不分上下，这样大约就有600多页……

原以为我还得再修饰一次，一直有这个精神准备，不料已不需要了，反倒觉得自己太轻松了。我想在家重顺一遍，防止可能的重要疏漏，然后信告他们。我免了旅途之苦，两全其美。情况大致如此。

后来，人民文学出版社当代一室的主任高贤均给我讲了他们去西安向陈忠实组稿的经过，那委实也是个颇有意味的精彩故事。1992年3月底，他们到西安后听说陈忠实刚完成了一部长篇，便登门组稿，陈忠实不无忐忑地把刚完成的《白鹿原》的全稿交给了他们，同时给每人送了一本他的中短篇小说集。他们在离开西安去往成都的火车上翻阅了陈忠实的集子,也许是两位高手编辑期待过高的原因,他们感到陈忠实已发表的中短篇小说在观察生活和表现手法上,都还比较一般,缺少那种豁人耳目的特色,因此,对刚刚拿到手的《白鹿原》在心里颇犯嘀咕。到了成都之后,有了一些空闲,说索性看看《白鹿原》吧,结果一开读便割舍不下,两人把出差要办的事一再紧缩,轮换着在住处研读起了《白鹿原》。回到北京之后,高贤均立即给陈忠实去信,激情难抑地谈了自己的阅读观感:

> 我们在成都待了十来天,昨天晚上刚回到北京。在成都开始拜读大作,只是由于活动太多,直到昨天在火车上才读完。感觉非常好,这是我几年来读过的最好的一部长篇。犹如《太阳照在桑干河上》一样,它完全是从生活出发,但比《桑干河》更丰富更博大,更生动,其总体思想艺术价值不弱于《古船》,某些方面甚至比《古船》更高。《白鹿原》将给那些相信只要有思想和想象力便能创作的作家们上了一堂很好的写作课,衷心祝贺您成功!

1993年初,终于在《当代》上一睹《白鹿原》的庐山真面目。说实话,尽管已经有了那么多的心理铺垫,我还是被《白鹿原》的博大精深所震惊。一是它以家族为切入点对民族近代以来的演进历程做了既有广度又有深度的多重透视,史志意蕴之

老陈:

你好!

我们在成都呆了十来天,昨天晚上刚四到北京。在成都开始拜读大作,只是由于活动太多,直到昨天在火车上才读完。感觉非常好,这是我们新时期以来最好一部长篇。犹如"白鹿塬上"一样,究竟是从生活出发,但比"峰兮同"更丰富更伟大更生动。且光侨里艺术本身价值不输于"古船",其他方面甚至比"古船"更高。"白鹿原"将给那些相信马要师巴甚和

1992年人民文学出版社当代文学编辑室主任高贤均给陈忠实的信。

丰湛、之厚重令人惊异；二是它在历时性的事件结构中，以人物的性格化与叙述的故事化形成雅俗并具的艺术个性，史诗风格之浓郁、之独到令人惊异。我感到，《白鹿原》不仅把陈忠实的个人创作提到了一个面目全新的艺术高度，而且把现实主义的小说创作本身推进到了一个时代的高度。基于这样的感受，我撰写了《史志意蕴、史诗风格——评陈忠实的〈白鹿原〉》的论文（见《当代作家评论》1993年第4期）。

在《白鹿原》正式出书之后的盛夏七月，陕西作家协会和人民文学出版社共同在文采阁举行了《白鹿原》讨论会。与会的六十多位老、中、青评论家，竞相发言，热烈讨论，盛赞《白鹿原》在内蕴与人物、结构与语言等方面的特点与成就，发言争先恐后，其情其景都十分感人。原定开半天的讨论会，一直开到下午5点仍散不了场。大家显然不仅为陈忠实获取如此重大的收获而高兴，也为文坛涌现出无愧于时代的重要作品而高兴。也是在那个会上，有人提出，"史诗"的提法已接近于泛滥，评《白鹿原》不必再用。我不同意这一说法，便比喻说，原来老说"狼"来了、"狼"来了，结果到跟前仔细一看，不过是只"狗"；这回"狼"真的来了，不说"狼"来了，怎么行？

读者是最公正的检验，时间是最权威的裁判。《白鹿原》从发表和出版之后，一直长销不衰，而且被改编为多种形式广泛流传。1994年12月，《白鹿原》获人民文学出版社第二届人民文学奖。1997年12月，《白鹿原》荣获第四届茅盾文学奖。2009年4月和7月，为庆祝人民共和国成立六十周年，作家出版社启动"共和国作家文库"大型文学工程，人民文学出版社隆重推出"人民文学出版社·新中国六十年长篇小说典藏"。《白鹿原》先后入选"文库"和"典藏"。2009年6月，《白鹿原》被全文收入上海文艺出版社出版的《中国新文学大系》第五辑。据知，仅人民文学出版社出版的七个版本的《白鹿原》，累计印数已逾一百五十万册。而在小说之外，《白鹿原》先后被改编为连环画、秦腔、话剧、舞剧和电影等形式。

还有一些与《白鹿原》有关的往事，想起来也颇为有趣。由这些事既可见出忠实为文之认真执着，为人之质朴诚恳，也可看到《白鹿原》引起的反响与释发的余韵。

一次是我陪同陈忠实曾去领过一次稿费。那应是1994年的5月的某天，忠实到京后来电话说，人民文学出版社发了《白鹿原》的第一笔稿费，是一张支票，有八万之多，要去朝内大街的农业银行领取。他说他这一生没有一次拿过这么多钱，地方也不熟，心里很不踏实，让我陪他走一趟。我们相约在人民文学出版社门口见面后，一同去往朝阳门附近的农业银行，那时还没有百元大钞，取出的钱都是十元一捆，一个军挎几乎要装满了。我一路小心地陪他到沙滩那里的他下榻的宾馆，才最终离开。

《白鹿原》发表之后，因为创作中涵有了多种突破，一时间很有争议。而这个时候，正赶上中国作协进行第四届茅盾文学奖的评选。《白鹿原》是这一时期绝对绕不过去的作品，但评委们的意见分歧较大，在评委会上一直争议不休，一时间相持不下，形成僵局。时任评委会主任的陈涌，偏偏喜欢《白鹿原》，认为这部厚重的作品正是人们所一直期盼的，文坛求之不得的，于是抱病上会力陈己见，以两个"基本"的恳切看法（即政治倾向基本正确，情性描写基本得当），终于说服大部分评委，并做出修订后获奖的重要决定。忠实来京领奖之后，叫上我一起去看望陈涌先生。那天去到位于万寿路的陈涌家，陈涌先生很是兴奋，一见面就对忠实说："你的《白鹿原》真是了不起，是我们多年来所期盼的作品，堪称是中国的《静静的顿河》。"并告诉我们，"我找的保姆是陕西人，你们午饭别走，就一起吃陕西面。"因为先生身体不好，不能太过打扰，我们聊了一会儿就找借口离开了。此后，忠实每次到京出差或办事，我们都会相约着去看望陈涌先生。去年，陈涌先生因病去世，我电话上把陈涌先生去世的消息告诉忠实后，他半天沉默不语，感慨地说："老先生对我的首肯与支持，对我的创作所起的作用无与伦比。你一定代为转致哀思，向家属转致问候。"在陈涌先生的追思会上，我替他转达了他的哀思之情与惋惜之意。

小说《白鹿原》发表之后，先后被改编为各种形式的作品。其中的一次约是在2007年间，受陈忠实之邀我与李建军和他一起在京观看了舞剧《白鹿原》。小说《白鹿原》原有的丰厚意蕴，在舞剧中被提炼为一个女人——小娥和三个男人的情感故事，由小娥的独舞和草帽舞等群舞构成的舞蹈场景，使剧作充满了观赏性，但总觉得那已和小说《白鹿原》没有太大的关系，已被演绎成了另外的一个故事。在观剧之后的简单座谈中，有人问我有何观感，我说作品从观赏的角度来看，确实撩人眼目，煞是好看，但基本的内容已与《白鹿原》关系不大。而宽厚的陈忠实则补充说：舞剧《白鹿原》毕竟是根据小说《白鹿原》改出来的，还是有所关联。

还有在电影《白鹿原》上演之前的2011年，陈忠实说电影已做好合成样片，要我找北京陕西籍的几位文艺界人士抽空先去看看。我约了何西来、周明、李炳银等在京陕西文人去了王全安的工作室，从晚间8点一直看到半夜12点。影片中，迎风翻滚的麦浪，粗狂苍凉的老腔，使浓郁的陕西乡土气息扑面而来，张丰毅饰演的白嘉轩也称得上筋骨丰满，但在围绕着小娥的特写式叙述和以此为主干的故事走向中，电影在改编中有意无意地突出了小娥的形象，强化了小娥的分量，把小娥变成了事实上的主角，并对白嘉轩、鹿子霖等真正的主角构成了一定的遮蔽。观影之后，与陈忠实通话谈起电影，他问我看后的印象，我说电影改编超出了我的想象，总体上看是在向着小说原作逼近，但不知出于什么原因，使小娥的形象过于突出了，因而把情色的成分过分地放大了。陈忠实听后稍稍沉思了一阵,随即表示说,你说的确有道理,我也有着同样的感觉。

这些年在小说写作上,陈忠实以短篇为主,没有再写长篇。我曾给他开玩笑说过的再弄一个《白鹿原》似的"枕头"的话,他一直也没有兑现。但在心里,我却是由衷地钦佩他的,他没有借名获利,更不急功近利,他按照自己的节奏在行走,也是按照艺术的规律在行进。但他和他的《白鹿原》,却构成了一个戥子和一面镜子。这个戥子可以度量何为小说中的精品力作,这个镜子可以观照何为文学中的人文精神。

在文学评论界,人们很难对一部作品有共识性的肯定,但《白鹿原》却是一个例外,大多数人都给予较高的估价与高度的评价。我记得在2010年岁末,我替换超龄的张炯先生当了中国当代文学研究会会长不久,研究会举办了一次新老同志的新年聚会,与会的资深评论家陈骏涛询问我说,你现在是会长了,让你在当代长篇小说中挑一部作品,你挑哪部?我稍加思索回答说:我选《白鹿原》,这部作品在当代小说中的丰盈性、厚重性,乃至原创性、突破性,都无与伦比。我说完后,先是评论家何西来说:我同意。接着又有其他老评论家纷纷表示赞同。这种情形表明,对于《白鹿原》的评估,评论家们是有着相当的共识的。

忠实的有生之年,在七十四岁上戛然而止,这实在算不上是高寿。但这七十四年里，从他于1965年3月发表散文处女作《夜过流沙沟》起，他把整整五十多年的时间用于了文学理想的追逐，文学创作的追求，而且在不同的时期，都留下了有力攀登和奋勇向前的鲜明印迹，直至完成经典性小说作品《白鹿原》，为当代长篇小说创作矗立了一座时代的高峰。可以说，他把自己的一切，都毫无保留地投入给了文学，奉献给了社会，交付给了人民。他以"寻找自己的句子"的方式，看似是在为自己立言，实际上是以他的方式为人民代言。他是我们这个时代最具生活元气和时代豪气的伟大作家，真正做到了"无愧于时代，无愧于人民，无愧于历史"。

引人思忖的，还有陈忠实逝世引发的广泛的社会反响。从陈忠实逝世的4月29日到遗体告别5月3日的一周间，我留意了悼念活动的相关资讯，赴西安参加了遗体告别活动，看到的，听到的和想到的，既是人们对一个杰出作家的感念与追怀，也是社会对文学的仰望与敬重。许多文学人怀念陈忠实，都谈到陈忠实的创作和作品对于他们的影响与启迪，而许多读者怀念陈忠实，都在于陈忠实的小说作品，尤其是《白鹿原》给予他们的感召与感动。在告别仪式现场，自发地赶来祭奠陈忠实的，既有儿女搀扶着老人前来的，也有大人携带着孩子前来的，还有一些坐着轮椅、拄着拐杖的残疾人士，以及来自大学、中学和小学的在读学生。他们绝大多数都并不认识陈忠实，从未谋过面，但都从陈忠实的作品中获取教益，得到美育，他们要用再看最后一眼的方式，来向这个写作了有益于世道人心的好作家告别，借以表达他们的敬重之意，惋惜之情。

因为陈忠实的鼎力推荐和精心编词参与了话剧和电影《白鹿原》的演出，从而得以由濒临消亡的境况起死回生的陕西华阴老腔艺人，特别感念陈忠实的关照与提携，在得知陈忠实逝世之后，带着深深的悲悼与恋恋的不舍来到陕西作协大院，以高亢、悲凉的华阴老腔来祭奠陈忠实。年过半百的老艺人含泪吟唱，边唱边喊："先生，我们再给您唱一遍您最爱的老腔，您听到了吗？"其情其景，令前来悼念陈忠实先生的市民们热泪盈眶。

据陕西作协一个负责接待工作的同志介绍，在陕西作协院内设置的吊唁处，七天来吊唁的群众络绎不绝，据不完全统计，约有数千人从全省和全国各地赶来吊唁。这个数字再加上去往陈忠实家中吊唁的，参加遗体告别的，约有上万人参与了有关陈忠实的吊唁与悼念活动。

一位网友在《陈忠实逝世，严肃阅读不会消逝》一文中这样说道："陈忠实走了，我们为什么致以哀悼，不仅仅是《白鹿原》的成就，更在于他让我们知道，在这样浮躁的时代，严肃文学依然可以打动人心，经久不衰。只要有人在，世间就依然留存着真善美，对严肃文学的阅读就永不会消逝。"诚哉斯言，它所道出的是许多读者的共同心声。

陈忠实的因病去世，当然是文坛的一桩悲事。但在这件悲事之中和之后，却让人看到许多积极因素的蕴藏和温暖元素的释放，这应该看作是陈忠实以他的特别方式，再次给文坛提供的有益借鉴，而发现这些，珍重这些，则是对于本真为人、本色为文的陈忠实的最好祭奠。

由此我也想，历史是公正的，因为历史不会亏待不负于历史的作家，不会埋没不负于时代的作品。而陈忠实因为把一切都投进了《白鹿原》，系于了《白鹿原》，他其实是以艺术的方式、精神的形式，实现了不朽，与我们同在。

2016 年 5 月 30 日于北京朝内

（作者为中国当代文学研究会会长，中国社会科学院研究生院教授）

《白鹿原》的第一次研讨会

常振家

二十多年前,正当严肃文学在商品经济大潮和俗文学冲击下备受冷落,不少作家为此困惑、莫衷一是而倍感浮躁的时候,古老的关中大地却在悄悄地孕育着一位成熟的作家。

陈忠实用了整整六年时间,苦心经营,呕心沥血,终于在他那远离闹市的乡村老屋里熔铸出一部沉甸甸的大作品——《白鹿原》。

《当代》杂志1992年第6期和1993年第1期发表了这部鸿篇巨制。《白鹿原》一问世,便以其雄浑厚重、咄咄逼人的气势,深沉冷静的历史思考以及众多崭新饱满的艺术形象征服了读者。

《白鹿原》的成就首先表现在它独特的历史眼光和艺术表现的大胆突破上。陈忠实在经过了五六年痛苦的人生思考和艺术思考之后,以一个作家罕见的勇气和艺术胆魄,极为逼真自然地将艺术概括依附于对社会历史的深刻思考和理解，字里行间弥漫着一种历史的厚重和苍凉，从而形成了一种宏大深邃质朴的艺术风格，形象深刻地反映了半个世纪中华民族的苦难、悲剧和历史演变。沉实练达的笔触，撼人心魄的描述，令人荡气回肠。白嘉轩、朱先生让人耳目一新；鹿子霖、白孝文、小娥、黑娃、鹿三等个个鲜活饱满……对这些人物的描写不仅写出了旧时代中国农村道德文化的底蕴，而且展示了民族的精神和灵魂，写出了作家迄今为止所能理解到的历史和生活的必然。在小说创作中，陈忠实这种除了阶级斗争以外的，从人性、文化、伦理、道德、人格等多方面审视历史的眼光不仅是独特的，而且有着突破性意义。

《白鹿原》的发表，引起了社会的关注，首先是文坛的关注。

1993年3月23、24日，中共陕西省委宣传部、陕西省作家协会联合在西安召开《白鹿原》研讨会。省委宣传部长、副部长亲自到会，来自陕西多地的评论家、作家六十余人参加了研讨会。何启治和我作为《当代》杂志的代表专程去西安参加了这次会议。

时间过去了二十多年，许多记忆已经模糊甚至失去，以下所述只是我记忆中《白鹿原》的第一次研讨会的点点滴滴。

促膝长谈

何启治和我是开会的前一天到达西安的。这是我第一次

1993年7月，第一次西安研讨会后。前排左起：周明，陈忠实，王巨才，阎纲。后排左起：贾平凹，白烨，穆涛，红柯。

来西安，一下车便受到陈忠实的热情接待。记得他当时心情非常好，为我们忙上忙下，安排房间，亲热得像见到了家里人。

我和老陈1984年就认识，那年他到北京来领《当代》奖，我们曾一同开会，一同游慕田峪长城。只是后来很多年没见过面，直到这次为《白鹿原》发稿才又联系上。

住下后，何启治晚上要去看朋友，陈忠实过来陪我聊天。我很高兴，我有许多话要同他讲。我和忠实算是同一辈人，都不善聊家常，没说几句，话题就转到了《白鹿原》上。老陈给我讲了这些年的写作经历，讲他如何去查县志，如何躲进乡村祖屋,如何既关注又不参与文坛各种流派的纷争……直讲得我热血沸腾。他讲的那一切,有些是我读作品时能看到或感觉到的,因此很容易产生共鸣。他对文学事业的那份执着,他不为外界诱惑影响的那股定力,他的坚韧不拔,他的牺牲精神无不使我感动。特别是听他讲到去灞桥乡村祖屋,为自己营造创作氛围,以及约法三章以保证"整个写作期间能聚住一锅气"时,我暗暗佩服他对于艺术真谛的深刻理解与感悟。不要看他外表似乎"土",他真真的是个大艺术家呢!

为满足我的好奇心,也是为了证实我最初读稿时的种种猜测,我便开始问他创作前读过哪些书。

《古船》?读过。

《百年孤独》?读过。

《静静的顿河》?早年就读过。

我又一连串说了几本,其中有对也有错。我们不时发出笑声,那情景就像两个孩子在做猜谜游戏。

陕西三杰

在长达六年的时间里,陈忠实吃了那么多苦,付出了那么大的生命代价,才写出了这部《白鹿原》。可是按当时的稿费标准,千字最高才三十元。这样满打满算,陈忠实的稿费也只有一万多元。太不公平了!可我又想不出好办法,因为当时的稿费是国家规定的。《当代》杂志不做广告,也不拉赞助,我们没有钱弥补陈忠实的损失。我像个神经病似的不断重复着这个话题，而厚道的老陈却没有一句怨言，总是用真诚善意的笑面对我……

我们的话题渐渐转到"陕军东征"上。当时陕西的文学创作正处兴盛时期，陈忠实的《白鹿原》又为这兴盛加了一把火。路遥、陈忠实、贾平凹"三足鼎立"之势已经形成。这三位作家个个实力非凡，而且每个人后面都跟着一帮年轻人。他们你争我赶，互不服气……这种竞争也在一定程度上促进了陕西创作的发展和繁荣。

我和陈忠实都很兴奋，不知不觉竟聊了三个小时。老陈说话很朴实，很真诚，不做作，不铺张，实实在在。有些话很精辟，很形象又富有哲理。他很直率，几乎是有问必答，不躲闪，不回避。我很喜欢听他讲话，受益匪浅。

研讨会

第二天，研讨会正式举行。那场面自然是热烈的。全省评论界、高校以及各地作家纷纷而至。杨争光等一帮青年作家格外抢眼，楼道里不时传来一声声秦腔的长吼……

会议开始了，发言一个接着一个，对作品的分析也是头头是道，有理有据，很有水平。我一边听，一边对照着自己看稿时的体会，不住地点头。

这是我第一次直接领略陕西评论界的风采。当畅广元、李星等人发言时，我仿佛置身于北京中国社科院的研讨会之中。陕西作家了得，陕西评论界的实力也同样了得！

该我发言了，会场热烈的气氛感染着我。我先说了自己阅读时的感受，接着介绍《白鹿原》发表时北京方面的反映。当我谈到人们对作品的高度评价时，突然有人喊了一句："还不就是白烨一个人在那折腾……"我权作没听见，继续发言，会议照常进行。这声音不是很大，但与会场气氛极不和谐。会后冷静下来想一想，有不同声音也是正常现象。我似乎又隐隐感到了他们心中的那种"不服"。会场休息了，楼道里又响起了那一声惊天动地的秦腔。

深深的一鞠躬

研讨会开得很成功。陈忠实的创作实践、创作成果、变革精神以及《白鹿原》在新时期文学发展中具有的突破性意义，得到了人们广泛的认可。闭幕会时，陕西省委宣传部长王巨才做了热情洋溢的发言。讲话结束时，只见他转身向陈忠实恭恭敬敬地深深地鞠了一躬。至今，他讲话的内容我一句也记不清了，但他鞠躬时那无比诚恳、无比恭敬的神态却深深地印在我的记忆里。他对《白鹿原》以及作家陈忠实创作的心悦诚服，他对人类灵魂的铸造者——作家创作劳动的尊敬，都尽在这深深的一鞠躬之中。过去我从没见过这样的场面，后来也没听说过。

一张一次成像的照片

会议期间曾有一天空闲，安排何启治和我去看西安周围的名胜古迹。结果前一天晚上，何启治说他要去会朋友，不想去了，这样就剩下我一个人。老陈知道我是第一次来西安，就决定陪我去。我说你那么忙，换个人陪我吧，他执意不肯。

第二天一大早我们就出发了，整整跑了一天。华清池、秦兵马俑、秦王坟、大雁塔……一路奔波，马不停蹄。老陈不停地为我解说着，十分热情、耐心。路过灞桥时，他一下子从座位上站起来，指着窗外那一片原对我说，那就是我家祖屋的方向……参观兵马俑时，老陈站在当年美国总统卡特参观时的位置上，形象地描述了卡特当时被眼前的景象震撼、泪流满面的情景。从他那动情的讲述中，我感受到老陈骨子里的那种民族自尊和自豪。

从馆出来，我说要是在这儿合个影就好了。可是同行的人都说没有带相机，有点遗憾。我们继续往前参观，走着走着却发现老陈不见了。就在我们四处寻找的时候，只见老陈从不远处领来一位摄影师。他的相机可一次成像，立等可取。我和老陈高兴地合了影，他对我说，这也是他的心愿。同老陈相识的三十年当中，我们也曾有过几次合影，但这张一次成像的照片却让我格外珍惜。

《白鹿原》在展示民族精神的同时也寄托了陈忠实的道法

理念。而这也一定程度上影响了他做人的行为准则。他做人很认真，对自己要求很严格，重友情，重信誉，重名声。他为人真诚、谦和，不善张扬。他待人厚道，热情周全，常常为别人着想。与他接触过的人都对他有良好的印象。

再看陈忠实

陈忠实在一次访谈中这样说："作为文学主体的作家，通过自己的体验和认识将国家和民族在多个历史时期所经历的痛苦和欢聚真实地再现出来是至关重要的。我曾在评论路遥的作品时，认为路遥就是取得这样成就的重要作家，也因为这一点，我很敬重他。"路遥比他小十多岁，但当时已写出《平凡的世界》那样的大作品，他再也坐不住了。他说："我感到了一种巨大的无形压力，我下决心要奋斗，要超越，于是才有了《白鹿原》。""要不是路遥，我没有这股劲。"忠实的话让我明白了很多。

文章最后，我想把陈忠实的另一段话送给那些正在创作路上苦苦求索的作家们。陈忠实说："苦闷是某个创作阶段上自我否定的必然过程。自我否定是一种内在的动力，是打破自己思维定式的一种力量。""对于一个作家来说，可怕的不是苦闷而是思维呈现的太多的定式。思维定式妨碍吸取，排斥进取，导致作家扬扬得意自我欣赏，因而也导致作家思想和艺术生命的老化。"

陈忠实的智慧还表现在对自己生命的把握和安排上。他知道自己生命的价值在哪里。他非常清醒自己什么时候该干什么，能做到什么。

他分析了，他安排了，他实现了。

陈忠实走了。一部沉甸甸的《白鹿原》摆在那里。他的人品、文品摆在那里。他的生命已经定格。

2016年5月于北京风度柏林

（作者为人民文学出版社《当代》杂志原副主编）

儿子眼中的父亲

陈海力

我的老家西蒋村是白鹿原下的一个小村子,我的童年就在这里度过,那时的农村条件家家都差不多,都很贫穷。从五六岁开始记事起,父亲就一直是周一骑自行车去上班,周末才骑车回来,每次回来父亲的包里都会有一两个面包或者几根麻花,这些对于生活在20世纪70年代农村的孩子来说,无疑是最美味的食物,以至于后来每到周末的下午,我都会和姐姐去村口等父亲。其实那都是父亲用平日省吃俭用节约下的钱买的。后来父亲回忆起这些,说他再难也不愿看到我们因为没有看到面包而失望的眼神。

父亲一生都在苦苦地追寻他的文学梦想,但他从来没有因此而忽略了他的家庭责任。父亲年轻的时候家里更穷,甚至因为没钱交学费而休学一年,也因此最终没能考上大学。没有受过高等教育是父亲一生的遗憾,所以在对我们姐弟几个的教育上，父亲总是尽自己最大的努力来创造好的条件。1980年父亲调到灞桥区文化馆工作，他刚一安顿下来，就把在村里上小学的大姐转到了教学条件更好一些的灞桥镇上，而他一个人则一边忙单位的工作，一边追求着自己的文学梦，一边还要照顾姐姐的生活起居。

父亲一心想要我们都考上大学，但对我们的将来却从不做规划，甚至都很少教育我们应该做什么不应该做什么。现在想来，父亲这一生都在用自己的言行给我们诠释做人的道理。甚至他自己就像一个麦田里的守望者，时刻用他那颗敏感而深沉的心观察着我们，只要不出格，你们就自由地成长。

在我的孩子即将上小学时，我希望父亲能给孩子写上一些寄语，结果一周之后，父亲写出了五个字："更上一层楼。"母亲看了还开玩笑地对父亲说，你这么大一个作家，憋了一周就想出这么一句平常的话来，父亲只是嘿嘿地笑。其实我理解，父亲对他的孩子都一贯如此，更不会对他的小孙子成长有什么具体期望。

父亲一生节俭，他从来都不会讲究也不会关心什么名牌奢侈品，衣服只要得体舒服就行，再旧的衣服只要没破就还继续穿，这也就让很多人戏称父亲为文坛老农。但父亲有一个常年坚持的习惯，就是每天出门前都会把胡子刮得干干净净，把头发梳得整整齐齐，把自己收拾得精精神神，绝不允许自己看上去邋里邋遢。用父亲的话说，就是人可以穷困，

2002年7月31日,陈忠实六十岁生日,
与家人欢聚。

但不能潦倒;衣着可以朴素,但不能窝囊。

父亲只是高中毕业,之所以能有今天的成就,完全是凭着对文学的执着和骨子里的坚忍。父亲很少跟家里人说他在创作道路上遇到的困难和艰辛,一是怕家里人不理解,也怕家里人为他担心。《白鹿原》的出版不仅在社会上引起了强烈反响,我们家窘迫的生活也有了很大的改观,但父亲却和之前几乎没有变化,依然低调、沉稳、内敛,依然觉得最享受的时光就是没人打扰静静地看书。

父亲喜欢安静,父亲也爱热闹,许多人都知道我父亲是一位铁杆球迷,但凡西安有足球比赛,父亲都会去现场观看,而且从不愿意坐主席台,原因只是因为坐在主席台上太过拘束,他喜欢挤在球迷堆里和球迷一起喊一起叫一起手舞足蹈,父亲有许多朋友就是在看球的时候认识的。

父亲一直不会用电脑,也不懂上网,有时候我们在网上看到一些关于他的作品的评论文章,都会说给他听,有赞扬的也有批评的,他听完觉得说得不对的只是嘿嘿一笑,既不评论也不反驳,如果是他觉得说得对有道理的,都会要求我们把文章打印出来给他,自己再仔细阅读。

父亲的生活十分简单甚至是清苦的,在我们眼里他和这个世界上所有普普通通慈祥和蔼的父亲没什么两样。但他的精神世界却是异常的饱满,对文学的执着早已融入他的血液,即便是在被病痛折磨得最痛苦的时候,他都没有放下手中的书本。

父亲的病是去年四月份确诊的,在与病魔抗争的一年里,他乐观平静,与闻讯前来探望的各级领导和各位文友谈笑风生。今年4月29日,病魔还是夺去了他的生命。令我们没有想到的是,父亲的离世,在陕西乃至全国竟然引起了这么大的震动和影响,从国家领导人到省上领导,从亲戚朋友到普通读者,纷纷用各种方式表达了对父亲的敬意和哀悼。我想父亲的在天之灵如果能感知到这一切,一定会觉得欣慰的。

而我们作为家属在感动的同时也诚惶诚恐,父亲留下的不仅仅是一部厚重的《白鹿原》以及众多的文学作品,更重要的是留下了独特的人格魅力和朴素的精神品质，我们将用一生的时间来学习和发扬，将这些宝贵的精神财富传承下去。

（作者为陈忠实之子）

"悲伤,是我们为爱付出的代价"

陈勉力

那个残酷的清晨距今日近一年了,在这三百多个日子里,我没有一天不在想念着你。

我不知道,生命攸关生死弥留的那一刻,你是否想到了自己在和世界做最后的告别?你还有什么话想说?我只能紧紧抓住你的手不敢松,我以为抓得紧就可以留住你,可你再也没有像往常我握着你手时你也一样有力度地抓着我的手来回应,隔着满眼的泪水看着你缓缓地合上双眼,一脸的安详和释然,仿佛对我们说:别吵了,让我睡会儿……当看到救治的医生面色凝重地摇着头,我知道,我千呼万唤再也唤不醒你了……霎时我感到被一种无边的令人窒息的疼痛紧紧扼住……

你被送走了,我抱着那个和你如影随形的黑色挎包离开医院坐在回家的车上,心又是刀绞般的疼痛。这个包你背了多少年，我说不准确，它已经明显的磨损龟裂，可你总是不愿意更换一个新的，只因为用习惯了。这个挎包任何时候任何场合你都自己背着不离左右，即使在治疗期间每天往返医院的途中也不让我们代劳，总说自己可以、背着很习惯，到了病房便将它放置在离自己最近的床头柜上。曾有朋友打趣说：陈老的包里背着金砖呢！其实包里装着的不过是：记录本、通讯录、眼镜、书刊、雪茄……但对你来说，这些物件比金砖更重要。可是现在，你都不要了，什么都不要了，所有你在意的珍惜的统统不要了，也不再跟我们一起回家了……

你正在看的书中间一页还折着角，你喜欢看的电视频道、栏目每天都在播出新的内容，你吃饭时常坐的那固定的一角就这样空着……

每次离开家时，我都很想像往日一样给你说一声："爸，我走了。"更想再听到你应一声："好，路上小心。"或者什么都不说，"哦"一声挥挥手……可我怕自己又掉下泪来，更不想惹得妈妈也难过，只好默默注视你的照片，想说的话都在心里……

什么都不想做，太多太多的场景历历在眼前却无法触摸。太想念了，就拨通你的电话，手机这一端的显示是"爹爹"，那一端的提示音是"你所拨打的电话已关机……"我知道，你的手机没电了，我去换了电池，让它亮起来，我想让它通着……

此生最痛莫过于和至亲至爱的爸爸阴阳两隔……

谁都很明白，任何一个生命都有其终点。可是当自己亲亲的爸爸要离去，那是多么的舍不得啊……

你曾经说过，只希望自己在离开这个世界的时候能有一个保持清醒的大脑。也许是上天真的眷顾你，从病情确诊直到最后，你一直都没有停止阅读和思考，生活自理，每天治疗结束便要回家而不愿意住在病房，以自己的倔强风骨维护着生命的质量和尊严。

父亲离去了，我第一次经历了亲人的临终、一个生命的结束。无法言说，不只是痛。

以前每次回老家，对于我来说就是一次郊游。伯母做的关中臊子面实实在在地慰藉了我思乡的味蕾。村子里的幼儿、青年多不认识，碰到上了年纪的长者笑意盈盈地打个招呼。在这里，我觉得时间很慢，日子很长，岁月静好。

现在的一切都变了。老家的一草一木都显得伤心凄寂。父亲自建的小院，紧锁的院门，门前的翠竹以及父亲亲手种植的梧桐树……

你的气息你的影子你的声音都在身边在耳畔，我仍无法接受你真的走了。

每当看到介绍父亲生平的文字里增加了"2016年4月"的字样，我总是感到触目锥心。

2002年,陈忠实与外孙在一起。(摄影:尚洪涛)

父亲离去了，这是我必须面对的现实，必须承受的伤痛。

是谁说过，"悲伤，是我们为爱付出的代价"。

我不知如何去化解这份痛。我重读他的书，从字里行间走近他的精神世界，理解他的悲喜，拉近与他心灵的距离。这个时候，他那有着独特质地的声音、眼神、面容便浮现在眼前了……

一个天气晴好的冬日，我走上了父亲曾无数次走过的我们村子前面的灞河大堤。我自东向西走着，极目四望，左边是白鹿原北坡，深邃凝重，东西绵延不见首尾，像一个张开的巨大臂膀，我们的村子就稳稳地坐落在这个臂弯里。右边是骊山南麓，中间的灞河川道新架起了两条高速公路，车辆川流不息。时值冬季枯水期，清凌凌的灞河水无波无澜静悠悠地流着……

"涌出石门归无路，反向西，倒着流，杨柳列岸风香透。鹿原峙左，骊山距右，夹得一线瘦。倒着流便倒着流，独开水道也风流。自古青山遮不住，过了灞桥，昂然调头，东去一拂袖。"这是父亲笔下的灞河。

水面上几对褐色的野鸭在戏水，岸边的沙滩上一丛一丛的枯草摇曳着，似在诉说着什么……阳光很好，但毕竟是冬季，微风吹在脸上是冰凉的，却并不刺骨。父亲写作之余常来这里散步。我能想象，他挺直腰板气定神闲地走在大堤上的样子、黄昏落日里的沉思、兴致起时点燃野草于火光里的陶醉……

这里有他最自然最富有真情的咏叹。可是现在，这里的阳光空气、这里的草枯花开他都感受不到了，原上的故事仍在上演，世界每天异彩纷呈，他也不再关注了……"只有我一个人站在院子里……从未有过的空旷。从未有过的空落。从未有过的空洞。……"这是父亲当年重返原下祖屋时的感觉，此刻我的感受也是如此。

2016年岁末，当朋友们都在满心欢喜地辞旧迎新之时，都在梳理回顾自己一年来的得失成败之时，我陷入悲伤的情绪里不能自拔。这一年之于我，似乎只有一个日子，只有一件事。父亲留在了这一年，我不想辞别。这一年，我成了一个没有父亲的孩子。

丁酉鸡年，我人生中第一个没有父亲的春节。年夜饭依旧丰盛，春晚依旧热闹，以往除夕应有的形式依旧……只是缺少了那份满满的喜悦心情，缺少了有父亲坐镇的充满欢声笑语的祥和气氛。父亲成了一帧照片，再也没有了笑声。我们只能供奉上他爱吃的食物，凭借点点烛光与他沟通……

参不透生死的我一直觉得，父亲虽然不再出现在我们的生活里，但他一定在某个地方，仍在关注、关爱着我们，并且"啥都好着呢！"——在梦里，父亲这样说。

（作者为陈忠实之女）

陈忠实生命的最后三天

陈 彦

都知道他要走了,但没想到会这么快,因为工作原因,使我十分荣幸地与这件事情保持着密切联系。在最后三天,我见证了先生的痛苦;见证了先生的从容;见证了先生的安详;也见证了先生的顽强,不,可以说是钢铁一般的意志;更见证了先生对美好生命的留恋。

先生是去年这个时候查出舌癌的,整整一年时间,开始先生有些大意,一直当是口腔溃疡,只吃些维生素或消炎片之类的东西,家里人看没效果,才催着他去检查的。没想到,一查出来,就是这样的结果,并且已到晚期。但先生始终很淡定,也很配合医生的治疗。什么手段都用了,从我接触西京医院的医护人员看,他们对先生也是怀着十分崇敬的心情的。成立医疗小组,想着法子治,中途也有转机,但后来,还是出现扩散,甚至肺部都有转移,一步步,就把一个善良老人逼向了绝境。

春节时，我还陪同省委常委、宣传部长梁桂同志去看望他，虽然脸部下方有些浮肿，头发也基本全白，但整个精神还算硬朗，说话多有不清晰的字句，可内容表述依然完整坚定。甚至比我前几次去医院探望，更显出一种挺过来的生命晴朗。谁知几个月后的今天，他到底还是走了，竟然走得那样匆忙。

4月27日，我听说先生昨晚突然吐血，病情出现危机，我和省作协书记黄道峻同志早上就去看望，得知当天早晨又吐了一次血，并且量很大。我们见先生时，已经暂时平稳下来，我坐在床边，拉着先生的手，虽然已经瘦得皮包骨了，但还依然有些力量，我拉着他，他也拉着我，还说了一会儿话，他只用表情回答着一切，有几次似乎想说，但一提气，发现发不出声，就那样慈祥地看着我。那里边有一种生命的淡定，但也有一种深深的无助，无奈。死神已紧紧攥住了他的咽喉，我吻了吻他的手背，害怕眼泪掉下来，就低着头离开了。我们到医务室，开了个简短的会议，主治医生宁晓瑄介绍了病情，她一再讲，先生随时都有生命危险，吐血是因为扩散的癌细胞破裂造成的，先生的左肺已停止工作，剩下半边肺叶，随时都有被血淹呛窒息的可能。我一再问生命可能的限期，宁大夫也一再肯定地说：随时。

我立即就向梁桂同志打了电话，报告了先生病情恶化的情况，道峻也立即向中国作协做了汇报。下午5点多，省委书记娄勤俭、省长胡和平在省委常委刘小燕、梁桂的陪同下，从省人代会现场直接赶到医院，看望了先生，听取了医疗小组的汇报，并做出具体安排要求。此前，他们都为先生的治疗，多次做过指示，并解决了具体问题。这天晚上，医院再次为先生做了气管切开术。我跟道峻离开时给家属交代说，一旦有紧急情况，立即给我们打电话，不管什么时候。凌晨3点45分，手机突然响了，我浑身一怔，立即抓过来一看，是先生的二女儿陈勉力打来的，说先生又吐血，正在抢救。我立即爬起来赶到医院，道峻也到了，这时先生已暂时平稳下来，不停地在一个本子上写着什么，后来我拿着一看，许多句子和字迹都不太清晰，有的句子压着句子，字压着字，能看清的，大意是对家里人的一种交代，还有几个字给我的印象特别深刻："……生命活跃期（前边的实在辨认不清）。"先生此时在思考什么呢？"生命"，"活跃期"，这个"活跃期"是什么意思呢？他心底到底"活跃"着一种什么意识与思维呢？我感觉他既是糊涂的，也是清醒的，大脑深处，甚至有一种特别的清醒，只可惜已经表达不出来了，瘦弱的双手，勉强在家人的帮助下，不停地写着，写着……这个动作，这种状态甚至持续了很久。后来,是在先生夫人和儿女的一再劝告下，才把写作停止下来，有一阵，甚至还暂时进入了休眠状态。

28日中午11点钟，中国作协党组书记钱小芊也专程从北京赶来看望先生，先生大脑神志依然清醒，钱小芊书记与他交流时，他不断用可能表达出来的手势、表情，表示着感谢的意思。贾平凹悄声跟我说："看见老陈这个样子，我心里突然感到一阵锥痛，瘦干了！"这天下午，医疗小组做了最后的努力，进行了支气管动脉栓塞手术，西京医院院长熊利泽给钱小芊、梁桂同志介绍说，如果能够把破裂的血管栓塞住，陈忠实先生的生命还有可能存活一段时间。省保健局的领导以及四医大校长、政委、西京医院院长、政委都参与了陈忠实同志的抢救工作。

实在不幸的是，4月29日早晨7点45分，先生还是在再一次癌细胞破裂后，痛苦地离开了人世。我跟道峻8点多赶到医院，抢救已经结束。听医生说：很快，几乎没有多少预兆，突然一咯血，造成逆血，人就走了。昨晚10点钟，我还给家属打了电话，家属说，手术后还算平稳，因为手术是微创，病人几乎没有多少痛苦。我们想着先生是应该有个生命的缓冲期了，没想到来得这么快。简直快得让人难以置信。

在先生病重期间，陕西以及北京的很多宣传、文艺界领导、作家、评论家、艺术家，都多次过问先生的病情，先生始终不让探视，充分显示了先生素来低调、质朴、平和的做人风格，他永远都是只愿帮助别人，而不愿麻烦别人。他的这种作风也影响了家人。在他患病的这一年时间里，无论我们问有什么困难，更多领导问有什么要求，家人的回答永远都只是两个字：没有。我要求他们随时把先生的病情告诉我们，不到万不得已，他们也从来不会打电话。他们的眼神，他们一切的一切，都只集中在亲人病痛的痊愈上。连医生护士都说，陈老师非常好，普通得就跟任何一个普通病人一样，非常配合我们，也非常顽强。

多少人想看望病中的先生，一来先生不愿麻烦别人，二来身体也的确撑持不住。如果让探视，那就一定是车水马龙的场面，医院医疗秩序会打破，病人也受不了，因此，很多人就只能深深遗憾着，无缘见先生最后一面。

因为工作关系，受梁桂同志委托，我们非常荣幸地伴随先生度过了最后三天，我跟道峻陪着家属，从病房给先生穿衣服，到最后扶灵送上殡仪车，手脚不住地颤抖，内心充满了无尽的悲怆。但我觉得自己是有幸的，有幸伴随一颗伟大的灵魂走完生命的最后几步，这是我一生从公、从事文学艺术事业中，最荣光的一件事。

一个民族最伟大的书记员走了，我突然感到一种大地的空寂，尽管西京医院人山人海，甚至半夜3点多，排队挂号的人流还络绎不绝。在先生推车通过的电梯、路道、厅堂，我们行走甚至要贴身收腹，但还是感到一种巨大的空旷与寂寥。

在等待殡仪车的那一个小时里，我始终在回想与先生接触的这几十年，先生对文学晚辈的提携呵护，我想我跟每个文学晚辈的感受是一样的。他对文学的贡献，不仅仅是一本堪称"高峰"的《白鹿原》，更有对陕西文学艺术繁荣发展整体推进的呕心沥血。他是在以自身的创作高度和人格、人品高度，有形无形地雕塑着这个文化大省的具体形象，以及它的宽度、厚度与高度，有他在，我们会感到自信、骄傲、踏实、有底气，先生忽然在一个清晨，一个近千万人口的城市刚刚醒来的时候撒手而去，我们顿时感到一种生命与事业的虚空与轻飘。他是上天不可能再创造出来的那个人，他的离去，是一座高峰的崩塌，是一颗星辰的坠落，是一个时代永远也无法医治的剧痛。

在先生推车缓缓通过医院大厅、医院走廊、医院车库、医院大门时，所有忙碌的人，大概都已经从微信、短信上，知道了先生在这个医院病逝的消息，但他们不知道，一个时代的巨人，像一个普通老人一样，在走过了他七十四岁的生命旅程后（再有两个月，先生就满七十四周岁），正平和、安详地从他们身边悄无声息地经过，先生静静地躺着，一切病痛都在最后时刻全然冰释，脸上留下的，是十分慈祥、周正的样貌。无论身边怎么喧嚣，先生的安静，都让我想起海明威墓志上的那句著名的话："恕我不起来了！"

先生走了，但这支思想火炬、这支文学火炬、这支生命人格火炬、这支民族精神火炬，将永远不熄！

2016年4月29日晚草就

（作者为陕西省委宣传部副部长）

回忆陈忠实老师的三次笑

陈　毓

　　现在想来，竟觉些许宽慰。这天早上我例外地早到单位，被同样例外早到的同事在编辑部楼下邀约，去隔一条朱雀大街的荐福寺"走路"。荐福寺中有千年古树十余棵，柏树、松树、楸树、国槐，从那些老树下过，像是心神的沐浴。我们绕小雁塔行，转塔。记得我说，既然转塔，就有讲究，得转三圈。我们转够三圈，赶8点半前两分钟到单位刷指纹。这是4月29日早，从7点40分到8点28分。之后我就知道那个叫陈忠实的人永远离开我们了，我今生不可能再在任何地方听见他那极富特点，隔着几级台阶都能听到的哈哈哈的笑声了。我从编辑部朝东的窗子眺望小雁塔，塔影寂寂，天空虚幻，像是藏着我看不懂的秘密。我的眼泪不可遏制地奔涌而出。

　　此刻坐在这里回想，我想这是苍天垂怜我吗？让我在那个时刻,在荐福寺转塔,完成一个仪式。我想这话假使陈老师苍天有知,定会发出他那独特的哈哈哈的笑声,一笑了之,他才不以我这点迷信为意呢。

他总是这样哈哈哈地笑,比如初相识。这个日子总记得,1997年6月12日,陕西召开"商洛作家群作品研讨会",商洛本土的、已经居于长安的大小作家以及各路评论家、媒体人齐聚。地点定在商洛和西安的中间地段,半坡。我当时作为商洛电视台文艺部记者,采访那个研讨会。记得刚在半坡博物馆草屋顶的会议室门口架好摄像机,就见陈忠实老师对面来,我赶紧迎上去自我介绍,请他在我的采访本上写几句勉励的话,他欣然写下:独秀商山。写完把本子往我手中一推,仰天大笑,阳光下,他的白牙齿使我印象深刻。

再见已是三年后,作为陕西电视台《开坛》栏目的编导,向他请教。当时《开坛》定位为一档文化类谈话节目,邀请嘉宾范围在全国,甚至为了体现节目的"全国性",我们先头的节目并没近水楼台地邀请贾老师、陈老师开坛布道,哪怕每个编导都眼巴巴地踮脚张望着这两位老师。直到节目播出两个月后,直到我们的节目有了一些影响力,直到暂时的定位明晰起来,我们才郑重请贾、陈两位老师出场。在《开坛》的日子,陈老师三次出现在我们的节目里,从开始的一个人谈,到后来节目确定每期两位嘉宾,他和人对谈,哪怕话题并没那么好,他也十分配合,显出巨大的耐心和对编导对本地节目的体谅和支持,每每使我们感慨。有段日子《开坛》有个奇怪的标准,就是要"逆着问",两个对谈的嘉宾要是在"坛"上"掐"起来,这期"坛"就开成了,这多么奇怪。当我坐在暗影中,看见灯火通明处那分明的宽容与厚朴,以及同样分明的无知与无畏的时候,我想,在一个轻薄的哗众的提问和对基本常识与人的最基本尊重上做选择的话,我宁愿选择倾向尊崇的嘉宾而离开我刁蛮的同行。我虽不能如他们一样厚朴宽忍,但心有方向。

和他闲聊,我说陈老师,虽然总有人找我出书,书也出了七八本了,但很多没稿费,有也羞于说,您听了笑话。陈老师说,有人找你出书就很好了,很多老作家,写了一辈子,还要自费出书呢。我说陈老师,我的写作总是不绿不红的,有点灰心。他很认真地看着我,一字一顿,你写,是因为你喜欢,你内心有想要表达的东西,你用自己的表达呈现出来,你该感谢上天给你的这份能力。

我在《陕西画报》的时候采访他,连带2008年一期的封面人物,也是他。刊出后给他送杂志,至此送杂志成为惯例,送杂志去,就坐一会儿,议论两句他手边正看的书,说《钢琴课》他刚看完,细节和心理刻画得好;说格拉斯的刚买来,还没顾上看;有时他会推荐我杂志,比如《外国文学》,他说他订阅了很多年,比如《世界电影》,他说报刊亭随便能买到,你想看就去买一本,方便得很。有一次去,正喝茶,听见电话打进来，挂了电话，他说是某文化机构，邀约一些国家的一些作家，依本国神话故事写小说，约他写的，是陈香劈山救母的故事。我很振奋，站起来连声问，您答应了吗？要开始写吗？他淡淡答，已经拒绝了，人家再次问，是确定一下。再不多言，如高僧入定。就此理解了陈老师的拒绝，是对写作的另一种敬重。

喝茶，看他泡茶，用一木勺在茶桶里舀两勺茶叶，提起暖水瓶里的水直接倒进玻璃杯里冲茶，放片刻，喝。玻璃杯太小，一倒水即满，茶叶在杯底占去三分之一。他说茶是汉中王蓬送他的，年年会送，他也年年只喝这个茶，味道足，好，别的茶不习惯。顺手在堆满了物的小桌上把一个精致的茶盒推给我，说，这个我不习惯，你要喜欢，拿去。我拿去，打开，泡了，是汉水珍眉，茶叶根根在杯中竖起，好看，但确实不是陈老师喜欢的那杯茶的味道。那杯叶片大，耐泡，味长远。我至今没见过王蓬，却对"汉中王蓬"心有好感，觉得他做了我们能做到却没做的事情。我还想，来自巴山汉水云雾深处的青茶于抽烟太猛太浓的陈老师是适合的，是有好处的。

陈老师慷慨，你总算请得他一起吃饭，若是这最后买单人是他，你心何安？他却说，你钱得是比陈老师多？

他答应我采访，让我把问题写在纸上，他笔答好给我。我把问题打印在纸上，根据我的猜测在问题和问题间留出空白，等我再拿来看，每个问下都写满他的答。笔重墨深，有些回答空白处无法写下,他另附白纸续补,又裁切整齐,粘贴起来,清清楚楚,利利索索,郑重之心跃然纸上。让人一见喜欢。后来我打印了电子版,交稿设计,杂志出来,给他送去,他说好,说杂志若还有,顺路的时候再送两本。不知过了多少日子,某天,陈老师打电话给我,用商量的语气问我,问答的手稿我能不能给他,他给我写一幅字和我换。我说,手稿本来就是您的呀,您完全可以要回,哪来交换一说。

我一个有钱的朋友去陈老师那里,回来十分不解,他想不通陈老师那样大的作家为啥住在那么旧的、小的、暗的房子里,沙发太平常,写字的桌椅早该换掉。这是我们很多人的感慨,我有次见陈老师签书,那支笔坏了,墨水染了指头,他取来毛巾擦手,见毛巾破旧粗硬,下次见他时,我特意买了两条毛巾送他,看他替换了旧的,心里宽慰。我的这个有钱朋友问,你看我若是送大房子给陈老师,他会不会接受?我说有次见陈老师,房子里的书都捆起来,说是即将搬到前面的大房子里去,他还说,其实不想搬,这个房子住习惯了。后来再见他,还是住在小房子里,可见真的是住习惯了。你要不信,等有机会你自己问去。

真见了陈老师,问了,他回答说,若是母鸡肚子里有了蛋,这母鸡在草窝里也能下,这鸡肚子要是没蛋,你就是把鸡放到皇帝的龙床上,也下不出来。说完,他自己先爆出那极富特点的哈哈哈的笑声。

这是多开心的记忆啊。但是这次,我又看见陈老师,去年年底,他出席西安工业大学陈忠实文学研究院成立十周年,那是他在2015年第一次出席公开活动,也是他最后一次在公开场合说话,他在掌声中站起来,讲话。他瘦,是我从未见过的瘦。声音沙哑,像铁在沙子上摩擦。吃力的,力不从心的。他认真地感谢着每一方,他寄望未来,他说研究院的未来会更好。他似乎想要调侃,想要使周围的气氛轻松,他说,也许以前他话说得太多了,上天要封他的喉,他现在不能讲太多的话。他站起来鞠躬,深深鞠躬,满脸歉意,仓促坐下。他的嘴角牵动,想要做出一个笑的表情,但笑的波纹不曾荡开,就消失了。叫人忧心,叫人伤感。

病没办法,人没办法。敬爱的陈老师,你唯一需要我们帮助的地方,我们却都没办法了。

愿天国里的陈老师依然笑声朗朗。

(作者为陕西画报社编辑、记者)

遥祭陈忠实

党益民

4月29日上午,我在下部队的路上,突然收到几个陕西朋友发来的短信和微信:陈忠实老师走了。我震惊得一时说不出话来。不是说陈老师的病基本痊愈了吗?怎么说走就走了呢?手机新闻随后证实了这个噩耗。今年春节前,我还特意给陈老师寄去了沈阳最好的辽参,希望能够帮助他增强抵抗力,谁知才短短几个月,他就匆匆走了。恩师驾鹤西去,往事随泪涌来……

我与陈老师相识已有二十三年。因我这些年一直辗转在高原边疆,很少回陕西老家,我们见面的次数其实并不多,但陈老师对我的影响与帮助很大,让我终身受益。

1993年底,即将步入而立之年的我,完成了长篇处女作《藏光》。我想请一位家乡的作家作序。当时"陕军东征"震撼全国,《平凡的世界》荣获了茅盾文学奖,但作者路遥却英年早逝；贾平凹当时已很有名气，但因刚出版的《废都》，贾老师处境尴尬；陈忠实老师的《白鹿原》出版后一时洛阳纸贵，我拜读后断言必获茅盾文学奖。我想请陈老师作序。但我并不认识陈老师。我投石问路，给他写去一封信，信中谈了《藏光》的故事梗概，流露出想请他作序的心愿。十多天后，我收到了陈老师的回信。他在信里说，西藏对他来说是一块陌生而神奇的土地，他非常向往西藏，尤其对在那里默默奉献的军人深表敬佩，他想尽快读到《藏光》。我激动万分。春节回陕探亲，我怀揣手稿，去拜访陈老师。当时天气很冷，但我的心里却像揣着一团火。走进陕西作协大院，我向一位女士打听陈老师的住处，她指着后面的一排旧平房说，最边的那间就是。我走过去，看见房门上的漆已脱落许多，我不敢相信陈老师就住在这样的地方。我在门口站下，等心情平复了才轻轻敲门。开门的是一位满脸皱纹的人，我一眼就认出是陈老师，因为我在书上见过他的照片。陈老师纯朴得像个农民，用纯正的陕西话邀我进屋。我刚坐下不久，听见外面有人喊："陈老师，电话！"陈老师去接电话，我独自坐在那里，打量着这间小屋：仅有六七平方米，墙上有两道细细的裂缝，门的上方有块墙皮已经脱落，一张旧书桌，一张单人床，一条旧茶几，两个单人沙发，墙角堆放着零乱的报纸杂志。如果再来一位客人，恐怕就没有地方坐了。这样的房子和摆设，我在乡村小学见过。陈老师不像一个作家，倒像是一个乡村老师,更像一个关中道上随处可见的老农民。陈老师接电话回来,我们喝茶聊天。他的指间夹着一根雪茄,两眼透过烟雾热情而专注地看着我,认真听着我说,时而点头,时而一笑。他的笑很真诚,让我心里踏实了许多。听完我关于《藏光》的介绍,他说你们在西藏经历了那么多生死劫难,很不容易,你把这些鲜为人知的事写出来,更不容易。你才三十岁,只要坚持写,将来一定会写出名堂。我很愿意帮你们这么有志气的年轻人,等我看完书稿,就给你写序,争取在你的假期里写好。我们聊了一会儿,外边又有人喊:"陈老师,电话。"我见他很忙,便起身告辞。他边送我边说:"成天杂事太多,啥事都弄不成,一会儿一个电话,光电话就把人接烦了。"

那一年,我在西安岳母家过年。大年初一,我骑着自行车去给陈老师拜年。陈老师的家在作协后面的家属院,是刚分的三居室,家具很少,最显眼的是一个大书架。陈老师说家刚从白鹿原的农村搬来,还没来得及添置家具。师母在一旁纠正说,不是没来得及,是没有钱。我说《白鹿原》卖得这么火,拿稿费添置几件好家具,应该不成问题。师母说,书刚出版时,稿费大概挣了二万五,光请客赠书就花了一万多,剩下的钱填了家里以前的亏空。师母没有工作,家里的经济来源全靠陈老师。闲聊中,师母说起陈老师在公社当干部时,领着农民搞农田基本建设,家里刚买的一把新锨,他用了不到半个月就磨秃了。师母说他这人太实在,干啥都下实力。

那几年,他没黑没明地往基建工地跑,布鞋一个月穿烂一双,师母都来不及做新鞋。陈老师一本正经地说,那时咱是公社干部嘛,咱耍奸溜滑不下实力,谁还跟咱干?我是特意去给陈老师拜年去的,所以闲聊间我极力回避提说序的事,但陈老师却主动提了起来,说:"序已经写好了,在办公室搁着哩,等一会儿咱去取。要写就得认真写,既要对得起你,也对得起我,更要对得起读者。我还给你写了一幅字,等一会儿送给你。你离家那么远,回来一趟不容易。"

我跟陈老师去了办公室。陈老师拿出一沓稿纸,递给我说:"你先看看。"我坐下来认真拜读:"春节前夕,党益民来找我,一张泛红的娃娃脸笑眯眯的,谦恭而又含蓄着羞羞的神色,我一见便有点动情,因为这样纯朴纯洁的眼神在我看起来,恰如原野上的一株未曾污染的绿树或者更像山间一潭清水……党益民是陕西关中富平县人,父母都是初识文字的农民,由此上溯几代,也都是初识或根本不识字的农民。党益民很为自己成为这样家庭的第一位大学生而自豪。在他之前只能用嘴巴与人交流情感的几代父老,看到他们的一位子孙可以用长篇小说和整个世界对话的事实发生时,该当是怎样一种情感淋漓的感慨!党益民从事文学而且年纪轻轻便卓有成效,又一次验证了我关于文学创作纯粹属于个人兴趣的观点,于此我甚以为得意……党益民多在祖国边陲之地驱车驰马,那块对我们来说既感陌生又感豪迈的高原巍峰,他是千遍万遍看过踏过也拥抱过,汗和血都洒在那里了,情系高原,是真情实感,而不是矫情伪饰。我读这部长篇时感到了人物的鼻息和汗腥,那是一种关于高原和人生的生命体验,这体验里喷薄着感人的真情……"

我看完文稿,甚为感动。陈老师说:"一个作家靠啥都没用,只能靠作品说话。你写出了硬扎作品,别人就承认你是一个好作家;你写不出硬扎作品,说得再好、吹得再美也没用。我看你文字功底不错,又能吃苦,你好好写,我看你将来能弄成事。"

随后,陈老师拿出早已写好的一幅字给我,上面写着:"既当牛耕垅亩,亦作鹰浮长空。与益民共勉。陈忠实。"陈老师的这幅字,我一直挂在书房。二十余年,我先后调任四个省市,但这幅字始终带在身边。这两句话,一直鞭策我前行。

坐了一会儿,陈老师问我准备在哪儿出版,我说还没找到出版社。陈老师说你是陕西人,在陕西出版比较好。我说我第一次出书,出版社的门在哪儿我都不知道。陈老师笑了,说我给你介绍个人,你去找他。陈老师介绍的是太白文艺出版社的朱鸿编辑。我按陈老师的吩咐去找朱鸿。朱老师说,稿子陈老师都看过了,而且给你写了序,质量肯定没麻达(没问题),我给你当责编。

第二年休假,我去看望陈老师。我到作协,看见陈老师的办公室门上吊着锁。一问才知道,那房子已经无法住人了,陈老师没地方办公，到处"打游击"呢。我去家里找，陈老师也不在，师母说他在作协招待所里写东西哩。我在招待所找到陈老师，看见他疲惫的面容和熬红的眼睛，后悔不该来打扰他。我说陈老师，你可要保重身体哩。陈老师说实在没办法嘛，行政上的杂事实在太多，想躲都没处躲，想写点东西实在难。如果有可能的话，我倒是想躲到你部队去写东西。我说好啊，我一定保障好。可是，陈老师到底没有去军营。我知道，他当时只是说说而已，作为作协主席，事情再多再烦，躲出去也不是办法。

陈老师的为文我不想多说，一部硬扎厚重的《白鹿原》立在世上，说什么都显得苍白多余。我只想说说陈老师的为人。十多年前，北京有两个朋友，想让我代求陈老师的字，我回陕西探亲时去看望陈老师，陈老师听说后，二话没说，提笔写了两幅。我临走时悄悄将润格放在案头，他发现后硬塞给我说："咱们之间，不敢扯钱的事。"让我既羞愧，又感动。有一年我路过西安，只停留一天，忙完公务，我下午抽空去看望陈老师。当我得知他正在等待会见一位英国作家时，便想起身告辞，陈老师拦住我说："你也是作家，一起见见无妨。"又笑着对我说："你在外多年，回来一次不容易，晚上咱们一起吃个饭，也算我招待你。"我只好留下来，我们一起跟那位英国作家吃了晚饭。

2002年，我的长篇小说《喧嚣荒塬》在《中国作家》刊发，随后在作家出版社出版。我探亲回家时，想送给陈老师指教，可陈老师不在西安城，师母说他回白鹿原老屋去了。我和两个文友驱车上白鹿原找他。陈家老屋极为平常，跟村里的邻家没有什么两样，但著名的《白鹿原》就诞生在这老屋里。我问陈老师为啥一个人住在原上，陈老师说城里杂事烦事太多，我回原上静静心。2008年，我的长篇小说《石羊里的西夏》在《当代》刊发，陈老师给打来电话说，我在《当代》上看见你的长篇了，能在《当代》上发长篇可不容易，我祝贺你！西夏历史很复杂，资料很缺乏，你能把这段历史写出来，肯定吃了不少苦。我说是的，我对西夏历史研究了十多年才开始动笔写的。陈老师说，写东西就是要这样，要严谨，要做足功课，不能欺世盗名。2010年，我的长篇小说《一路格桑花》被改编成二十集电视连续剧，在央视一套黄金时间播出。陈老师看到了，又给我打来电话："我看见你的电视剧了，你对西藏战友感情很深，能把他们的故事搬上中央电视台，确实不简单。"2011年，我的长篇小说《阿宫》出版后，陈老师写下这样的评语："党益民的笔力是宽博的，文字是深刻质朴的，内容是有思考有关照的。在看似平常的叙述中，散发着一种震撼人心的东西。他的深沉与内敛，使我看到了别一种生活，品味到了别一种滋味。"我回陕去给他送书时，他送我一幅"采千年之遗韵"的书法，说这是他对《阿宫》的一句话评语。

六年前，陕西太白文艺出版社想找一位作家，创作一部反映陕甘边根据地题材的长篇小说，党靖社长去征求陈老师的意见，陈老师说，让党益民写最合适，他是军人，又获过全国大奖，还是富平本地人，了解渭北的风土人情和那段历史，他能写好！其实我早就开始研究这段历史了，一直想写这样一部小说，出版社找到我时，我们一拍即合。2012年6月，我在解放军西安政治学院短期学习，周末跟陈老师聚会时，陈老师问我《根据地》写得咋样了，我说已经完成了初稿，中央党史办正在审读哩。他听了很高兴，说我当初就给他们说，这事让你弄最合适，这不就弄成了嘛。陈老师那天很高兴，讲了许多为文做人的道理，让我受益匪浅。可是仅仅相隔四年，陈老师就匆匆走了。

　　惊闻噩耗，我给陈老师的女儿发去短信，深表惋惜与哀悼。五一假期战备值班，我无法回陕祭奠陈老师，第二天又要去执行新的任务，不能前去参加陈老师的追悼会。人在军旅，身不由己。我委托太白文艺出版社的党靖社长，代我向陈老师灵堂敬献了花圈，以表达对恩师的深切悼念。夜深人静，我独自坐在灯下，写下这些凌乱的文字，遥祭陈老师。写毕已是凌晨，不知何时起，沈阳城已狂风大作，春雨乱飞。

　　　　白鹿原头不朽篇，
　　　　巨星陨落哭先贤。
　　　　九州共洒陈公泪，
　　　　四月同悲灞柳烟。

铁笔平生书壮阔,
丹心一世证澄然。
我今泣血苍天问,
为甚雄才不假年?

(作者为武警辽宁总队副政委)

他走了,文学依然神圣

韩霁虹

时光簌簌,万物喧哗。倏忽间,陈忠实老师离开我们一年了。

他刚去世的那些日子,有媒体约稿。几次坐在电脑前发呆,凝噎无语,终不成文。如今,隔着一年的别离时光,悲伤已如生命河流中的小船渐行渐远。而和陈老师交往的那些片段,隔岸相望,一幕幕却清晰如昨,翻飞如窗外柔软春风里斑斓美丽的桃花。

2003年,我策划了"西北狼丛书",欲做包括陈忠实在内的陕西著名作家的最新作品集。作家们都很支持配合,很快就整理好书稿给我。陈老师送来的书稿里没有我想要的序和后记,问他,他说没有给自己的书写序尤其是后记的习惯,就算了吧。我那时年轻气盛,说话不会拐弯(其实到现在还是不会啊),径直说那不行,丛书有统一的体例要求，其他人都写了，您也得按要求写，这样一套书才整端。陈老师好脾气地说，那好吧。既然别人都写了，那我就不能搞特殊。没过几天，大冬天的晚上我都进被窝要睡觉了，陈老师打来电话说："小韩，按你的要求我把序和后记写完了。哎呀，你不知道，这个序把我还给写激动了，中间几次流泪，这是我最满意的一篇散文了。"是的，这篇名为《原下的日子》的序言，文笔旖旎优美，情感恣肆热烈，表达他对家乡的热爱和留恋，对心灵自由的突围和享受，释放了他平日看不到的儿女情长。真是一篇不可多得的美文。果然，《原下的日子》在《人民文学》《秦岭》副刊发表后，又被《新华文摘》转载，2004年还获了《人民文学》优秀作品奖，名列文学排行榜散文榜首。获奖后若干年，陈老师每次见我都要说：感谢你逼着我写出了一篇好散文。其实，他应该感谢的是他自己。是因为他对一个小编辑工作的尊重和配合，才有了这篇文章的诞生。记得在这部书的审稿和校对过程，因为一个词一句话，因为阴历阳历时间表述不清楚等等，我常常给他打电话，每次他都耐心解答或者核查资料确认。我所做的一切不过是每个编辑都应该做的工作，但每次最后他都会说，谢谢你这么心细认真，发现了这个我以前没注意到的问题。正是因为这样一个大作家的配合和激励，让我有信心有成就感地真正热爱上编辑这个为人作嫁的辛苦工作，几十年乐此不疲。

2010年的夏天，我去陈老师石油大学的工作室看望他。见他色有倦容，便问他最近身体好不好？他说，哎呀，我最近心烦得很。问怎么了？他说手头有六个已经答应的序要写。天气这么热，实在不想写，但作者都等着出书要用，不写不行呀。我对他说，年纪慢慢大了，自己还要写作，您以后要学着说不，要不然找您写序写评论的还不把门挤破？他说，你说得对，我也觉得现在身体和精力都不如以前了，以后能不写的还是拒绝了吧。说归说，很多找他写文章的他还会答应，或长或短，都是他给写作者的鼓励和信心。正如当了中国作协副主席后，他在一个访谈里说的："人的生命是有限的，但我承担了这个角色，就得对陕西文学乃至中国文学的发展，尤其是青年作家的成长负一定的责任。"在他成名后的几十年里，不知道有没有人能统计出他不收任何费用给多少人写了多少序言和评论？又免费题写了多少书名或者书法作品？2014年夏天，又是一个晚上，陈老师在电话里对我说，我给你隆重推荐一部书稿。原来，有一个援藏干部把他在西藏阿里工作三年的经历和见闻记录下来想出一本书，书稿辗转交给陈老师请他作序。对于这样一个特殊身份的作者，陈老师马上就答应了。没想到这部作者第一次写作的文字质朴平常的书稿把陈老师"看感动了"，不但写了三四千字的序言给予高度肯定和鼓励，而且写完后就给我打电话，说这个作者在阿里三年，远离家人，生活艰苦，但他超越了生命禁区带给他身心的伤害和痛苦，记录下了美丽的高原、纯朴的藏民，还有援藏干部的默默坚守和奉献。"我不认识这个作者，也没见过他，但这个书稿把我看感动了。这是我自己给你推荐的，你看能不能少收些出版费用最好免费帮助这个作者把这书给出了？"虽然最终这本书无缘在我社出版，但他对这部书倾心关注的慈悲大爱，这样的一段文坛佳话，和雪域高原那蓝天白云下猎猎飘扬的经幡一样，不但让作者，也让我这样的知情者得到精神的洗礼和升华。

其实这只是他无私提携写作者的数不清的故事之一。这样的故事同样伴随着一个编辑的成长。尊重每一个作者，认真对待每一部书稿。多年来，这是我对自己也是对我社年轻编辑的基本工作要求。这里面，有多少是受陈老师的影响已经也说不清楚了。

2016年初，我又一次去医院看陈老师，去时还拿了朋友委托的三四本书请他签名。他正在打吊针，扶他起来坐在床上，他照着名单认真签了字。那时我只有一个心思，陈老师整天躺在床上不活动少说话不利于身体恢复，要给他找点话题斗斗嘴、找点事让他多活动多分心，这样才能少想病痛带来的不适。我完全没有想到这是和他最后的告别。如果当时知道了，我就不会"残忍"地让他签字了。死亡是我们所有人的大结局。这不可怕。真正令人悲伤的是没有准备好的不告而别。面容消瘦的陈老师坐在医院病床上用插着针头的手一笔一画签名的场景永远定格在我的记忆中，这是我心中的痛，但，为读者在书上签名，这或许是一个大作家和一个老编辑的最好告别方式吧。

《白鹿原》里朱先生去世后，先生这么写道：

> 临到灵车过来时，人们便拥上前去一睹朱先生的遗容。红日蓝天之下，皑皑雪野之上，五十多里路途之中几十个大村小庄，烛光纸焰连成一片河溪，这是原上原下亘古未见的送灵仪式。……白嘉轩一直住守在大姐家，直到朱先生下葬，他拄着拐杖，扬起硕大的脑袋，努力用不大聪敏的耳朵捕捉人们的议论。人们在一遍一遍咀嚼朱先生禁烟犁毁罂粟的故事，咀嚼朱先生只身赴乾州劝退清兵总督的冒险经历，咀嚼朱先生在门口拴狗咬走乌鸦兵司令的笑话，咀嚼放粮赈灾时朱先生为自己背着干粮的那只褡裢，咀嚼朱先生为丢牛遗猪的乡人掐时问卜的趣事，咀嚼朱先生只穿土布不着洋线的怪癖脾性……这个人一生留下了数不清的奇事逸闻，全都是与人为善的事，竟而找不出一件害人利己的事来。

这样的场景，几乎和陈老师去世引起的举国哀悼如出一辙。一个文学大家，在他去世时和他塑造的白鹿原上无可争辩的儒雅圣人朱先生合二为一了。

春日温润柔软，思念纷飞如路旁的春花。陈老师枕着他的《白鹿原》进入了另外的世界。而他的大气磅礴、沉稳仁厚依然如花香随光阴弥散,在日出日落里蔓延。在忽远忽近的凝视中,这棵树上"文学依然神圣"几个字清晰如昨。

          2016年3月28日

(作者为太白文艺出版社总编辑)

陈忠实为我们改稿

韩小蕙

陈忠实老师遽然离去，文坛内外一片哀悼之声。有说《白鹿原》乃中国当代文学的扛鼎之作，有赞忠实老师为人品格高尚，有痛哭中国从此失去一位真正的作家……说句也许并不夸张的话，在中国，没有不知道陈忠实的；即或不知道陈忠实，也都知道《白鹿原》。

一个作家活到这份儿上，真让人敬仰——陈忠实老师给"作家"这称号，挣来了多么大的荣誉啊！

我始终忘不了陈忠实老师的一件小事：

2012年，电影《白鹿原》制作完成，但还未最后"定稿"，我有幸先睹为快，陈忠实老师亦在场。我被其中"老腔"那一段戏震撼得目瞪口呆，乡野艺术家们那种呼天抢地的表达，哪儿是在表演，分明是把自己的性命都押上去了！一连多日，那几位农民艺术家的喷血的啸喊，一直在我心头激荡着，让我反复品咂着秦陕农民们深重的内心。与忠实老师言之,他说电影里的那几位艺术家,就是来自乡下的原生态演员,他们的祖祖辈辈,就是那么壮怀激烈地演过来的!

我就求忠实老师了:给我们的副刊写一篇谈老腔的文章吧?多长、多短都行,您写多少,我们发多少。我绝不催您,何时写来何时发,保证给以最壮美的版面。忠实老师略一沉吟,答应了。

稿子很快就写来了。忠实老师不用电脑,是用钢笔写在十三页白纸上的。整整齐齐的字里行间,显示出大作家陈忠实对文字的尊崇与珍重——这使我想起了两类截然不同的作家:一类是"敬惜字纸"类,把文学视为神圣,每个字都是神明,如季羡林、吴冠中、张洁、张承志等等一大批作家。张洁写长篇小说《无字》用了漫长的十二年,我亲眼看见她就像写散文那样一字一句地"炼";还没有电脑的时代,张承志的手稿,每一页都是洁净得如同大理石雕刻出来的一般,连一个划痕都没有,据说只要写错了一个字他都要把整页重抄。而第二类则是"大大咧咧"类,只顾快快写,抢时间,赶进度,就遗下那么多的错字、落字、病句、硬伤,甚至还有抄袭别人而一错毁了终身的……对此,我们编辑都心知肚明,有时见错得实在不像话了,就会愤怒乃至咆哮:"哪儿有这么轻慢文字的,还记不记得自己是作家呀?"

忠实老师的这篇文章,题目干脆利落,就叫"我看老腔"。长达五千八百字,叙述了他从三年前初识华阴老腔、受到震撼后，不断地把这关中珍宝介绍到北京人艺、北京中山音乐堂等大雅之堂，又每演一场都收获到爆炸性欢迎的故事；从此，那些放下锄头上舞台、下了舞台又务农的乡土艺术家，先后登上了央视、北京人民大会堂，又赴上海、成都、深圳、湖北、苏州等省市演出，再后又不止一次到香港、台湾演出，最后走出国门，到日本、德国、美国等献演。文章写得非常好，不仅下大功夫去一一落实了关中地方戏的有关资料，具有学术性；而且是用优美的散文语言表达出来的，流畅圆润，生动好读，具有强大的感染力量，使我这个职业编辑在阅读过程中，也几度怦怦心跳，思潮起伏。大师就是大师，出手就能平地惊雷，我很兴奋，也很感谢忠实老师能这么认真地对待我的约稿。

然而，在准备刊发的时候，我又有些踌躇了：说实在的，我很想请忠实老师再增添一部分内容，即在那苍凉的黄土原野、乡间最简陋的舞台下面，他自己作为一个乡党、一个普通观众，看着农民艺术家们充满泥土本色的表演，他的现场感受是什么？而且，若能再增加一些字数，我们就可以做成一整版，形成一个更加强大的气场，取得更加壮观的效果！

但我真的很迟疑，不太敢说出口。这真是有点非分的要求了——你想，陈忠实老师何许人也？堂堂中国文坛巨擘，已然这么呕心沥血地给你写了，你若再提要求，不是冒犯吗？别说人家是那么大的腕儿，就是一般的作家也会很不高兴的，

2013年，陈忠实参加首届"白鹿当代文学编辑奖"颁奖典礼，与时任人民文学出版社社长管士光（右一）为获得首届"白鹿当代文学编辑奖"的获奖者杨柳（右三）、孔令燕（右二）颁奖。

甚至会冷下脸来说："那你就别发啦，我给别家去！"这种鼻子不是鼻子脸不是脸的待遇，哪个编辑没遇到过呢？

一连好几天，我纠结！记得当时，我还跟年轻编辑赵玙商量此事，赵玙也认为我这想法是好的，但也有顾虑。

最终，导致我下决心拿起电话的是一件事：《白鹿原》出版后，陈忠实老师自掏腰包，奖励人民文学出版社那些勤勤恳恳的编辑们！后来到了2012年5月，他又主动与《白鹿原》的三位责编之一、《当代》原主编何启治先生商量设立一个文学编辑奖,他要用自己的稿费作为奖金。何启治建议将该奖项命名为"陈忠实当代文学编辑奖",但忠实老师坚决不同意,执意定为"白鹿当代文学编辑奖"。后来在 2013 年 3 月 20 日,已经很少参加会议的陈忠实老师,还专程亲赴北京出席了首届"白鹿当代文学编辑奖"颁奖典礼。作家自掏腰包为编辑设奖,这在中国文坛尚属首次。当时,这件事在全国文坛、特别是在陕西作家圈里,引起了不小的震动。也许是因为陕西太穷了,外面一直传说陕西文人"啬皮"(吝啬)。陈忠实老师这一举动真是太大气豪"奢"了,从中,也可看出他对文学编辑们的敬重与尊崇⋯⋯

  与我想象的完全一样,忠实老师在平静地接听完我的电话之后,一字一句认真地说:"好,那我就再给你补充上这么一段。"

  我当时鼻子都酸了,一如我现在写下这一段回忆文字,鼻子又发酸、眼睛又潮热了一样。

  几天后,和上次一样,我再次收到忠实老师的快件。里面又是那薄薄的白纸,两页,依然是整整齐齐的手稿。这次他写出了自己观看老腔的现场感受:"我在这腔调里沉迷且陷入遐想,这是发自雄浑的关中大地深处的声响,抑或是渭水波浪的涛声,也像是骤雨拍击无边秋禾的啸响,亦不无知时节的好雨润泽秦川初春返青麦苗的细近于无的柔声,甚至让我想到柴烟弥漫的村巷里牛哞马叫的声音⋯⋯"嘿,多么形象,多么精美的文字啊!

我们心怀感激，立即做出了有文字、有图片、有色彩、有温度，甚至能传出雄浑苍凉声音的一个整版。我和赵玙商量着把题目改成"白鹿原上奏响一支老腔"，并打电话征求了忠实老师的同意。《光明日报》2012年8月3日第13版刊登了这一篇文章。这是一个彩版，配上了演出图片、油画，还有赵玙找来的一幅彩色关中皮影《马上将军持枪图》，报社最优秀的美编杨震反反复复设计了数遍，直到我们觉得实在改不动了为止。此版乃是我三十二年编辑生涯中，所做出的最有光彩、最堪骄傲、最刻骨铭心的几个版面之一，文学编辑当到这份儿上，值了！

由此，我老是愿意把这段佳话讲给年轻编辑们听，也不厌其烦地讲给文坛朋友们。我每每感慨托尔斯泰的那段名言："一个人就好像是一个分数，他的实际才能好比分子，他对自己的估计好比分母，分母越大则分数的值越小。"在文坛、在作家群、在读者的汪洋大海中，为什么陈忠实的名字是一座大山？不朽的《白鹿原》是一方面，更重要的，恐怕就是忠实老师"高者出苍天"的人品：他永远是善良的、谦和的、低调的，认真地对待每一位作家和每一个普通读者。他真诚地体悟每一个个体生命，哪怕是最微不足道的老农和他们的婆姨。他知晓生命的意义，真正领悟了"人"字后面所深蕴的无垠与无限。他的写作，就是要把这"人"字大写出来，写出人内心最深处的悸动，写出人类内心最本质的跳动。

他老老实实地写，先自老老实实地做人。在他身上，集中了秦人，也即中国人最有代表性的优点：对自己，老实、本分、刻苦、舍命、少言多做、克勤克俭，苦一辈子都觉得是理所当然；对别人，忠厚、诚恳、平和、谦逊，永远先为别人着想，能帮一把就绝不推辞，奉献一辈子亦觉得是理所当然——这两个理所当然，架起了"陈忠实"这座巍巍高山！

犹记得当初打电话给忠实老师时，我叫了一声"忠实老师"。他迟疑了一下，用他那浓重的陕西腔反问："小蕙，你叫俄（我）啥？"我以为自己说错什么话了，期期艾艾地说："忠实老师，怎么了？"这回他听清了，马上说："呀，你咋能这样叫，可不敢呢！"原来他在自己的心目中，就是这样给自己定位的！

我不知说什么好。想起在20世纪七八十年代，我刚刚走上文学的道路时，前辈们曾一再地教诲"作文先做人"。现在，却很少有人再提到这句话了，也许是怕被年轻人嘲讽为"过时"？然而，真理就是真理，经典就是经典，楷模就是楷模。作家当如陈忠实！做人当如陈忠实！

2016年5月1日初稿，5月11日定稿
于英伦沃克汉姆红房子

（作者为光明日报社编辑）

永生的忠实

何启治

二十三年前,长篇小说《白鹿原》连载于《当代》杂志1992年第6期和1993年第1期(审稿编辑依次为洪清波、常振家、何启治、朱盛昌),其单行本于1993年6月由人民文学出版社出版(责任编辑为:刘会军、高贤均、何启治)。首印14850册。如今,其作者陈忠实同志却永远离开了我们,离开了这个热闹、喧嚣的世界,让我们想起来就感到无比的难过和忧伤。

我约请陈忠实写农村题材的长篇小说,始于1973年的冬天。那时我刚从湖北咸宁"五七干校"回到人民文学出版社,在现代文学编辑室的小说北组当编辑,分工管西北片,西安自然是工作的重点。我在1973年的隆冬去找陈忠实约稿,既因为省作协向我推荐了他,也因为我刚看到了他刊发在《陕西文艺》上的两万字的短篇小说《接班以后》,还因为那时候

《白鹿原》首发于《当代》杂志1992年第6期和1993年第1期。2017年，为纪念陈忠实先生，人民文学出版社重新出版了这两期杂志。

还没有可供发表中短篇小说的《当代》杂志（《当代》创刊于1979年）。在西安郊区工委所在地小寨的街角上，我拦住了推着一辆破旧的自行车出来的陈忠实，就在寒风中向他约稿。在陈忠实听起来，这几乎就像老虎吃天一样不可思议。而我却强调《接班以后》已经具备了可以扩展为长篇的基础，依陈忠实在农村摸爬滚打十几年的阅历完全可以做成，又以韦君宜亲自选定的两位北京知青（沈小艺、马慧）已经写成知青题材小说《延河在召唤》作为佐证。总之，陈忠实还是记住了我这个从人民文学出版社这个"高门楼"来向他约稿的编辑。以后，我们时断时续地联系，他也始终信守着和我的约定。

到了80年代，陈忠实的代表作之一的中篇小说《初夏》几经修改，终于经我之手刊发于《当代》1984年第4期。陈忠实的《初夏》，可以视为他创作长篇小说之前必要的过渡。他的创作上了一个新的台阶。

终于，他可以向我谈及自己的长篇创作了。在1990年10月24日，忠实在给我的回信中谈道："关于长篇的内容……作品未成之前，我不想泄露太多，以免松劲。……这个作品，我是倾其生活储备的全部以及艺术的全部能力而为之的。究竟怎样，尚无把握，只能等写完后交您评阅。"又说，"此书稿87年酝酿，88年拉出初稿，89年计划修改完成，不料学潮之后清查搞了几个月，搁置到今春，修改了一部分，又因登记党员再搁置。……我争取今冬再拼一下。"最后表示："待成稿后我即与您联系。您不要惦记,我已给朱(盛昌)应诺过,不会见异变卦的。也不要催,我承受不了催迫,需要平和的心绪作此事。"

我们当然对这未披露书名但倾注全力的长篇充满期待。后来的实际情况就是:1992年2月下旬,我接到忠实的来信,询问是由他送稿到北京还是由我们派人去取稿。我们决定派当代文学一编室的负责人高贤均和《当代》杂志的洪清波到西安去取稿。忠实说,大约3月25日,"在作家协会的客房里,我只是把书稿从兜里取出来交给他们,竟然连一句话也说不出来,那时突然涌到嘴边一句话,我连生命都交给你们了,最后关头还是压到喉咙以下而没有说出,却憋得几乎涌出泪来"。而"出乎意料的是,在高、洪拿着书稿离开西安之后的二十天,我接到了高贤均的来信。我匆匆读完信后噢噢叫了三声就跌倒在沙发上,把在他面前交稿时没有流出的眼泪倾溅出来了。这是一封足以使我癫狂的信。信中说了他和洪清波从西安到成都再回北京的旅程中相继读完了书稿,回到北京的当天就给我写信。他俩阅读的兴奋使我感到了期待的效果,他俩共同的评价使我战栗"。(引自《我与人民文学出版社·何谓益友》,人民文学出版社2001年3月北京第1版)

就这样,陈忠实著长篇小说《白鹿原》经过人民文学出版社六位编辑的阅读和编发稿件的劳动,终于横空出世,与

2012年，为纪念《白鹿原》出版二十周年，人民文学出版社在1993年初版的基础上推出了纪念版。

读者见面了。

《白鹿原》面世迄今，累计印数已达二百多万册（主要是人文社出版的1993年原版本、修订本、精装本、手稿本、茅盾文学奖获奖书系、"百年百种中国优秀文学图书"书系以及北京十月文艺出版社、作家出版社和文化艺术出版社出版的"陈忠实集"、宣纸本、点评本等）。盗印本已接近三十种，其印数也与正版相近。可见，说《白鹿原》的实际总印数已达四百多万册，当不为过。

《白鹿原》一出世，评论界欢呼，新闻界惊叹，读者争相购阅，一时"洛阳纸贵"。

前辈评论家朱寨指出："《白鹿原》给人突出的印象是：凝重。全书写得深沉而凝练，酣畅而严谨。就作品生活内容的厚重和思想力度来说,可谓扛鼎之作,其艺术杼轴针黹的细密,又如织锦。"(引自《〈白鹿原〉评论集》第40页,人民文学出版社2000年7月第1版)

张锲说:"《白鹿原》给了我多年来未曾有过的阅读快感和享受。"有"初读《静静的顿河》《战争与和平》《红楼梦》时那种感觉"。(见1993年7月16日《白鹿原》北京讨论会纪要)

范曾读《白鹿原》后即赋七律一首:"白鹿灵辞渭水陂,荒原陌上隳宗祠。旌旗五色凫成隼,史倒千秋智变痴。仰首青天人去后,镇身危塔娥飞时。奇书一卷非春梦,浩叹化为酒漏卮。"并附言:"陈忠实先生所著《白鹿原》,一代奇书也。方之欧西,虽巴尔扎克、斯坦达尔,未肯轻让。甲戌秋,余于巴黎读之,感极悲生,不能自已,夜半披衣吟成七绝一首,所谓天涯知己,斯足证矣。"

海外评论者梁亮指出:"由作品的深度与小说的技巧来看,《白鹿原》肯定是大陆当代最好的小说之一,比之那些获得诺贝尔文学奖的小说并不逊色。"(《从〈白鹿原〉和〈废都〉看大陆文学》,载《交流》1994年第14期)

不必再征引了。仅此数例,可见海内外读者对《白鹿原》评价之高和反响之热烈。

据陈忠实介绍,国内至今已出版了十三部《白鹿原》的评论研究专著,单篇评论三百多篇。《白鹿原》在香港出了天地图书版,在台湾先后有两家出版社出版,韩国出了韩文版,日本出了日文版,越南出了越文版。不久前出版了法文版,英文版正在翻译中。

我们当然还可以从小说的基本要素来考察《白鹿原》。例如说,它有精心的结构,有诸如白嘉轩、鹿三、田小娥、朱先生等独一无二的艺术形象,有好看的堪称经典的故事,有个性鲜明的、有张力的语言,等等。

但是,推崇、肯定《白鹿原》的最重要的依据,我认为还是要从它对中国当代文学的开拓性、突破性来寻找。从这个角度来看,《白鹿原》对历史的反思是有空前深度的。《白鹿原》真实准确地描写了大动荡、大变革的时代生活,描写了中国人在20世纪前半叶的生存状态和心路历程,波澜壮阔、惊心动魄。它通过对我们这个民族"秘史"的书写,让读者陷入深深的思索:我们为什么几十年来都在风风雨雨、恩怨情仇中厮杀与折腾?中华民族如何才能走向真正的繁荣昌盛与达致现代文明社会?

社会历史在进步演变的过程中,会使人们对一些事物或一部重要作品有新的认识。关于《白鹿原》也同样有这种现象。1997年12月,茅盾文学奖的部分评委坚持要陈忠实对《白鹿原》作修订的两点意见,大约十年以后都有了不同的反响。

其一,是车宝仁在《〈白鹿原〉修订版与原版删改比较研究》一文中指出,修订版删改原版2260多个文字符号,修订版比原版少了1900多个文字符号。对朱先生指国共斗争翻鏊子折腾老百姓的说法的修改,"显得生硬不自然","这里的修改很难说修改得很好"。对这种删改的合理性显然是存疑的。至于对性描写的删改,则认为:"随着社会和时代向前推进,社会观念的变化,将来人们会更多地看重原版的价值。此书在二十世纪九十年代前期出版时一些人批评其性描写,而新世纪以来已未见此类批评,也能说明读者评论家观念的推进。"(参见《说不尽的〈白鹿原〉》第712—729页,陕西人民出版社2006年11月第1版)

其二,是陈忠实自己明白无误的表述。关于《白鹿原》中朱先生的"鏊子说",他指出"这里有一个常识性的界限,作品人物对某个事件的看法和表态,是这个人物以他的是非标准和价值判断做出的表述,不是作者我的是非标准和价值判断的表述。……这些人物对同一事件大相径庭的判断和看法,只属于他们自己,而不属于作者。……读者和批评家可以严格挑剔朱先生等人物刻画过程里的准确性和合理性,包括他的'鏊子说',是否于他是准确的合理的,而不应该把他的'鏊子说'误认为是作者我的观点"。面对有人认为"鏊子说"表明作者缺乏智慧的批评,陈忠实的回答是:"把智慧耗费到机巧上,且不说合算不合算,恐怕创作都难以为继了,如果还有作家的道德和良知的话。"(引自《寻找属于自己的句子——〈白鹿原〉写作手记》,载《小说评论》2008年第1期)陈忠实毫不含糊的反批评的态度再鲜明不过了。

我不可能就中国当代长篇小说的排序做正式的调查，但最近我在相熟的评论家、编辑和作家中提出这样的问题：当代中国长篇小说中，如果要排个座次，你们认为谁该坐这第一把交椅呢？有意思的是，他们不约而同地认为，《白鹿原》当之无愧地该坐这第一把交椅。如果再按二三四五排座次，那意见分歧可就大了。

2012年5月，我又从到延安参加毛泽东《在延安文艺座谈会上的讲话》发表七十周年纪念活动的评论家朋友白烨那里，听到关于《白鹿原》在当代中国长篇小说中地位的信息。其一，据说在深圳某报举办的包括网络、电话等形式的评选活动中，在"改革开放三十年对中国影响最大的三十部书"的评选中，入选的长篇小说只有两部，即拉美马尔克斯的《百年孤独》和陈忠实的《白鹿原》；其二，是南京的某大型文学刊物邀约一批有影响的中青年评论家评选当代中国的最佳长篇小说，陈忠实的《白鹿原》毫无争议地当选。

这些信息，可以说起码没有出乎我的意料。高大全式的人物和没有缺点的作品是没有的，优秀乃至伟大的作品却肯定是有的。

自1988年4月起笔写《白鹿原》，陈忠实几乎耗尽了他的全部心血。每周，他回城一趟，从家里带吃的馍回到白鹿原下的祖屋里，靠着冬天一盆火、夏天一盆凉水写作。屋门前十米手植的一棵梧桐树，从大拇指粗长到胳膊粗，有了可以给主人遮挡阳光的绿荫。梧桐树见证了陈忠实写《白鹿原》付出的一切艰辛。为了完成《白鹿原》的创作，陈忠实不知经受过怎样的心灵的煎熬，付出多少心血与牺牲。石家庄的一位医生或护士在给陈忠实的信里说："我想写出这本书的人不累死也得吐血……不知你是否活着，还能看到我的信么？"

所以，作为《白鹿原》的组稿人、终审人和责任编辑之一，我和我的同事们说过，一个编辑，一生中能遇到陈忠实和他的《白鹿原》，是我的幸运。关键在于你遇到这样厚重的文学经典（在文学史上不管有多少争议都是无法回避、绕不过去的作品）时，不管有多大的压力，都要敢于为它拍胸脯、做保证，甚至立下"军令状"，愿与这样优秀的作品共荣辱，与它的作者同进退。

陈忠实当然是重友情、讲信义的作家。对我，对咱们《当代》杂志和人民文学出版社，从相识、相交以来，一直如此。

2012年5月，我和辽宁省作协主席刘兆林、江西省作协主席陈世旭，应陈忠实之邀访问白鹿原。我们参观陈忠实文学馆，在思源学院白鹿讲堂讲课，在白鹿书院座谈、题词，到原上采摘樱桃……老朋友聚在一起度过了几天愉快的时光。

其间，陈忠实和我商讨了在人民文学出版社设置"白鹿当代文学编辑奖"的事。我们在一起商量了初步的方案，如章程草案之类。我曾建议就以"陈忠实"冠名，他却以"白鹿"取代了自己的名字。

我回到社里便向当时的社长潘凯雄和总编辑管士光报告了。他们俩都表示积极支持。其后，潘凯雄调任中国出版集团副总裁，"白鹿奖"的事便由新社长管士光主持。

2013年1月7日，由社长管士光主持召开"白鹿当代文学编辑奖"评委会。评委还有付如初、赵萍、杨柳和我，参与其事的还有当时的社长助理——我们戏称之为"秘书长"的周绚隆。会议确定了具体的奖项、获奖者名单和有关事项的安排。

3月20日，因健康原因极少外出的陈忠实亲自来到了北京，和管士光一起向荣获"白鹿当代文学编辑奖"的编辑颁奖。颁奖会由新到任的主持当代文学编辑工作的副总编应红主持。何启治荣获"《白鹿原》出版纪念奖·特别奖"；刘会军、洪清波、常振家、朱盛昌荣获"《白鹿原》出版纪念奖·荣誉奖"；于砚章、王建国、刘会军、刘海虹、刘炜、刘稚、包兰英、王鸿谟、许显卿、杨柳、脚印、周达宝、周昌义、胡玉萍、彭沁阳、赵水金、何启治等十七人荣获"白鹿当代文学编辑奖·特殊贡献奖"；杨柳、孔令燕荣获首届"白鹿当代文学编辑奖"。前三项其实就是奖励二十年前组织、编辑、出版《白鹿原》的有功人员，以及奖励《白鹿原》面世二十年来人文社在出版当代优秀文学作品方面有突出贡献的人。"白鹿当代文学编辑奖"则从现在起两年评选一次，奖金由陈忠实提供，新闻发布会等活动经费则由人文社负责，奖励人文社在当代文学编辑工作中有突出贡献的人，借以激励当代文学编辑的工作热情，不断提高人文社当代文学原创作品的品质和社会影响力。

我最清楚，陈忠实是一位忠厚实诚的、对当代文学的繁荣发展有使命感的大作家，是对咱们人民文学出版社有真感情的大作家。新闻界、文学界对此也是认同的。"白鹿当代文学编辑奖"颁奖会后，经媒体广为报道，文坛一时传为佳话。

列夫·托尔斯泰在他的文学札记中说："人一生的幸福，是能为人类写一部书。"这里的"一"当然只是泛指的数量词。他自己的传世之作就有《安娜·卡列尼娜》《复活》和《战争与和平》等。同样，法国的伟大作家雨果，也因为他的《巴黎圣母院》《悲惨世界》和《九三年》而彪炳史册。那么，我想我们可以毫不夸张地说，陈忠实的《白鹿原》当然也属于"为人类写（的）一部书"。

去年10月23日，我和人民文学出版社的周绚隆、刘稚到西安去看望病中的陈忠实，给他带去散发着油墨清香的十卷本《陈忠实文集》（包含他的所有文学作品，共三百八十多万字）。不久，又看到了邢小利著《陈忠实传》（陕西人民出版社2015年11月第1版）正式面世。我想，这些对病中的忠实都是一种安慰吧。

1936年10月19日鲁迅病逝于上海。10月24日郁达夫在《怀鲁迅》一文中十分沉痛地说："没有伟大的人物出现的

陈忠实与何启治。

民族，是世界上最可怜的生物之群；有了伟大的人物而不知拥护、爱戴、崇仰的国家，是没有希望的奴隶之邦。"我们当然不会简单地把忠实与鲁迅相比，但就应该懂得拥护、爱戴、崇仰我们这个民族、国家出类拔萃的杰出、伟大的人物来说，其精神是完全一致的。好在我们已经跨过了那个不幸的时代，我们已经知道爱戴、崇仰我们的大作家陈忠实。

书比人长寿。精神的影响比物质的东西更深远。

有陈忠实的作品在，有《白鹿原》在，陈忠实就是永生的。我们真挚的朋友、我们敬爱的大作家陈忠实同志永远活在我们心里，永远活在千千万万读者之间。

　　是的，我们一定会记住永生的陈忠实。

　　啊，白鹿远行，呦呦鹿鸣。精魂犹在，长留人境。

2016年5月1日
写于寓所北窗下，其时我的视力已下降至0.1

（作者为人民文学出版社原副总编辑）

永远的陈忠实

贺绪林

4月29日是个黑色的日子。

早晨起来,打开手机,看微信,一条触目惊心的消息映入眼帘:今晨7点40分左右,中国作协副主席、陕西作协名誉主席、著名作家、茅盾文学奖获得者陈忠实,因病在西京医院去世,享年七十四岁。

虽然我知道陈老师罹患重疾已有一年之久,但还是不能相信,网上常有虚假信息传播,我希望这一条消息是假的。可我的希望落空了,原因是陕西省作家协会随后发了讣告。

此时此刻,从书架取出《白鹿原》,坐在书桌前,手里翻动着书页,思绪一片翻腾,回忆与陈老师的种种交往……

1993年《白鹿原》面世,轰动文坛,一时洛阳纸贵。我托朋友在西安买了一本《白鹿原》,一连读了三遍,感叹:咋就写得这么好!就想见见陈忠实。

其实，此前我多次与陈忠实老师见过面，只是没敢上前说过话，心虚。尽管在1987年我的短篇小说《黄虎》和他的短篇小说《到老白杨树背后去》刊发在同一期《延河》（第4期），这是我的作品首次上《延河》，心中兴奋之情满满，但我深知自己是文坛无名小卒，而他的名字闪光耀眼，心还是虚的。陈老师不仅是陕西文坛的一棵大树，也是中国文坛的一颗巨星。他那布满皱纹的脸上写满了沧桑，也凝聚着睿智。一部《白鹿原》不仅是他百年后的枕头，更是当代文坛的一座高峰。面对这座"高峰"，我这个无名小卒哪能不心虚。

2002年7月29日，杨凌示范区文联、作协成立，请来时任省作协主席的陈忠实。会上，他认出了我，叫着我的名字，握住我的手，嘘寒问暖，一口的秦腔，溢满着亲切。这是我第一次和他面对面说话。他笑我也笑，他说话我点头，我的模样很傻，可他似乎并不觉得我傻，这个我从他的神情和眼神中可以看出。

那时照顾我生活的嫂子刚刚去世，陈老师问我现在和谁生活，我说和侄子。他沉吟半晌，说："要成个家，生活会好一些。"关切之情溢于言表。

三年后我去省作协参加一个会，妻子陪着我，见到了陈老师。陈老师握着我妻子的手连声说"好好好"。午饭时我们和陈老师在一个餐桌用餐，令我没想到的是，陈老师端起酒杯给我妻子敬酒："谢谢你！把绪林照顾得这么好。"妻子没经过这样的场面，加之不善言辞，只是感动得眼里泪光闪闪。

回到住处，妻子跟我说："喔，老汉那么大的名气，咋没一点架子。"

我说："那叫大家风范。"

不久，杨凌一位作家出了本诗集，开研讨会，邀请陈老师参加。吃饭时，他扫了一眼饭桌问我："你媳妇咋没来？"我说，来咧，在外边。他说："赶紧叫来。"我说，她不好意思，不愿来。他说："说的啥话，给她打电话，就说她不来今儿的席就不开。"

不大的工夫，妻子进来了，陈老师埋怨说："来了咋能不吃饭？赶紧坐赶紧坐。"说着端起酒杯给妻子敬酒。妻子诚惶诚恐又站了起来，红着脸不知说啥才好。陈老师说："你是个实诚人，不要客气。我还是要谢谢你，你把绪林照顾得这么好。"

在座的人都很感动，我尤甚。妻子照顾我是她的责任，陈老师却每次见面要感谢她，而且是由衷的，怎能不让我动容。我心底翻滚着一股热浪，久久不息……

2011年陕西文学基金会成立，大会礼品有一本陈老师的书。会后许多人拿着他的书围着他签名。我的轮椅不能靠前，便让妻子拿着书也去请陈老师签名。陈老师拿着书问妻子我在哪里，妻子指了我一下，陈老师冲我笑了笑，埋头签名。片刻工夫，妻子拿回了书，我翻开一看，"供绪林一笑，陈忠实"。

陈老师是大家，亦是我的文学前辈，写下这样的话，实在令我诚惶诚恐，汗颜不已。但陈老师的谦虚由此可见一斑。

2013年5月，省作协召开第六次作代会，我再次见到陈老师。一次会后许多人和陈老师合影留念。我也想和陈老师照一张。陈老师被很多人围着，一个个地照下去。照完了，我转动轮椅，准备靠近陈老师。没想到，陈老师快步走过来，把我的轮椅转正，贴着轮椅的轱辘，蹲了下去。我恍然一惊，赶紧伸出手臂，扶陈老师起来。会务组的女孩子见此情景，匆忙去搬椅子。

椅子搬过来了，陈老师坐在我身边，紧紧地握住我的手。我心底再次涌起一股热浪……

作代会结束了，大家都准备打道回府。在电梯里我和陈老师相遇。电梯里人多，只是打了个招呼。电梯到了大厅，他让我先下，随后他出了电梯，走出几步，忽然转回身来对我说："需要我帮啥忙就说，不要有啥顾虑。"那一刻，我的眼眶湿润了。我知道，那是感动的。

那次作代会，陈老师继续担任陕西省作协名誉主席。虽然这不是什么谜底，没有任何悬念，但公布的那一刻，与会的文学同仁们给了他最热烈最持久的掌声。

作家都是有个性的，轻易不会浪费自己的掌声。一个人能赢得他们这么热烈、持久的掌声，是这个人的人格魅力！是他业绩的伟大！

去年我的"关中枭雄"系列长篇出版，省作协在杨凌召开我的作品研讨会。我想请陈老师出席研讨会,电话给省作协副主席、《小说评论》主编李国平说了我的愿望。国平老弟说,陈老师因病住院,来不了。这真是天大的遗憾!也是在这时我才知道了他的病况。

几天后,我去省作协给出席研讨会的评论家送书,自然给陈老师也送了一套(那时他还在医院,书有人转交)。

研讨会后,我给陈老师发去一则短信:您好陈老师!送您的书收到了吧,想请您出席我的作品研讨会,国平说您的身体欠佳,住院。不知您康复了吗?感谢您对我一直的关心!祝您早日康复!

几分钟后,陈老师给我打来了电话,声音虚弱,说他的病情不太好,又说祝贺我的五部作品出版,连说了两遍。我说想去看看他。他说,大夫不让见人。我说,您多保重,祝您早日康复。他又说,祝贺你作品出版。

挂了电话,我的心情很沉重。电话中听声气,他的身体很虚弱。我相信吉人自有天相,可怎么也没料到这是和陈老师的最后一次通话。此后几次给他发过问安短信,他没有回。西安的朋友不时给我消息,说陈老师在康复,情况还不错。春节后还看到他出席活动的网络视频,从面容上看,他似乎还胖了些。我很高兴,默默地为他庆幸、祝福。

怎么也没想到他会走,而且这么快。

手捧着沉甸甸的《白鹿原》,看着作者像,禁不住黯然泪下……

现在都说文学创作有高原没高峰,我以为《白鹿原》就是一座高峰,一座当代文学的丰碑!行笔至此,脑子里忽然闪出臧克家的诗句:有的人活着,他已经死了;有的人死了,他还活着。

人生自古谁无死,有《白鹿原》做枕,先生可以安息了。

(作者为陕西省杨凌示范区作协主席)

先睹为快

洪清波

1992年3月，我和高贤均去成都作家邓贤处组稿。邓贤那几年在人文社和《当代》杂志连续出版发表了《大国之魂》《中国知青梦》，正红遍全国。对他当时即将完成的新作，我们也充满期待。临行前，时任《当代》杂志的副主编何启治告知我们，中途在西安停一下，取回陕西作家陈忠实刚刚杀青的长篇小说。

当时，关于陈忠实，我只有些耳闻。听前辈说，80年代，他曾获过《当代》主办的全国中篇小说奖。那时获奖没什么奖金，但足以改变作家的命运。陈忠实从此就踏上专业作家和作协领导的坦途。对陈忠实刚刚完成的作品，我也是有期待的。首先这是他第一部长篇；其次，这部作品虽未面世，江湖上就有了相关的传说。

记得1990年，我和同事周昌义去西安陕西作协组稿。当时周昌义连续发表陕西几位青年作家的作品,反应很好。为了趁热打铁,进一步扩大他们在文坛的影响力,我们专程前往拜访。结果令人失望,到了作协,竟然一个人都没找到。记得作协领导尴尬地说,年轻人都到海南淘金去了。

当时的背景是,坊间传闻海南继深圳之后,要成立经济特区。消息传出后,有几十万青年知识精英横渡琼州海峡。去海南成了年轻人的时尚,没想到特立独行的文学人也没能幸免。现在看来,那几年就正是文学由盛到衰的历史拐点。

其实,在我们一踏进位于西安建国路的陕西作协大院时就感受到了这种气氛。作协大院豪华气派,显然是王府豪门的故居。而眼下,大院里所有房间的门窗紧闭,除了收发室的大爷,空无一人,只有一些纸片随风飘荡。当时的情景酷似主人全家逃难去了,留下老用人看守老宅。

作协领导看出我们的失望,安慰似的说,陈忠实正在家乡灞桥写他的长篇,已经有两年多了,应该是你们想要的。现在想来,当时我们的感受一定如同听了时下流行的话术套路,一个坏消息,一个好消息。至于二者能否对冲,我已经记不清了,但老陈的长篇工程,印象却无比深刻。

所以,当何启治让我们去西安取老陈的书稿时,我多少有些悬念终于要揭晓了的兴奋。记得火车到西安时,是上午八九点钟。未曾谋面的陈忠实一下认出了我们,想必是我们特征突出。高贤均轻车熟路地与老陈寒暄着,我在一旁观看着这个熟悉的陌生人。

他的面相,以城里人的标准,该有六七十了,脸上岁月的痕迹彰显。但他的身手矫健,拎着我们的行李还能健步如飞谈笑风生。当得知他其实与我们差不多是同龄人时,我才真的震撼了。这也许就是写《白鹿原》和看《白鹿原》的差距。

后来看了老陈关于这段回忆的文章得知,不单是我们在观察他,他也在观察我们,只是老陈的表达更给力,叫作,一个迷人,另一个更迷人。我理解老陈之所以用如此稍显香艳的表述,是他对我们第一印象不错,认为我们是值得信任的可托之人,可见他当时对自己那部呕心沥血的作品即将被裁决时的复杂情感。

老陈安排我们下榻作协招待所之后,先问了我们的行程安排,得知我们来去共三天时,好像松了口气。他给了我们几本他的旧作,说长篇还要修改和复印,走之前一定给我们。老陈照例问我们有什么要求,小高说就是想先睹为快。老陈抱歉地笑笑,说不急,这两天让作协同志陪你们转转。我去忙稿件的复印,就不陪你们了。

应该说,接下来的三天,是我们出差史上最无聊的三天。虽说有老陈安排的作协同志循例陪着吃饭逛景点,但失去了进一步了解老陈和他的作品的机会,一切就都味同嚼蜡。后来高贤均索性推辞了一切活动安排,说是要研读老陈既往的作品。记得老陈的作品集真不少,现在还有印象的是《四妹子》

和《蓝袍先生》。读了一天作品，我俩面面相觑，但都明白对方的意思了。当然，我们担心的并不是这些作品，而是那篇至今神秘兮兮的长篇。接下来，等待就变得更漫长。

关于这几天的等待，我和高贤均也分析过，为什么老陈通知我们来取稿，可又保密又要等三天。直到老陈的"枕头工程"大获全胜之后，我们还认为当初，他可能是不清楚自己的美丑，不好见公婆呢！后来，看了老陈亲密文友的回忆文章，才知道，老陈写《白鹿原》的五年多，关于书的一切对任何人都只字不提。书稿也不让任何人碰。老陈自己的解释就是，蒸馍不能透气，透了气就蒸不熟了。最近我又看到老陈关于那段往事的回忆，编辑来西安取稿，恰逢母亲住院，分身乏术，未尽地主之谊，连何启治曾经盛赞过的葫芦鸡都没请他们吃。原来如此，只可惜，得知这一切原委时，高贤均已经去世十多年了。好在他理解老陈，理解好事多磨。

终于到了要走的时候了，老陈风尘仆仆赶来，说去他家吃晚饭算是饯行。老陈家就在作协宿舍，离招待所很近。那天请我们吃了什么，一点印象都没了。没印象就说明老陈为接待我们，付出了巨大的努力。为了写《白鹿原》，老陈家的经济濒临破产。用老陈的话就是，那阵子他不怕请客，就怕客人吃不下家里的饭。

我对老陈家的宴请没有印象，可是对他家的印象太深刻了。一个副厅级的作协副主席，家里的状况可以诠释一句成语：

家徒四壁。我吃饭时只记得房间墙角里散乱堆了些空啤酒瓶,这是我看到老陈家唯一能与现代社会接轨的标志物。当时全国人民都不富裕,但像老陈家这种情况的还是令人唏嘘。

终于到了分手的时刻。在作协送站的车前,老陈将厚厚一摞稿件交给我,却又不松手,表情看上去分明有些重要的交代,可到底没说什么。后来,老陈在回忆文章中说,当时他想说我可是要把生命交给你们了。或许是担心交浅言深,怕吓着我们;或许是看我一副去心似箭的样子,不具备表达历史嘱托所需的氛围。总之,后来老陈只是在稿件上拍了几下,就完成了他酝酿良久的交接仪式。现在想来那种情景太像是多情总被无情恼了,为此我至今对老陈心存歉意。

说老实话,登上开往成都的火车,我们无比轻松。三天的清修留在车窗的后面,想得到的繁华就在前方等着我们,但十几个小时的车程还是让人百无聊赖。我就是在这种心态下开始阅读《白鹿原》的。结果,是地球人都可以预料得到的。后来,我拿了看过的稿子找到高贤均,顶着他疑惑的神情,向他保证这是货真价实的先睹为快。

果然,到了下火车的时候,高贤均就变得不那么淡定了,只要有时间就跟我开聊读后感。我都担心这样会让不明就里的四川作家朋友感到我们的移情别恋了。确实,以往看邓贤初稿的标配是,白天看稿谈稿,晚上一票作家朋友,在来了就不想离开的城市里声色犬马。而这次,白天看稿谈稿依旧,晚上高贤均要求邓贤不要有任何安排,说是回宾馆看《白鹿原》。作家裘山山后来写过这段反常,那是在《白鹿原》成功之后。我们的四川作家朋友们,一起经历了这一见证奇迹的历史时刻。

　　回到北京,高贤均和我分别走出书和出刊的三审程序,依旧是一路盛赞。特别是我的复审,时任《当代》杂志副主任的常振家,阅稿后评价甚高,甚至有失于一贯的稳重冷静,要知道那可是《当代》老主编秦兆阳激赏他特有的工作气质。终审何启治副主编的评价自不必说。据陈忠实回忆,他写中短篇小说小有成就之后,就进入了创作的瓶颈期,是老何建议他写长篇实现突破,并顺便约了稿。老陈为此请老何吃了葫芦鸡,以为君子协定。

　　高贤均那边也一路顺风,人文社决定出版《白鹿原》。后来听高贤均说,老陈在接到用稿信之后,取消了一万只鸡苗的订单。原来如此,当初老陈的讳莫如深是因为面临着如此的生死抉择。后来看老陈的回忆文章,不似高贤均版本那么八卦,而是更文学地表达,一屁股坐在沙发上大吼三声。老陈是华阴老腔的票友,所以如此表达心情更可信。

　　《当代》于1992年底和1993年初,分两期刊发了《白鹿原》,反响久违地热烈。出书却不那么顺利。高贤均说新华书店首次征订才九百多本,为此他诟病了传统的发行体制。好在不久"陕军东征"的旗号被文坛打出,凭着双璧《废都》和《白鹿原》的引领，陕西作家的五本小说创出了当时纯文学的销售高峰。我由衷替老陈高兴，至少他的财政困难终于彻底解决了。

刊发《白鹿原》不久，老陈约我写篇书评，说写好他负责联系发表。当时文评界对《白鹿原》盛赞有加，但权威人士也有不同意见。既然是权威，所以影响也蛮大的。老何甚至要我们所有审稿编辑做好最坏的准备。我想如果我简单写篇颂歌，人微言轻对老陈也无益。我考虑再三还是针对当时文论界二元对立的评判现象，找个新的视角评价《白鹿原》的价值。于是我写了《第三种真实》，指出现实主义小说，在建国后十七年间，表现出的是政党的真实；新时期开始，表现出了人民的真实；而《白鹿原》表现的是人类的真实。三种真实是视角的关系，无关是非对错。

我的目的是赞《白鹿原》又不否定其他层次真实的作品。其实现在想来，所谓的人类真实就是今天所说的普世的价值观，只不过在20世纪90年代初还没人提倡这种价值观。这篇评论发表在《当代作家评论》上。关于我的观点，我没同老陈正面交流过。后来，常振家从西安《白鹿原》讨论会上带回老陈的反馈，他说"小洪那篇评论写得有点意思"。我听后当时没太当回事，这点意思要当真不就没意思了么。直到2001年的一天，我才感到老陈不是随口应付。

记得那天下午，编辑部来了一个真称得上是美女的韩国

1993年陈忠实在王府井图书大厦签售。
左起：洪清波，高贤均，陈忠实。

人。她找到我，说自己是研究《白鹿原》的留学生。她去西安见到陈忠实问询《白鹿原》研究的问题。后来老陈告诉她可找《当代》洪清波。该女生之所以对《白鹿原》有兴趣，是因为韩国当年有本写民族历史的小说，历史观与《白鹿原》相似。由于小说写于军人政府时期，所以成为禁书，最近才解禁。我与女生探讨，在社会动荡期，作家如有远见，不受当时意识形态所囿，才能写出具有生命力的文学。这件事不大，只是间接证明老陈认可了我对《白鹿原》的看法。

《白鹿原》问世后，我与老陈交往很少，只是不断从各种渠道得到他的信息。2005年,我突然收到来自人艺的一封信。信封里有两张票和一张便笺,说遵陈忠实老师所托,送上《白鹿原》话剧首演票两张。看戏时我见到了被簇拥着的老陈,我们相互点头致意。后来,《白鹿原》又被改成舞剧、电影,老陈一律支持鼓励,哪怕改编遭到舆情非议。我知道,老陈超自信,有原著在长销,还担心什么呢!

与老陈打交道二十年,我们几乎没有面对面地交谈过,直到2013年的某天,突然接到出版社的通知,晚上参加宴请陈忠实的宴会。人文社刚刚与陈忠实签了新的版权合同,要宴请他,老陈提出让我也出席。餐桌上见了面,我们分别说对方没什么变化。说实在的,我真没恭维老陈,我一直认为他透支了苍老,就没见他年轻过。

不知为什么,一见老陈,有关《白鹿原》的脑细胞就被激活。我跟他聊了《白鹿原》的最新心得。老陈在作品题记上交代,小说是关于一个民族的秘史。这大致不错。但今天的社会背景下,我更觉得《白鹿原》生动地展示了,在中国实行了两千多年的封建宗法制度,是如何在最后的四十年(1910—1949)里解体的。老陈同意我这样的概括。我说其实中国南方明中期这种解体就开始了。陕西关中由于地理文化上的封闭性,成为最后解体的地区之一,就像大熊猫是古代动物的活化石一样,关中便是旧制度的活化石。老陈看上去很开心。我明白,他开心不是认可我的言论,而是《白鹿原》成为我们谈话永恒的主题,颇有些开谈不说《白鹿原》,纵读诗书也枉然的意思。

  当时我并不清楚,这次就是我和老陈最后的晚餐了!2016年4月29日,陈忠实病逝了。接下来,史上最隆重的追思追悼活动就开始了。人文社派出了阵容庞大的吊唁团队前往西安主会场。我没能去现场送老陈最后一程。我知道,老陈与我从来都是神交的关系。好在,老陈是枕着第一版《白鹿原》走的,现场还有作家红柯高举着当年的那本《当代》杂志。

  老陈将来再见时,我们还可以聊聊《白鹿原》。

(作者为人民文学出版社《当代》杂志编辑)

大山倒地亦巍然，万民为你吼老腔

忽培元

我知道，忠实先生一辈子没啥业余爱好，就是好抽卷烟，好听几句秦腔，尤其以华阴老腔为甚。先生不会唱，就是喜欢听。每每听到忘情，就会哈哈大笑或是咬牙切齿、捶胸弹脚。那我就以老腔贯穿这篇悼文的始终，以求得先生共鸣。唱曰：

一

中国文坛一硬汉，来去堂堂七尺男。
秦岭八水情未了，万众注目白鹿原。

2016年4月29日一大早，收到陈忠实先生凌晨逝世的讣告，身心为之震悚，随后渐渐平静下来。一个人独立书房，临窗西望，潸然无语。几十年同先生交往相知的情形，一幕幕清晰浮现。我同先生的交往，完全是仰慕与尊重，是思想和精神的相通，是文学创作之缘。所谓一杯清茶，两颗文心是也。我想象着，先生那布满岁月沧桑的木刻般面容……医院心电图监护仪上象征生命的那一根细线……眼下，那原本跃动的绿色线条苍白僵硬地静止着。

　　陈忠实走了！如同他家老屋院子父亲栽的那棵柿子树，经历过漫长岁月沧桑后平静地倒下了。果实累累的老柿树倒了！4月最后的这天黎明，西安气温骤降，先生没来得及看到又一个风和日丽的白昼……活力无限的顽强生命就此悄然消逝，却并不像某人所言，是带着"病毒、疼痛与恐惧"离去，而是堂堂正正，轰然倒地。习近平、胡锦涛前后两任党和国家的最高领导人和几乎所有新老常委都送了花圈，更有他生前并不认识的来自全国各地、遥远农村的男女老少，从没见过面的中小学生和大学生也都络绎不绝地赶来吊唁。一个作家去世，在一个国家上下引起如此大的震动，缘由何在？这绝不是仅仅因为《白鹿原》代表着新时期中国文学的最高成就，也不是因为陈先生生前人缘特好，而是因为他的文学思想与精神风范代表着社会正义和人们的期望。这令人想到鲁迅。鲁迅逝世一周年，毛泽东在延安召开的纪念大会上高度评价后，还在他的《新民主主义论》中指出"鲁迅是中国文化革命的主将，他不但是伟大的文学家，而且是伟大的思想家和伟大的革命家……"接下来一口气用了六个"最"，也等于是代表中共献上了一个硕大无比的花圈，表达敬仰与深切悼念之情。

鲁迅是大变革年代代表推动社会进步力量的方向和旗手。陈忠实的意义，也正在于他在改革开放时期，顺应和代表了社会呼唤重建的正义与良知。他的全部作品，他的一贯的文艺思想与创作态度，他的人生观与价值取向，不见风使舵，不趋炎媚俗，恰恰代表了一种正确的方向和中国人渴望补充精神钙质的强烈愿望。前后两任总书记及领导人的花圈和普通百姓的敬仰拥戴态度，其实也就是一种无声的赞美与呼唤。这意味着，陈忠实作为一个作家，最终得到了国家和人民的认可。特别是作为一个文学的领军人物，他用自己的正大光明言行，证明了自己的高尚与勇气所在。这在金钱万能、私欲膨胀、良知泯灭和理想动摇的世风之下，在文坛不少人财迷心窍、玩世不恭、个人主义至上、歪风邪气甚嚣尘上的情况之下，越发显得难能可贵。

前两天听说还是好好的呀。陕西省委书记、省长来医院看望，不便说话的他还理智地在小本上写下得体又蕴含深意的话，事后被人们称为"箴言""寄语"。可恨老天妒才，仿佛事先设了大限：癌细胞大量破裂连续吐血不止⋯⋯如今，这位经历过一生远征跋涉的老作家，回归了生他养他的土地。不是生命的终结，而是融入永恒；不是灵魂的消失，而是精神涅槃，是浴火重生！

先生并非倒下，而是更高的崛起。终于回到他历来敬仰的文学前辈中间，回到杜鹏程、柳青、王汶石、魏钢焰、李

若冰中间,定格成其中一座永恒雕像。想到此,我不由得要吼老腔:

> 独坐故原常放眼,华岳渭水襟怀间。
> 兴来挥洒激情真,开腔一吼正乱谈。
> 曾经知遇古长安,虚怀若谷非等闲。
> 嘱余笔耕不得辍,语重心长铭心田。

二

"两三年不见,陈忠实明显瘦了。如同一匹长途奔腾后刚刚收蹄的老马安卧下来,颧骨高隆,脸颊松弛,一双老眼更显深邃,头顶的苍发有些零乱,额头上的抬头纹像几道深深的犁沟,把睿智、宽厚、正直与苦乐播进眉宇之间……这位作家,平时就是一个普通的秦川汉子:喜好看足球喝啤酒,喜欢吃羊肉泡馍啃乾县锅盔,不过偶尔也会吟诗书联。听说现在他每天的案头工作还排得很满。为了潜心投入工作,原本需要人照顾的他却离开家人,独住一处,埋头写作。"

这是四年以前,陈忠实给我的印象。那是在夏季,一天下午我和文友艾庆伟相约先生到东大街老孙家吃泡馍。每次到了西安,先生再忙,都要抽空一聚。先生喜欢吃家乡的牛羊肉泡馍,可是他性子急,饼总是掐得大,吃得也生快。饭来了,他先不吃,只是坐着抽烟,看着你吃。目光慈祥而随和,俨然宽厚长兄。别人吃饭,他就这么一根接一根抽烟,把饭凉在那里。指尖夹着的还是那种黑棒棒廉价工字牌卷烟。烟雾缭绕中目光越显慈祥，人也越发显得苍老，更像是一尊古铜色雕像。抽黑棒棒卷烟，对于作家陈忠实，那就像画家刘文西永远不变的一身灰色中山装。这是属于他们标志性的个性化道具。陈先生抽着烟眼看大家吃，估摸饭也凉了，这才掐了烟端起饭碗，呼哧呼哧大口地开喋。大约十分钟工夫，碗就空了。陈先生放下碗，心满意足把嘴一抹，就算完事。现在回头看，其实那时他已经病了，只不过自己一无所知，还一如既往拼命工作。

作家陈忠实，他就是一个真正的关中农民。我当时很担心先生的身体，建议他少抽烟，多吃滋补品。先生嘿嘿一笑，没有回答。那次见他消瘦衰老的样子，我感到了一种莫名的担忧。事后好几天，他那苍老疲惫的容颜总是挥之不去。想着先生为人的真诚与宽厚，想着我们几十年的友谊，我突然觉得应当为他做点什么，又不知该做什么。回京以后便写了特写《老柿树》发表在《人民日报》上，还配了素描肖像。令人欣慰的是，陈先生比我还看到报纸早。他显然是高兴，主动打来电话说："培元呀，咳，你……文章我看了，嗨呀，你呀……叫你费心了。"我说："稿子事先没请你审，是不是有些冒昧？"先生哈哈一笑说："你写我还审啥，我啥啥你不知道？"我故意说总有不知道的，电话那边又是哈哈一笑。陈先生就是这样，在朋友面前，总是真诚宽厚，没有一点名人架子，言语坦诚真挚得叫你感动。他的喜怒哀乐全都写在脸上，透在话里，融化在那些真正属于他自己的句子中间。

那次相聚，记得还有原省委副书记牟玲生老和几位文学青年。年龄从二十来岁，到八十多岁，是真正的忘年之交。大家因文学而结缘，又因文学的话题而充实愉快。这样的"饭局"实质是雅集，陈先生乐于参加。他显然不是为的吃饭，而是为了见人，了解人的心境与生活。席间常常会有粉丝不请自到，要他签书、照相，他都尽量满足。有人也许认为这是浪费时间、耗费生命，陈先生当然不这么认为。那种不事张扬的慷慨大度，教你想到白鹿原上果实累累的老柿树品格。丰年锦上添花，荒年雪中送炭。大作家也是普通人，参加自己愿意参加的社交活动，怎么能说是"绑架"呢？我不同意这种说法，更不希望看到那些自以为功成名就的人，整天神神秘秘把自己圈在书房或闺房中自我陶醉、闭门造车，写那些阴阳怪气、不疼不痒、于世无益的狗屁文章。

那天，陈先生放下老碗，轻松愉快地说："培元，看到你这些年一直坚持写作，我很高兴也很羡慕。说真的，年龄不饶人，我现在想写大东西都感觉体力不支。"我仰头看着先生一时不知该说什么，心想这也多亏先生你的鞭策。1998年在榆林你叮嘱的话我还记着。《群山》研讨会上，陈先生紧挨我坐着，另一边的何西来先生正在发言。陈先生小声对我说："培元你记着，工作再忙也不要丢了写作。"近二十年过去了，我自感欣慰的是,还没有放下手中的笔。陈先生见我沉默才说:"不少人当了官就撂了笔,你还真是一个例外。不久前,何西来先生到西安,我问到你的情况,何先生说,培元是红色歌者,《群山》之后,说你一路走来,干啥吆喝啥,写了不少有分量的作品。可我想知道的还是《群山》续集写得怎样了?"我说:"续集《长河》,原计划写到'文革'结束为止,后来发现改革开放这几十年有不少重要内容,因此就又写了第三部《浩海》,总名称《苍生三部曲》。"陈先生听得目光一亮说:"你这又是叫我惊喜呀,我很想先睹为快。"我说已经完稿,准备交中央文献出版社出。回到北京我立即把《长河》《浩海》各打印一份托人转送陈先生阅正。过了不久,陈先生来电话说稿子大致看了,两大摞子,令人敬畏。说里面有好多他不知道的人和事,可惜太长,没能细读。先生说话总是这样的真诚,令人感觉踏实,心悦诚服。见我无话,先生又说:"你文笔好,《群山》给我的印象很深。我细看后也许会写一篇心得。"我只有感动,无话可说,丝毫不敢再烦劳先生。不料又过些日子,陈先生竟然写了一篇不短的书评,先生诚心所致,古道热肠,令我没齿难忘。忍不住再为先生吼几句老腔,感恩高风亮节:

　　日辉晚霞灿如血,点点源自心头滴。
　　多少思虑多少难,总是利人忧民艰。
　　硬汉倒地魂如山,何必凄凉挥泪衫。
　　天下多少苟且者,不过行尸走肉团。

三

我常想，陈先生何以最爱听秦腔，何以对华阴民间老腔那么着迷？秦腔吼起来字正腔圆、音乐形象顶天立地，是豁达豪放、爱憎分明、撼天动地的艺术，而华阴老腔更甚。这正同陈先生堂堂正正的品格一样。他的作品中，多见金石有声、慷慨悲歌之士，关键时候，常能克己为人，甚至舍身成仁。那是他的理想化身与精神寄托。同时，他作品里面也不乏苟且淫乱、成天日鬼捣棒槌的小人混混。那是他视为仇敌，甚至不屑一顾的一堆人渣。他的文字里，似乎并没有多少正面描写秦腔的，而秦腔慷慨激昂的旋律，吃钢咬铁的气势，仿佛永远都是他作品的贯穿红线与背景音乐。我的印象中，陈先生迟早说起话来，总是是非分明、斩钉截铁，绝不含糊其辞，阳奉阴违。言谈话语不藏情，喜怒哀乐溢于表，地道的秦腔道白，梆子爽朗，掷地铿锵。这就是我印象中的陈忠实。他的一生，践行了李大钊的主张，可谓"铁肩担道义，妙手著文章"。一生整体来看，先生本身就是一台高亢激越的秦腔大戏。如今唱到高潮，戛然而止，化作了一座伟岸雕像，堪称华丽再生。

记不清头一回同先生见面是在何时何地。也许是先生来延安为文学青年做过报告？也可能是陕西文学界的某次活动吧。用先生的话说，我们"结识多年"。其实应当说我认识先生更早。开始读他作品,是四十年前上高中时。他的《高家兄弟》和《忠诚》给我印象特别深刻。他的中、短篇小说,大多发表在《人民文学》《延河》和《陕西日报》副刊。文字质朴简练,就像农民说话,实话实说,铁骨铮铮,令人读着比吃羊肉泡馍还囊口。先生是运用关中方言的高手,那种经过提炼的口语化原汁原味,比起柳青《创业史》的语言似乎还要地道。柳青先生陕北人学说关中话,略微有点隔生也是难免。然而柳青毕竟是文学大家,在创作上一直被陈忠实视为第一导师。一次陈先生对我说,《创业史》是我的守护神,不知道读了多少遍,年轻时总是压在枕头下面才睡得踏实。柳青一生践行深入生活心系百姓,陈忠实是忠实的效仿躬行者。《创业史》写蛤蟆滩稻地沿一村的故事,反映中国农村变迁和农民精神的嬗变。相比之下,新时期《白鹿原》视野的宽度、思想的厚度与历史的跨度都有了新的追求和突破。两部不朽之作,都是中国农村的村史、中华民族的秘史。长途接力的两棒,两代作家的领跑者,堪称双子星座。一次,我谈了这个观点,先生立即"纠正"说:"这话不对,应当说我们当代陕西作家都是柳青、杜鹏程、王汶石那一辈作家的学生,我充其量也就是个'入室弟子',因为我进了作协的院子,勉强算是入了'室'。"他的品格中,总令你感受到有一种中华优秀传统文化的底蕴和魅力。比如谦虚谨慎与与人为善,言谈话语中时常体现出常人容易忽略更难以做到的清醒与自律。

这使我常常想到，颗粒越饱满的谷子，腰总是弯得更低。

很长一个时期，陈忠实都是陕西文坛在全国产生重大影响的作家。他不是一举成名，而是属于那种一步一个脚印艰难步入文坛又攀上高峰的实力派作家。回头看，他也的确是白手起家，没有当过文学期刊或出版社编辑。他也没有当过什么桃李满天下的著名教授，甚至开始好长时间都不在文学圈子里面。陈忠实开始是真正的农村业余作者，属于那种高中毕业没有考取大学而不得不回乡劳动，连一张稿纸都要自己掏钱去买的地道的农民作者。他就像自己的父老乡亲，在土地上劳作首先是为了生计和争一口气，更是为自己找到了一种生存理由。这或许也是天意，使得他同柳青经历了大致相同的成长轨迹。把根脉深深地扎进了农村和农民中间，一生不离不弃。

《白鹿原》的出版、引起轰动与获得茅奖，给陈先生带来了荣誉与各种实际的好处，也使他经受了某种压力与困惑。他担任陕西省作协主席，我还在延安市委工作。一天陈先生来电话说："培元，我现在给呐作协管事，不管事不知道难。作协这些人，只有一辆破桑塔纳，都快开不动了。我一上任，大家对我提的第一个要求，就是想办法换一辆新车。你说我到哪里给呐弄新车呀？唉，想来想去，我只有给你打电话。"我理解先生的意思，当即表态说："车我给你想办法协调。"放下电话，我就分别同书记、市长商量，决定在炼油厂调一辆新奥迪给省作协用。我当即告诉陈先生，不料他却说："奥迪我不敢要，你还是给我弄个桑塔纳。"我问为啥，他说车太好费钱不说，还怕有人说闲话。我说那就桑塔纳吧。过了几个月，我陪一批客人去炼油厂参观。厂长问我，怎么省作协要的车还没人来提。我事后问陈先生，他说："唉，这事别提了，车还没回来，就有人告状，我就莫敢要。"陈先生就是这样一个人，在为人处世上处处谨慎小心，也俨然是一个老实本分的农民。其实就他当时的影响力，直接找省长书记批一辆新车也是很容易的。先生品格的另一方面由此可见。如今回忆起这些鲜为人知的往事，真想再为先生吼几声老腔，听他喝彩大笑：

不苟言笑冷幽默，开言铿锵乃随和。
炯然如炬穿浮泛，时有箴言似鸣铎。
文章千古不朽事，陈公呕心铸奇书。
白鹿未老青春在，浐灞长流追三苏。

四

陈先生为人重情重义，但是原则性却很强。见不得蝇营狗苟，更不喜欢拍马逢迎的官场习气。但是，作家中，包括文学新人谁出了一本好书，他总是热情鼓励，大力推介。记得拙作《耕耘者：修军评传》出版前，先生看了稿子，认为不错，还欣然应邀题写了书名。后设计者没有采用，先生也不计较。书出版时我已经离开陕西，但是先生看到书，就提议在西安举办一次研讨会。由省作协、省美协和中国传记文学学会、中国美术出版社联合开。那次会议，由于陈先生的积极张罗推动，开得十分成功。陕西主要作家、评论家和美协大画家几乎都来了。研讨很深入，为以后作品获全国大奖起到了重要评定和宣传作用。先生评价一部作品和一个作家，既热情洋溢，也很注重实事求是。即不失热情鼓励，也不会无原则胡乱热捧。每次都认真读书准备，体现了一个文学大家的热忱、正义与良知。陕西许多中青年作家的成长中，都浸润了先生的热情与心血。难怪人们在纪念他时最为深切的重点还在于他对陕西文学新人成长的巨大贡献。这是许多名家很难做到的。

　　如今，先生的灵魂，正同那令人静穆的高山古原化为了一体……也终于解脱了文学劳作与纠结的痛苦，可以安静地长眠休息了。作家这碗饭，本来就不好吃，更何况先生对自己的严格与苛求都是远超常人。他时常谦虚地说，咱这行当本来就劳人，再加上咱人笨，就更得笨鸟勤飞。他的每一个字，都是全身心投入所为，那其中的每一句，都是属于他"自己的句子"。从一开始创作，他就不会取巧偷懒。他没有像不少作家那样，在起步阶段或多或少都依赖过"模仿"这根拐杖。从作品看得出，先生从一开始写作，就确立了自己的独立人格。先生不愧是作家中的劳动模范。鲁迅先生享年五十六岁，先生七十三岁还多,也算是功成名就,善始善终了。先生真正是一生没有停笔,这在中国作家中,也许是空前的。据说即将倒下的那一刻,即所谓弥留之际,他的手中还紧紧握着笔在写。显然是视力已经模糊,字已经分不出行了,重重叠叠地书写,最后留下可以辨认的文字竟然是:生命活力!这真是一个奇迹,就像是太阳落山时努力留给大地的一道绚丽晚霞。"生命活力"!多么精准的一个呼唤,这说明直到最后一刻,陈先生头脑还是清醒的。"生命活力",这是先生留给这个世界和亲人、文友的最后遗言。是一个充满活力的生命,在最后一瞬间的灵光爆破!在这鲜花盛开的季节定格了下来。这样也好,一条硬汉倒下了,我们面前又耸立起一座大山。他生于秦岭脚下,如今又化作了秦岭一部分。同陈先生最后一次通话,大约是去年年初,先生在电话里,声音低沉而沙哑,吐字已经有些含糊不清。这令我十分担忧。我说:"陈老师,你关心的《苍生三部曲》,由中央文献出版社出了。"先生说:"好呀,向你祝贺……"我泪水盈盈,无话可说。

  人世间有许多名不副实的事物,但陈忠实的确是一个名副其实的人民作家。作家这个行当,没有才情智慧不行,但作家最难能可贵的倒还不仅仅是才智而更要看德行。陈忠实,他笔下的白嘉轩、朱先生和蓝袍先生们同作者本人一样,都是植根于同一片土壤的佳木奇树。我因此而为先生再吼老腔,以示永恒纪念:

风雨骤来胸有壑,满目烟霞多困惑。
生前常忧身后事,最盼生民久康乐。
桑沧雕就中华范,除尽粉装余贞坚。
洞天深邃不见底,丘壑川原貌森然。
一世勤奋当代稀,劳模却未过五一。
大家忍痛撒手去,恩公含笑在梦里。

(作者为国务院参事)

在陈忠实逝世一周年追思会上的发言

贾平凹

陈忠实离开我们一年了,他是我们的同志、朋友、领导、前辈。我们在此开追思会,深深地怀念他。斯人已去,精神长存,这是我们要说的,也是我们真切体会的。一个人有了巨大的能量,此能量就会在他生前身后都充满于这个世界的。

就在作协大院生活工作的柳青、路遥、陈忠实,也完成了他们传奇的一生。记得沈从文墓碑上有几句话,意思是文之星斗、人之赤子!他们三位亦是如此。都是属于中国当代文学的一流人物,是巨匠,是大师,是中国各个历史阶段的见证人、记录者,是社会的良心,是时代不死的灵魂。今天追思陈忠实,就是追思他的丰功伟绩,感谢他对于中国文学事业的贡献,感谢他给了陕西的骄傲与光荣,感谢他给我们留下的为人立身立德的榜样和写作宏大神圣的启示。在这方面,我说几点:

1985年8月。榆林沙漠。左起：陈忠实，白描，京夫，子页，路遥，贾平凹。

第一，陈忠实出身农家，在他少年和青年时代，经历了中国太多的社会变化、贫困和苦难，这一切构成了他的丰富人生。他当过农民，当过教师，当过乡社干部，他接受的是传统文化教育，这造成了他身上有浓重的农民的勤劳、质朴的本色，又有传统知识分子强烈的爱国爱民、铁肩担道义的精神。他的经历，我们很多人也经历过，但如何将这些经历转化为文学的底色、文学的资源，他做出了模范和榜样，是值得我们永远汲取的。

第二，文学对于他来讲，来得并不容易，在每一个时期，他都经受过严酷的考验，有些人在这种考验中退缩了，从此不再写了，但他满怀着对文学的理想，坚持走他的路。他说过，要坚守大政治。他反对文学有太多的政治成分,但他坚守大政治。我读到他这篇文章,非常震动,也非常信服。我理解这种大政治就是类似张载的为天地立心,为生民立命,为往圣继绝学,为万世开太平。这是文学的大道。我们可以读他的一些散文和柳青的散文比较,在题材选择上、关注点上,甚至写法语调都很近似。写得实在,写得硬,是干货。而《白鹿原》和《创业史》在立意上、结构上也是同一脉气的。大政治是他为人的信念,也是作文之道。这是之所以大气的原因。

第三,从我对他的了解,从我读他创作札记,从邢小利写他的传记和畅广元老师的怀念文章中,我感受到他对文学的那种全生命式的挚爱。他一心要写出他满意的作品,这种坚定的信念一直在鼓动他。就在他极其困难的时期,返回老家写《白鹿原》,那种艰辛,那种坚忍,那种对自己的狠劲,令人动容,难以忘却。这是我们要好好学习的。

陈忠实去世了,他的一切都是文学的遗产。我们追思他、纪念他,就是要把他扎根生活为人民写作的文学精神继承下来。"文学依然神圣"和"寻找自己的句子"是他说了几十年的话,让这两句话继续为我们鼓劲。

2017 年 4 月 28 日

(作者为陕西省作家协会主席)

哭陈忠实老师

孔　明

我不想等噩耗,噩耗还是来了。

时间在 2016 年 4 月 29 日星期五早晨 7 点 40 分凝固:作家陈忠实老师的心脏停止了跳动。

噩耗并不意外。前天晚上,接到好友邢小利的电话,他语气沉重地说:"孔明,告诉你一个不好的消息,你心里得有个准备:陈老师病危,正在抢救!"放下手机,我忍不住悲从中来。陈老师或者已在生死线上挣扎,而他的音容笑貌像幻灯片一样不断地在我脑际浮现。我忽然不想读书、不想写作,甚至不想上网了。泪水溢流,难以控制。不容回避的现实是中国将失去一位杰出的作家,三秦将失去一位赤子,我将失去一位良师。

我与陈老师交往并不密集,但几乎每一次往来都给我留下了美好的记忆。我知道他很早,读他的书却很晚。在他面前，绝对是小字辈。和所有读者一样，当年当我一口气读完《白鹿原》时，真有恍若隔世之感，于是提起笔来，写下了《梦读〈白鹿原〉》，1950个字，发表在1993年8月18日《西安晚报》副刊上，头条。以此为契机，我认识了陈老师，责编并出版了他的小说《初夏》。我没有刻意走近他，但还是走近了，完全是受了他道德文章、友善人品的吸引。如果他能记住我是因为记忆力好，那么我愿意亲近他却纯粹是因为心灵不由自主地认同他。蓝田县政府委托我向他求字，当他听说是用于公益，便拒绝礼金。陕西人民出版社礼请他出席《最美女孩熊宁》首发式，我送他礼金，他的拒绝掷地有声，至今犹在我耳畔回荡："你是孔明么，咋还不了解我？人家娃把钱往雪山藏区送呢，命都搭上了，我要钱我还是人吗？"他的决绝显示了他的真诚就像他的名字一样。人民教育出版社成立六十周年，陕西人民出版社拟送陈忠实题字作为贺礼，委托我周旋，八千元润笔已放在他的案头上，他仍坚拒不受，毫无通融之意。有人说人品与钱无关。当人们普遍崇拜金钱的时候，金钱恰可证明一个人的德行品性。

多年前我社策划出版《陈忠实传》，我约请他的挚友邢小利执笔，陈老师非常喜悦。传记写成后，是否出版，陈老师却犹豫了。我去找他，他说："孔明呀，我总觉得我写了《白鹿原》，读者看书就是了，我么，总感觉出版那个（指《陈忠实传》）像被人脱了衣服！"他觉得为健在的人写传，有点像为活人立碑的意思。作为朋友,我和小利只能尊重他,虽然"为活人立碑"的事早已司空见惯。去年,陈老师病了,旧话重提,他用微笑默认了。书出版后,他在病榻上仔细看了后,即给小利打电话,意思如下:一、写得客观;二、资料很丰富,真实,有很多资料他也是第一次见,很感动;三、分析冷静,切中实际;四、没有胡吹,十分赞赏。听到陈老师如此评价,作为策划编辑兼责任编辑,我如释重负。如今他已长行不归,《陈忠实传》的出版真可谓正当其时。能在生前看见自己身后的"丰碑",陈老师在天之灵也当欣慰了!

陈老师的人品如山,喏,就在那儿矗立着,无须我多饶舌。对他的与世长辞,我痛定思痛,不无感伤与喟叹。一次,去看望陈老师,他的工作室里气味难闻,看见陈老师嘴里噙着卷烟,我忍不住劝他:"陈老师呀,别抽烟了,烟不好!"陈老师笑呵呵:"都劝我戒烟,我就这个爱好么!"又顺手点燃了一根。归来,我去找他女儿陈勉力,她说她不敢劝她爸戒烟。我说:"给你爸房间买个空气清新机吧!"勉力说:"几次要买,我爸不让么!"真是严父呀!我说:"硬买吧,别征求他意见了!"勉力就买了空气清新机,强行搬进了她爸的工作室。

路遥去世时,我哭他"早晨从中午开始",嗜烟,玩命。如今陈老师去世了,我泪流满面。陈老师啥都好,就是生活习惯上太随意了,太任性了,太把自己身体不当回事了。写作本来就是呕心沥血的事情,成名后陈老师即使隐居在南郊的工作室里,仍然为各种应酬所困扰。他人太好,求他的人就多不胜举,但凡人情上门,于公于私,只要无碍他的做人原则,他都一律应承。他常常一个上午赶三个会,都是"高情难却"。我觉得陈老师的去世,不仅仅是对健在作家的警示,也是对世道人心的警示。崇拜没有错,但得有尺度;尊重不能任性,否则流于形式。不能为一己虚荣,忍心去劳烦健在的陈忠实们!

《白鹿原》是一座山。陈忠实将因此而流芳百世。

2016年4月29日

(作者为陕西人民出版社编辑部主任)

忠实兄永在我心

雷 达

陕西三大家——路遥、陈忠实、贾平凹,都是我多年的好友。这种友情既与文学有关,又超越了文学,并不含什么功利的因素,可以说是大西北文友间真挚的相知相敬之情。

先说几句路遥。路遥去世前,心中有一憾事,他觉得没完成他曾许诺我的,夏天要带着我一站一站地走遍榆林地区。那时去榆林好像很遥远很浪漫。李星向我郑重转达了路遥的抱憾。

看梁向阳的《路遥传》我不由落泪。路遥在好几封给白烨的信的末尾,都要写上"向雷达兄问好","雷达处问好"。路遥在一封信里直率地表达过对我的不满。他说,看了我发在《求是》杂志评《平凡的世界》的长文,虽然有气势,篇幅也长,但他还是不满足,觉得没有放开来,想到是《求是》这样的党刊,他也就可以理解了。他在另一封信中,针对有人说他活动茅盾奖,他不平地说,我能活动什么,我顶多去找雷达。当然,他并没有为此找过我。路遥去世前最后一封信的末尾,还是那句,"向雷达兄问好"(以上均见《路遥传》)。我要感谢白烨先生,他不把这些信拿出来,我永远也不会知道这些事。我本人没有什么重要的,但路遥能这样念我,想我,看重我,在给别人的信中谈论我,真让我泪水盈眶!路遥也给我有过几封信,不是我不拿出来,而是特意夹起来,怕丢。我一向马虎,但他的信还是珍视的。可这四封信,就像失联的飞机一样永无踪影。我找得辛苦,它们就是不露面,这次装修老屋,再次搜索,仍不见。好像天堂里的路遥自己把它们收走了。

我和陈忠实之间,同样感情深笃。他只长我一岁,我总觉得他是老大哥,比我大得不止一岁,他比我稳健深沉得多。我们好像没有经过慢热的阶段,就一见如故。80年代我在《文艺报》当编辑,《信任》得奖后,文学新人栏目要发陈忠实的介绍,具体是我联系的。现在用得很广的陈忠实与农民在地头的相片,最早是从《文艺报》上发出的,是新华社稿。那时我们通了信没见过面。后来我读了《初夏》《蓝袍先生》,极其赞赏,还是没有面对面的交谈过。

在我的印象里,我们真正的认识,交谈,是在1992年的暮春。那天,他胳膊窝里夹着外衣,满头冒汗,风尘仆仆地进了陕西作协的院子,然后敲开某个办公室的门,坐下来喝茶。我恰好在场。那时我但凡到西安，常爱在陕西作协院里待着。李星介绍说，这就是雷达。他说知道早知道。他人一直住在灞桥，这天是临时进城办事。我们越谈越投机，他一点也没有拿我当生人，对我很坦率，很信任，他说现在要调他到陕西省文联，他坚决不同意去，他不为争位子，只想好好写作，真到了文联，当个领导又能咋的，其实啥也弄不成。他说为此他与宣传部领导吵了架。在他心中，文学是高于一切的，别的都要给创作让路。他说有一个长东西他写了好几年，快完成了，有可能的话，想请我看一看。我说好啊好啊。出版前他并没找我看。我记得，路遥就是在那一年深秋去世的。

忠实兄所说的长东西就是《白鹿原》。此作一出，震动了全国文坛。我看后非常振奋，逢人便说，无法平静。不久《小说评论》率先发了评论专号。那一期《小说评论》的封面不知为何却用了我的头像，是摄影家郑文华拍摄的，里面并无我的文章，全是陕西评论界朋友们的文章。他们才是《白鹿原》的最早评论者。我参加了在文采阁召开的白鹿原研讨会。当时由陕西省委宣传部长王巨才同志率队，陈忠实当然也来了。在京的许多著名评论家都来了。如果没有记错的话，冯牧先生最先讲了话，接着是严家炎发言，第三个就是我主动发的言。我是坚定的，热烈的，那时还算年轻，有股闯劲。

在此前，《文学评论》副主编蔡葵先生已向我约评《白鹿原》的文章。我很感谢他，我前后发表在《文学评论》上的好几篇长文都是在他还有彭韵倩的督促下完成的。没他,怠惰的我什么也写不出。这次我反复阅读了作品,也可以说是苦思冥想良久,参阅不少东西,一口气写出了《废墟上的精魂——〈白鹿原〉论》,近两万字。我从正面观照中华文化精神的角度,从儒家文化与乡土中国的关系,从塑造文化化的中国农民人格,说到他成功地将多种政治、军事、党派冲突转化为一个个人物的灵与肉的冲突,再到肯定他选择了超阶级的文化眼光,并认为全书具有宏阔的史诗性与开放的现实主义气派,但也指出陈忠实的世界观的内在矛盾和作品的一些具体缺点。

事实上,当时《白鹿原》并不像现在,得到几乎一致的高度评价。那时阴晴莫定,歧见纷纭,公开的私下的都有,有的意见很尖锐、很严重。不同意见主要来自两个不同的方向。一个是领导层,甚至高层中一些人,主要质疑作品的政治倾向有无问题。据我所知,有次中宣部开会,会后丁关根让郭运德留下,问他《白鹿原》到底怎么样,郭运德在一些重要的方面对作品给予实事求是的肯定,丁好像听进去了,但并未立即表态。此前,广电部一位副部长似乎代表组织公开在报上发声明,称"《废都》《白鹿原》永远不得改编为影视作品"。不过那时有点各吹各的调,并没有立即的制裁措施。另一个方向来自一些中青年学者的看法,记得《钟山》《文艺争鸣》甚至《小说评论》都发表过一些言辞尖锐的批评。我至今认为这是正常的学术争鸣。只是随着时间的流逝,《白鹿原》自身的魅力的不断展露,逐渐消解了那些严苛的声音,即使今天,对《白鹿原》仍会存有一点不同看法,这很正常。

第四届茅盾奖超过规定时间,拖了三年都不评,潜在的原因可能与如何安置《白鹿原》有关。在先,国家出版局在天津搞了个"近五年全国优秀长篇小说奖",何启治、林为进和我作为评委,联合提议增补《白鹿原》,未被采纳,当然这也不是天津会上的领导马上可以决定的。《白鹿原》最终获得茅盾奖,与很多有识者的积极评价,与形成了较强的舆论环境都有关系。尊敬的陈涌先生当然功不可没,他的表态,评价,使这个棘手的问题最终得以化解,三分之一的资深老评委是信任他的。"修订本"的问题,成为现今某些人非难陈忠实的把柄,事实上历史上任何伟大的、新生的事物要得到认可,都要经历一个曲折的过程,包括某种适当的妥协和委屈。《白鹿原》的获奖,不仅是一部优秀作品实至名归,而且是思想上、意识形态上、文化观念上以及20世纪前五十年历史评价上的一次大的突破。

大约2008年前后,文化艺术出版社的李恩祥同志找到我,说他们要出《白鹿原》评点本,想请我来评点。我想推。他说,你是陈忠实建议的人选之一。我只好应承下来。评点本出来后,还在报章上发生过一番争论,但总体反映尚好。这家出版社的具体编辑,不太懂中国古典小说有眉批、夹批、旁批种种讲究,字号也应有区别。我的评点,他全放在最下边,用最小的字，和注解混在一起，再版也不改，我就没兴趣了。我从未和陈忠实交换过对评点本的意见，只看见他书不够了也用这个版本送人，这我才放心了。

在有些人笔下，陈忠实像个为声名所累的、有求必应的"好好先生"，其实完全不是这样，他的性格很倔强，爱憎分明，嫉恶如仇，他并无私敌，也从不加入飞短流长的议论，忠厚而且宽广。有人对他作为小说巨匠或伟大小说家有所怀疑，因为他只是个高中毕业生，因为他从不显出学贯中西的模样，其实，他开创了一条独创的发人深思的道路。只要看看他那些密密麻麻的阅读名著的笔记，创作手记，那么多的小本子，想想他虽做过公社副书记等职，他酷爱文学的习性一刻未变，从小养成笔不停挥的习惯，练笔千万次，永远处在鲜活的生活中，像柳青先生永远在长安县一样，他长期住在灞桥，生活、读书、写作永远三位一体。这才是从中国经验中产生的具有中国气派的杰出作家，是实践第一的成才之路。

忠实去世的那几天，我的网页上忽然跳出了陈忠实提到我的名字一个条目，那是2011年中国作协主席团会议在太原召开时，《山西晚报》记者谢燕对他的采访文章。现在又重新发表了。有一段是：

《山西晚报》：有很多读者说《白鹿原》后陈忠实再没小说了，说他写一部《白鹿原》足够了！你听到没有？

陈忠实：（大笑）包括雷达（文学评论家）也说我，

你要超不过《白鹿原》，你就别写了。

　　《山西晚报》：你是不是也有这种顾虑？

　　陈忠实：这是雷达的看法，我倒很难说是什么因素，后来陆续写一些短篇，反响还不错。

　　看到这一段，想到你已不在人世，我心伤惨。亲爱的忠实兄，你为什么要在这里提起我呢，我心里好温暖啊，你是觉得我说得对吗，可是你竟走了，叫兄弟我情何以堪，情何以堪！

　　忠实兄，你永在我心，永远，永远！

2016 年 5 月 30 日

（作者为中国作家协会创作研究部原主任）

陈忠实印象记

李建军

在我们这个浮华的功利主义时代，要想从作家或所谓的评论家中找到一个朴实、谦虚、正直、善良的人，是比较难的。狂妄自大，追名逐利，结伙抱团，互相吹捧，是普遍的常见的现象。高尔基在回忆柯秋宾斯基的文章中说："我们这个时代缺少好人。"我们也许不该对自己的时代下这样的判断，但我们完全可以这样说：我们的文坛，缺少真正意义上的好作家和好的评论家。

很多作家在写作时，缺少高尔基评价契诃夫时所说的那种"贞节"感，那种"谦卑"态度。而评论家，尤其是一些年轻的评论家，则更缺乏对文学的神圣态度，更热衷于把自己包装成文化明星。其实，他们的文字中，更多的是漂亮的空话，投其所好的吹捧。

我之所以一开头就批评这些令人不满的现象，是想说明我们的文学，尤其是我们的批评，已经无聊到怎样的境地，同时，也是想通过比照，来凸显陈忠实这样的真正的作家的品质。

是的，陈忠实是个真正意义上的作家。他朴实，谦虚，对文学则虔诚到了谦卑的程度。他创作的起点很低，而恶劣的写作环境，具体地说，文学被意识形态力量牢牢控驭的状况，又使他的进步极其缓慢，非常艰难。他写了很多"社会订货"性质的作品。但他对文学的虔诚态度拯救了他。他坚持阅读那些伟大的作品。甚至对当代的优秀作品，他也虚心地研读和揣摩。他曾几次跟我谈到路遥的小说《人生》，认为《人生》是对他的创作影响较大的当代小说之一。他说："读完《人生》我才知道有些问题该咋弄咧。"

我没有问他所说的"问题"是什么。但我知道，《人生》是一部与路遥过去的小说、也与陈忠实的到当时为止的几乎所有小说完全不同的作品。我所说的不同，是指批判指向和评价尺度的不同。陈忠实80年代初期以前的小说往往以包含着意识形态指令的社会化尺度来衡度个人生活，以整体遮蔽了个体，这就很难写出真正的人的命运，而路遥的这部小说则以个人作尺度来评价社会，将批判的锋芒指向了遮蔽个体的社会，虽然它的批判锋芒因为道德化因素的过分侵入而被敛抑和弱化，但它标志着一个时期小说创作路向的转变。它对陈忠实的影响，应该首先是在这一方面。

1992年末至1993年初,我读完了陈忠实的《白鹿原》。

这是我好多年来最美好的一次阅读体验。

在我看来,尽管这部作品在有些方面还未止于至善之境,但它无疑是中国文学在20世纪后五十年最重大的收获。

我产生了要见他一面的强烈冲动。

建国路71号的作协大院虽然破旧,但是安静、温馨、朴实无华,房前屋后,栽种着梅树、桂树、迎春花、紫丁香和石榴树,几乎一年四季都可以领略到花的芬芳、春的气息。

陈忠实的办公室极为窄小,不足十平方米,门的右侧临窗放一张桌子,正对门的墙下是一张床,与窗子相对的墙下放一个普通得无法再普通的沙发:黄色的人造革上颇有几处凹陷下去的地方,这说明里面的弹簧显然在超期服役,有的甚至因为年老力衰而自动下岗休息了。

我和一位朋友进去的时候,陈忠实正坐在这张老迈的沙发上喝着茶。他的举止沉着、稳重。他的眼睛里有一种深邃而犀利的东西,仿佛能洞穿一切假象,当他专注地听你讲话的时候,会微微地眯一下眼睛,显得非常专心,但是,当他兴奋或激动的时候,眼光就显得明亮而坚定。他说话的时候自信而从容,但绝无自以为是的疯张和自负,更没有轻佻儇薄的打趣和调侃。

当然,这并不是说他是那种古板单调没有趣味的人。事实上,陈忠实是一个很有趣的人,尤其是当他讲故事的时候,不慌不忙、不紧不慢的语速和节奏里，有一种极为抓人的东西，它裹挟着你，推激着你，吸引着你，甚至，折磨着你。

陈忠实会讲着讲着突然停下来做一件事情，例如点一支烟，或添一点水，甚至索性沉默着不说话，而这个时候，往往也是故事推进的关键环节。他似乎在斟酌该如何讲，或者在掂量该不该接着往下讲。这种短暂的沉默和停顿既增加了故事的悬念感，又使听者产生了强烈的好奇心和参知欲。

他的这种叙说方式，与中国古典小说讲究笙箫夹鼓、草蛇灰线的叙事智慧暗自契合。这与他的理胜于情的性格结构有关，也多少与他小时候所受的家庭教育有关：父亲从小就教他要"想着说"，不要"抢着说"。

陈忠实爱讲的一个故事是这样的。他教书时一个男同事与一个女同事好上了，后来女的翻了脸，说那个男的对她如何如何不像话。那女的是军属，这样，那个男的就惨了，因为，在过去，破坏军婚可是个不小的罪名。很快，公安局就把那个男老师拉走了。晚上，陈忠实跟校长一起给他往监狱送铺盖。陈忠实说，在那个秋夜的月光下，他边走边对自己说：这辈子啥错误都可以犯，就是别在男女问题上栽跟头，要是在这号事情上有个闪失，这一辈子就毕咧。

我这里转述的是概要，陈忠实讲的时候，绘声绘色，传达出一种荒诞可笑而又酸楚可悲的人生况味。而我在一笑之后却想到了这样一个问题：陈忠实很多小说缺少对两性情爱的浪漫叙写，总是以嘲讽的否定性态度叙写婚外恋情，是否与他的这个见闻有关？这个事件带给他的道德禁忌和心理障碍有些关系，也许正是他擅长写老人而拙于写年轻人，擅长写外在事件而拙于写爱情心理的一个原因，也未可知。

为穷人、弱者、不幸者而写作，是一个可靠的方向和立场。这就要求一个作家要始终远离权力、金钱和荣誉，要置身于无助的不幸者之列。知识与才华只有当它为那些陷入逆境的受苦受难者服务时，才是有价值的。文学更是这样，低首下心面对权贵的文学，从一开始就被去了势。换句话说，一个作家应该有底层意识，应该对弱势群体的生存景况投以关注和同情的目光。陈忠实是农民之子，长期生活在底层，对于底层人的生存状况有非常切近的观察和深切的同情。他看不惯恃强凌弱的现象，看不惯城里人欺负乡下人。

有一次，一个非常有钱的老板当着他的面训斥员工，惹得陈忠实很不高兴，愤愤不平地说："不就有两个糟钱嘛。看把人家娃骂成啥咧！"

还有一次，一个给省政府开车的司机，把车往作协院子开，让门房的老头给拦住了，司机畅通无阻地横惯了，没承想到作协门口被拦住了去路，大为恼火，吼道："你不就是个看大门的嘛，能啥哩！"陈忠实正在收发室看报纸，闻声出来，毫不客气地对着那位司机回敬道："你不就是个开车的嘛，有啥了不起！"司机怔住了，事后对人说："没弄好，没弄好，作协门没进去,倒把陈主席给得罪了。"

前几天,陈忠实把他刚刚写完的名为《日子》的短篇小说手稿复印件寄给我。这是他写完《白鹿原》以后写的第一篇小说。这篇小说写滋水岸边的一个普通的淘沙农民的苦恼和辛酸,同时通过人物对话,以巧妙的方式将官员腐败等社会病相与农民的生存景况进行比照,宽

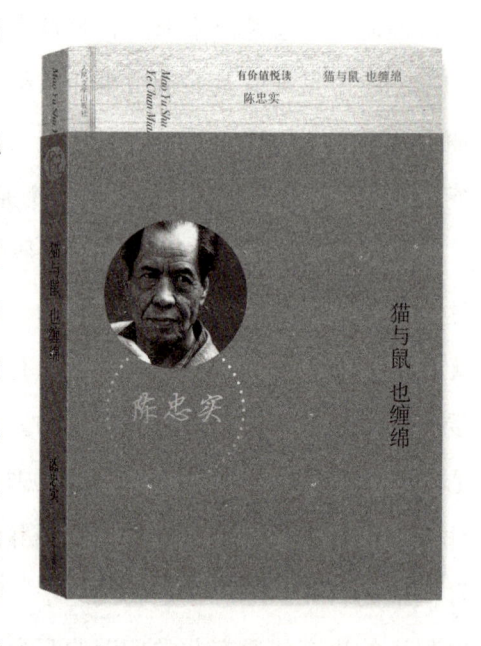

陈忠实的中短篇及散文合集《猫与鼠 也缠绵》,人民文学出版社 2014 年出版,短篇小说《日子》收录其中。

展的叙事空间里,充满了对底层人艰难困苦的生活情况的同情和悲悯,以及对社会现状的不满和反讽。

最愉快的事情,是跟陈忠实谈文学。他读书多,又肯思考,因此,在分析、评价文学现象的时候,往往能要言不烦,一语中的。

有一次,谈到了作家的人格与文学的关系问题。在缺乏道德庄严感的时代,这是一个被冷落甚至受嘲笑的问题。人们普遍倾向于认为作品是与作者的人格状况没有关联的纯文

本。陈忠实不同意这种观点,他说:"人与文,道德评判与美学评价的关系也许比较复杂,但从根本上说,作品的境界,还是决定于作者的人格。人格是一个作家搞文学的立足点,是给作品提供灵魂的东西。写东西写到最后,拼的就是人格。人格糟糕的人,可能在技巧上、才情上显得与众不同,引起别人的注意,但是光靠这些,弄不出大作品。"我说,歌德有过这样的观点:他自己那个时代的文学衰弱不振的原因,在于作家的人格不够伟大。陈忠实说,歌德说得对,哪个时代的作家要成大器,都得在人格修炼上下功夫。

由于盲目地随顺当时的意识形态指令,陈忠实写过不少图解"政治"的作品。由此造成的挫败感和屈辱感让他在很长时间里厌恶谈"政治"。他喜欢把"文学现象"与"非文学现象"划分开来。他更喜欢谈"语言""技巧""叙述""结构"之类的问题。

但是,近两年来,他对文学与政治的关系有了新的理解。他意识到笼统地否定文学与政治的关系,一味地把文学等同于单纯的技巧和形式,是对影响文学的复杂关系缺乏全面理解的一种表现。他在一个地方说:"文学的表现内容包括最寻常意义上的政治,即一种与人们的日常生活密切相关的政治。政治对生活的影响无所不在。谁敢说自己的生活不与政治发生关系,不受政治的影响。既然这样,作家又怎么能说自己的创作跟政治没有关系呢。所以,重要的是你如何理解政治,又如何与政治发生关系，这才是我们思考和解决这个问题时应该注意的。"我想，他对文学与政治的关联性的强调，可能与这样两个原因有关：一是所谓的"纯文学""美文"确实越来越苍白、浅薄，根本创造不出博大浑涵的巨著；一是他经常阅读的拉美作家的文学观对他的积极影响，在拉美作家的理解中，文学就是对现实生活的反映，而这种反映从来就是"政治性"的，而不是"纯文学"性的。

陈忠实对根据题材将作品进行简单分类和评价的做法，也大不以为然。他说："写什么题材并不决定作品的价值，重要的是要写出深度来，要把人内心深处的东西写出来。真正打动读者的，正是这种人人都能感受到的生命体验和情感体验。这样，说都市题材的作品如何现代，如何先进，而农村题材的创作如何保守，如何落后，就没有多少意思。城里人也罢，农村人也罢，都一样是人，都有一些共同的东西，都值得去写。所以，上海的评论家就别嫌陕西作家太土，陕西人也别嫌人家太洋，谁能写深写好，谁的作品就是好东西。现在的问题是都写不好。就拿'文革''反右'这种题材的作品来讲，写好了的就不多，读了给人留不下印象，为啥？就是缺乏深度，缺少感染力。"他顿了一下，接着有些激动地说："'文革''反右'把人整成啥咧，差点把一个民族弄失塌，咱们的作家却写不出真正有分量的作品，说不过去嘛。我一定要把'文革'钉在历史的耻辱柱上。"他说着，站了起来。

有一次，我们谈到了创作与自由的关系问题。在我看来，文学就是自由的事业，没有自由的灵魂和自由的写作环境，压根儿就不会产生真正伟大的文学。要求一个人不能写什么和允许一个人可以写任何他想写的东西，这对文学写作来讲，绝不是没有区别的事情，毋宁说这正是产生两种精神品质截然相反的文学的一个重要原因。

我想知道陈忠实是如何解决内在自由与外在拘牵的紧张关系的，于是便问他在创作《白鹿原》的时候，有没有什么顾忌，是如何克服的，他说："有么。我在写的时候，对这部作品的命运有两种基本估计，一种是顺利出版，一种是可能被彻底否定，根本不能面世。但写起来也想不了太多，先弄出来再说，只要是好东西，现在不能面世，将来总可以面世的。"我又问："后半部分写'窝里斗'，写三十六军的覆没，似乎就放不开，过于简单，没有把悲剧发生的深层原因揭示出来，而让像毕政委这样的个人当了替罪羊，这样处理，是不是与某种顾忌有关系？"他说："原因大家都明白，但是如实处理就有些棘手。当然，我对几十年前的具体情况和氛围不熟悉也是一个原因。""那您计划中以'反右'为题材的长篇小说迟迟没有动笔，是不是也因为顾虑和顾忌太多？"他哈哈一笑，似答非答地说："这就不说了吧。"

陈忠实与批评家的关系，大体上是清白的。这在当今作家与批评家关系普遍暧昧的情况下，实属难得。陈忠实的成就和声望,不是靠光会说好话的批评家和小报记者包装出来的。他是靠自己的作品来征服读者的。他更看重普通读者的反应和评价。有一次,他把一沓图书馆的读者借书卡拿给我看。这是宝鸡市某县的图书管理员送给陈忠实的。据这位送卡给他的人说,《白鹿原》是出借率最高的当代长篇小说,常常是一还回来就被借走。陈忠实说起这件事的时候,脸上的表情愉快而满足。

陈忠实对那些包装"大师"和"经典"的广告式批评非常反感,对那些俨乎其然摆起架子做"大师"的人,更是看不起,但是,对于真正的大师,他却始终怀有真诚的崇敬之情。2000年6月,我们一起到浙江开会,趁便去了趟绍兴。陈忠实说:"每个弄文学的人都应该到这里来归宗认祖。咱们这是来归宗认祖哩。"对于那些丑诋鲁迅的言论,他大惑不解:"这些人都不想想,把鲁迅都否定了,那现代文学史上还剩下啥东西不能否定?问题是到现在为止,还没有谁达到鲁迅的高度,还没有谁像鲁迅那样对我们这个民族的病根和问题挖得那么深。"

马尔克斯是陈忠实心仪的另一位文学大师。2001年2月,人民文学出版社出版了达索·萨尔迪瓦尔的《回归本源——马尔克斯传》。3月7日是大师的七十四岁生日。哥伦比亚驻华大使罗德里戈·格鲁宾是马尔克斯的朋友,他想在大师生日那天,举办这本传记中译本出版的庆祝会。这本书的译者胡真才先生受格鲁宾先生的委托,想请几位创作上受过马尔克斯影响的中国作家参加。

他想到了陈忠实。

陈忠实非常爽快地接受了邀请。这是他表达对大师的敬仰和感激之情的机会。

开会那天，他非常认真地阅读发到手中的材料，他对马尔克斯谈教育的两段话赞不绝口，说："大师之所以是大师，就是因为他看问题看得比常人要深远，要透彻。我们都在谈教育问题，但是很少有人说出这么深刻的观点。"

马尔克斯的一段话，谈的是国家的强制性教育对孩子的有害影响："在我们特有的强制性教育中，我们向来是强迫孩子适应一个他们没有概念的国家，而不是把国家置于他们身边让他们去改变它使它变得更加崇高伟大。这一切都压制了他们天生的创造性和直观能力，妨害了他们的想象力和早熟的视觉，阻止了他们心灵智慧的发展，以至到最后孩子们所理解的东西其实一出生他们就知道了：现实并非完全像书中讲的那样，他们的世界观更多的是同大自然联系在一起，而不是同成年人的天性；如果人们能做他们最喜欢做的事，生活会幸福得多，仅仅是让他干自己最喜欢干的事就够了。"

另一段话，是回答"我们怎样面对第三个千年"这个大问题的："回答只能落到教育上。从摇篮到坟墓的教育。一种非顺从的教育。一种更热情更有同情心的教育，它鼓励新的思维方式，使我们自己能置身于一个更温暖更和善的社会。

这种教育可以调动我们无穷的创造力,为我们要改善自己状况的热切而合法的欲望发明一种伦理和审美方式。一个伟大的现代诗人断言说,把艺术与科学分开就等于认为所有的姊妹都是敌人;教育可以按照这位诗人的计划将艺术和科学联合在同一个屋檐下。这种教育不是把我们巨大的创造力引向我们已遭受了数百年的暴力和破坏,而是最后为我们提供第二次得到土地的机会,这种机会是奥雷良诺·布恩地亚的后代们永远未能得到的。为了一个繁荣和正义的民族,我们必须想到一个孩子们身边的国家。"

会后回到住所,我们谈论的话题依然是马尔克斯,尤其对他获诺贝尔文学奖之后还不断有作品问世的不竭的创作热情赞叹不已。陈忠实很焦虑地说:"你看写完《白鹿原》一晃快十年了,没有写过一篇小说。一点写小说的冲动都没有。写散文的愿望倒是很强烈,而且自我感觉也好。"我说:"小说写不出来,就不要勉强。写不出来,还要硬着头皮写,这不仅写不出好东西,而且是不负责任的。写作得顺其自然。写不出来就读书,阅读是另一种形式的写作。"他说:"我的时间和精力浪费得太多了,浪费得太可惜了。回去以后得琢磨着开始弄了,不敢再耽搁了。"

他跟我谈到了他写作《白鹿原》的那些日子。那是一段宁静而美好的岁月。他进入了一种气定神闲、道法自然的写作状态。

一部大作品终于在从容、舒缓的写作中孕育成熟了。

这是一部大含细入、危惧悲呻的民族秘史。

在把它交给人民文学出版社的两位来取稿的编辑的时候，他想到了这样一句很重的话："我把我的生命交给你们了。"

等待结果的日子漫长而沉重。

也许是为了岔一岔等待的心焦，他回到了乡下。

过了些天，又回到了城里。

他问老伴有没有来信。老伴说，有一大堆，好像还有北京来的。他让老伴赶快去找。老伴把信拿给他，转身去厨房做饭。只剩他一个人了。他翻检到了那封他等待已久的信。

他打开信，站着，读，然后，大叫一声，坐到了沙发上，泪流满面。老伴闻声，慌忙跑过来，连问："咋咧？咋咧？"陈忠实半天说不出话来，过了一会儿，才简洁、有力地对老伴说："这下，咱不用回去养鸡了。"

信是高贤均写来的。他在信中高度评价《白鹿原》，认为它将成为文学史写作绕不过去的扛鼎之作。陈忠实曾给自己立过军令状，如果这部小说还不成功，他以后就不再写小说了，他要回故家老宅养鸡去呀。

现在，他不用再去养鸡了。《白鹿原》的成功是巨大的。它简直就是一个奇迹。在中国当代文学史上，像这样的沉郁浑涵的大作品，实在不多见。然而，巨大的成功，对作者来讲，往往意味着需要付出更大的努力才能跨越过去的窒碍。陈忠实在由他自己设置的障碍物面前徘徊趑趄,进退失据。他说自己被《白鹿原》给掏空了。他似乎真的成了一无所有的人了。没有写作的冲动。没有灵感的光顾。静寂的心灵之湖上,没有一缕风,没有一丝涟漪。这是令人不安令人焦虑的寂静。他试图打破这种死寂的状态。他开始大量地读书。他又回到了乡下,回到了白鹿原上的老家。他已经写出了一个短篇小说。他又写出了一个短篇小说。心灵的涛声越来越喧腾。夏天的原野宁静而辽阔,正在孕育着一个丰收的金秋。让我们祝福这位默默劳作的人。

附记:这篇印象记,是应《北京文学》之约,写出来的。屈指算来,已经是十六年前的旧文了。物是人非,幽明永隔,陈忠实先生离开我们,也整整一年了。在二十多年的交往里,推心置腹的纵谈,自然不少,但有些话,现在可以写出来,有些话呢,只能俟诸来日。更何况,自去岁以来,意绪纷纭,根本没有追忆故人往事的心情。虽然,我知道,这旧日的温吞水似的文章,显然很有些不合时宜了,但其中的记叙,大抵是真实可靠的,因而,用以表达对逝者的怀念,或许也还是合适的。2017年4月26日,记于江南。

(作者为中国社会科学院文学研究所研究员)

陶塑《白鹿原》创作往事

李小超

听到陈老师去世的消息时,我们一行人正在秦岭深处考察古村落,我坐在一处老屋大门前漆黑的石头上,久久不能起立……

记得初次和陈老师见面是1998年,在西安的签名售书现场,也是陈老师获茅盾文学奖不久。那天,我新买了本《白鹿原》,带着我创作的一件小说人物形象陶塑,排队等候陈老师签名。到了跟前,我说:"陈老师,我叫李小超,老家礼泉的,你看这像谁?"陈老师先是为之一愣,随后脱口而出答道:"白嘉轩。"我听后很开心地向陈老师说,我在礼泉老家正把他的小说《白鹿原》变成场景式的一组组的陶塑,估计再有一半年时间就会完成,到时想请他去看。陈老师说:"好!我一定到礼泉来看!"

创作陶塑《白鹿原》的想法,源自1993年一个冬天的下午。我哥从西安给我带回一本《白鹿原》，说这本书值得好好看，里边的人物和描写关中道上的生活场景和我这几年创作的乡村题材陶塑很相似，好好读一下陈老师的《白鹿原》，对我的创作帮助会很大。接下来的日子，我在老家院子的厦房里开始读《白鹿原》，十几天阅读下来，我不但看到小说里每个主人公从里边走出来，每个场景更像电影画面一样在我眼前浮现，让我激动不已。恍惚间看见他们好像在墙角一大堆红胶泥里站着，等待我把他们一个个拉出来。

转眼到了1994年春天，我开始有意识地走访关中的老村庄，研究考察房屋建筑风格及各式各样的生产农具、生活器具，观察乡里人的生活状态，用了近两年时间做了大量的文化考察笔记和速写。在反复熟读《白鹿原》同时，创作陶塑《白鹿原》的框架越来越清晰了。白嘉轩、鹿子霖、朱先生、鹿三、黑娃、田小娥、白灵，这些众多的人物形象伴随着白鹿书院、忙罢看戏、白灵满月、交农事件、镇压黑娃、朱先生葬礼等近八十多组场景式的雕塑草图勾画出来了。

1996年深冬，白茫茫的大雪覆盖了整个的村庄，我在自己简易的工作室里生起炉火，进入到《白鹿原》陶塑真正的创作阶段。

时间一天天流逝，《白鹿原》里众多的人物和立体场景雕塑，一天天摆满工作室的角角落落，我深感自己像一个舞台话剧导演，按照既定的轨迹安排雕塑人物的命运，让他们穿插在我已布局好的场景之中。

到了1998年下半年，陶塑《白鹿原》系列创作总体进展顺利，已完成过半。签名售书现场和陈老师的这次见面，坚定了我的创作热情，他的肯定和鼓励，也印证了用雕塑这种艺术手法表现《白鹿原》的可行性。

在接下来的两年多时间里，我和陈老师多次联系，交流创作中的一些困惑和想法。陈老师每次谈完最后都会说："你按你的想法去做，就好！"随着时间的推移，乡下老家的工作室、卧室、后院临时搭建的柴棚里，都塞满了《白鹿原》里大小不等的场景及雕塑人物。在后院砌起的柴窑几年炉火不息，阴干的泥塑人物、场景、道具装进窑口，一个多礼拜后出窑，变成一件件陶塑作品。家里的柴火很快烧完了，邻里之间的柴火烧得也差不多了，只好让亲戚朋友帮忙用车子拉些柴火过来。

1999年年末，世纪之交，我拨通了电话给陈老师，说："陶塑版《白鹿原》已创作完成,您抽空过来看看！"陈老师回答说："好！我这几天就过来！"

在一个干冷的早晨，陈老师带着西安电视台的记者毛安秦一行人来到了我礼泉的老家，一进门他就被满院土黄色的雕塑群震惊了，走到朱先生葬礼雕塑群前，他激动地向记者们介绍：你看，这是朱先生，这是白嘉轩……记者们也被这样的艺术景观所感染，积极地投入到拍摄与采访之中。在接受采访时，陈老师说：这些雕塑展现出故事发生的氛围和人物个性，惟妙惟肖，对我来说是一次难忘的经见。对于自己并不熟悉的雕塑领域，陈老师从不擅发评论，而总是抱着欣赏、鼓励的态度，其大家风范令人敬佩、感动。

2000年，陶塑《白鹿原》在西安首次展出，各大媒体给予了很大关注，紧接着受邀在德国进行了为期半年多雕塑展览。2003年在咸阳图书馆展出时,陈老师一行专程从西安赶来。他在开幕式后的雕塑作品研讨会上说道：这是我第一次全面地欣赏这组庞大的雕塑群，气势很是震撼，让我很受感动！过了一个多礼拜，陈老师打来电话说陶塑《白鹿原》可以在当年三月份北京中国现代文学馆进行一个月的展览。咸阳展览完不久，他多方协调、联络，陶塑版的《白鹿原》从咸阳启程，2003年3月1日，在中国现代文学馆隆重展出。《白鹿原》小说本身的艺术魅力，给了我的雕塑以更加鲜活的生命力,《白鹿原》小说在全国的巨大影响，也使得这组源于小说的陶塑作品备受赞扬。可以说，在我塑造《白鹿原》的同时，陈老师和他的《白鹿原》所给予我的文学滋养，也塑造了我的雕塑。雕塑和《白鹿原》的结合，当时还在媒体上引出了一个新名词：陶塑小说。展览期间，中央电视台《新闻30分》做了专题报道。随后，我携带陶塑版《白鹿原》又受青岛雕塑艺术馆的邀请，当年的四月下旬在青岛展出。七月，又在南京艺术中心展出。

创作系列陶塑《白鹿原》是我雕塑生涯中一段十分宝贵

的经历。我有幸结识了陈老师并得到他的帮助、教诲，有幸相遇了当代文学的巨著《白鹿原》，这一切让我终生受益，想起来至今心存感念。令人欣慰的是，《白鹿原》系列雕塑，先后被多家艺术馆收藏，中国美术馆收藏了《围城打夯》六组，中国现代文学馆收藏《白鹿书院》，德国慕尼黑艺术中心收藏《白鹿原》人物系列雕塑作品，青岛雕塑艺术馆收藏《忙罢看戏》，陈忠实文学馆收藏《白灵满月》，等等。他们在不同的地方流传于世，也算作是对陈老师最好的纪念！

（作者为雕塑家、画家）

你是一座大山

——陈忠实和我的点点滴滴

李　星

习焉不察、见惯不怪的惯性生活是一种可怕的力量，它可以摧毁人对事物的惊奇与新鲜感，也可以摧毁人对事物的激动、痛苦、快乐，使人变得迟钝、冷漠、麻木。我对陈忠实就是这样的，因为长期交往、共事，因为在我们之间除了文学这根筋之外，还有那么多同事与同事、朋友与朋友、领导与被领导之间经常会有的那么凡庸的事、琐碎的事、世俗的事，我也对他失去了面对一个陌生人那样的新鲜感和敏锐。正是在这种心理状态下，应一杂志之约，二十年前我写了一篇《重构一个陈忠实》一文，企图从文学和人格境界上还原一个陈忠实。在忠实离我们而去的今天，又有人约我写一下陈忠实，因为不愿与前文重复，我只好从我与他之间的关系写起。其实我也很想有这个机会，面对他的高贵的在天灵魂倾诉可能至今还被外界一些人误会，并也曾经一度被忠实兄误解，却在知天命之年之后又惺惺相惜的相识与交往。

一、初识与初交

因为多年在文学刊物编辑部评论组当编辑，日常如收稿、看稿、发稿工作量并不大，就开始对报纸杂志阅读的小说由口头评价到写成文字。投稿、退稿、发表，从未想到要、或者值得出一本书。到了90年代初，文化、批评界的朋友们也兴起了出书风，哪怕花钱也得出一本书。出书花钱，花钱出书，而老家有父母、西安家中有三个正上学的孩子的我却是不愿，也拿不出几千乃至上万块钱。直到九〇年间我听说陕西教育出版社因经营很好，有一个资助文学创作、理论批评作者的"又一村"丛书出版计划，我才编了一个约有二十万字的论文集，忐忑不安地找到提出这计划的总编陈绪万先生，出了一本十五六万字的论文集，不仅免费，因为营销成功，还发了五六千元的稿费。以后又在其他出版社出了两本书，因为赔钱，稿费折成了近百本书，书也印得十分简陋，就有了能出一本在人前拿得出手的书的渴望，但也只是在心里。直到齐雅莉任省委宣传部文艺处长时，我虽已退休，但经常被招去参加部里一些文学会议，对我十分客气、亲和。在一次会议间隙，她很真诚地对我说："李老师，你要有什么事要办，就直说，我会尽力去办。"看她真诚，我就有了勇气，说了我的渴望，想不到她慨然应诺："省上有一笔出版基金，我给出版局吴局长说,实在不行我另想办法。"并说你现在就可以编了,编好有个预算告诉我,我很快就编了四卷本的文集,考虑到早在九一年我出第二本集子时,朋友晓雷就主动代我让路遥写了一篇序(我当时确实没有想到);2004年贾平凹在出《朋友》一书时,发现他写"朋友"的文章里竟没有我,就匆忙写了一篇《李星》。大家就是大家,路遥写的《懂生活的评论家》,直击我批评的基本特征,贾平凹的文章只有七八百字,却似乎发现了一个我自己也不知道的我,生动形象,直入神魂。陕西文学三大家,两家都有了文章,缺了陈忠实似乎不合适,就平生第一次主动打电话,以商量的口气,问他能不能写一篇序。不是为了拉大旗作虎皮,而完全是情感的需要。

这里要补叙的是,我此时与陈忠实一个时期以来,自感微妙的朋友关系。从1973年忠实在《陕西文艺》发表《接班以后》,和1974年的《高家兄弟》以后,我们就因互有好感有了一些交谈,但因我在编辑部评论组,不管小说,并没有更多的接触。直到70年代末、80年代初的一个春日,担任了灞桥区文化局副局长兼文化馆长的他,突然通过公用电话说请我去给他们馆的文学爱好者讲一下文学和小说,除了会议即兴发言,这是平生第一次有人请我去讲文学。我自然客套一番,最后还是答应了。因为路不熟,交通又不顺,我换了一次车,上午九十点在灞桥西下了车,忠实已在桥头等我,我说敢叫老兄接这么远,他说讲座的地方在街上一户人家的空屋子,你找不见。面对十几个基层文学爱好者,我讲了一个多小时,又同大家讨论了一些创作问题,已经过了十二点。忠实又领我去了他租住的一间土墙小屋,一床一桌一椅,自然十分简陋。当时他一月工资只有三十多元,我最多五十多元,他捅开冬天生火的炉子,给我和他每人下了一碗事先备好的手工面,吃的是他不知什么时候炒的葱和青菜。那时我们都很年轻,又都是农家子弟,他和我都感到十分自然。要知道,当时粮食定量,粗细粮有比例,还多亏了他在村子有地,能吃一碗白面捞面条,已很难得了。记得饭后,我们挤在他的比单人床稍宽的床上,先是聊天,后来就都睡着了。等醒来时喝了杯热茶,竟然到了四五点钟。他还是坚持要送我到桥西的车站,在从灞桥东头到西头的过程中,陈忠实第一次说了对我讲座的看法:"今天你讲的其他,我都知道,就是你说的对人物进行心理分析、心理描写,要从平时把握自己心理,分析自己心理开始练习,对我很有启发。"听到他这句话,我忐忑的心才放下来,自己究竟说了一个让老陈记住的话。这时残冬犹在,西斜的太阳已经距桥对面远处西安市区的建筑和树木很近了,红中带黄。不知为什么,这红中带黄的苍白的太阳,同忠实在桥上平静的对话和漫谈,却深印在我记忆的深处。可能是因为一个已经写出了很好的小说,平时谨言慎行的兄长,那么郑重地肯定了我的原因吧。

此次灞桥之行的第二年三四月,陈忠实又捎话给我,约请路遥、邹志安、郭京夫和我等七八人周末去灞桥观赏"灞柳风雪"。由于"文革"影响,只有灞桥东侧通街巷的路边有数棵新栽不几年的单薄的柳树,时令似乎已过,并无所谓柳絮飞雪,只看见带叶的新枝在微风中摇曳。活动的主要项目是在他租住的农家喝啤酒,吃酱猪头肉。肉盛在大如缸盆的老瓷碗中,喝酒的碗小一些,用的是农村人过事盛菜的粗浅的装碗。一群青春正旺的文学青年,坐在房东家的长板凳上,大口吃肉,大碗喝酒,大声嚷嚷,已经记不得当天谈话的内容了。我因不善饮酒,在旁边孤独地看着贴在一面土墙中间十六开白纸上,陈忠实用毛笔书写的"乡风"两个大字,才知道那个时候,他已经开始练字了。主食吃的是陈忠实从外边买的大白馒头,好像没有准备菜,直接用馒头夹猪头肉。

1982年,经多方努力,忠实的工作关系调进了作协,1984年还在前楼分了一套两室无厅的房子,里面只支了一架从单位领来的旧单人床,后来还配了桌椅。忠实进城开会回不去时,晚上就住在那里,吃的是自带干粮。如果只开上午半天会,他就来老婆孩子已进西安的我后院五楼的家中蹭一顿午饭,有啥吃啥,西红柿鸡蛋面、糊涂面、烩面片,匆忙填饱肚子就赶车回西蒋村,或出去办家人安顿给他的事。有一次听说他也爱吃苞谷面搅团,而我家中却没有农村人送的新玉米面,他说,只要是搅团,粮站买的面也行。因为粮站的面太陈了,而且带着苦味,汤也只是葱花青菜汤,见他进来,

1988年夏。太白山。陕西长篇小说创作研讨会。右起：陈忠实，王宝成，京夫，李若冰，汪炎，李星，高尔纯，阎文俊，邢小利，韩鲁华。

我忙道歉。他却说："就这，咋也比面好吃。"当我把浇了菜汤的一碗"水围城"端给他时，他也不说话，呼噜噜几口就喝光了，还让再盛一碗。连我这个爱吃搅团的人也吃惊不小。他曾经对我说："咱两个人的老婆都曾是农民，对咱们是粗放饲养，人家畅广元、王仲生的老婆是知识分子，是粗细饲养。"

二、因《白鹿原》而深交

他和我关系的深入是1993年的夏天，《白鹿原》一鸣惊人以后的一天中午，我俩从办公院穿过张学良公馆北侧的建国三巷,走回家属院,准备各自回住在同楼不同单元的家,在过他住的单元时,他突然说,你不回去了,到我家凑合一顿。因见他诚恳,又好像有话要说的样子,我就答应了。到了他家,除了儿子上学未归,妻王翠英和两个女儿黎力、勉力都在,吃的大概是面条,只是菜比我家切得细致,他好像还开了瓶啤酒,给不能喝的我的一只杯中也倒了一点。他举起杯子正要喝下去时,他却突然停下来说:"今天是阴历6月22日,实际上是我的生日,正式庆祝是阳历日子,不算庆祝,叫李星过来是心里高兴。"说完这句,他突然面向两个女儿,郑重地说:"以后你李叔就是我的朋友,也是你们的长辈,咱家的朋友,你们也要尊重他。"

其实他的两个女儿因为与我的两个女儿年龄相近,已是朋友了,可能还因为我和自己父亲的关系及对《白鹿原》的喜爱,以她们的年龄也感觉到了,对我早已十分亲近。并对我女儿说:"我爸平时对我们很严厉,不像你爸对你们那么随和,我们都喜欢李叔。"

我同忠实之间一度出现的隔阂和误解是在忠实当了主席,成为作协事实上的一把手之后。我一向认为,作协机关是个文学闹市,许多人看起来忙忙碌碌,实际上都是鸡毛蒜皮的事,并不关系国计民生,以陈忠实的影响完全没有必要介入到这些具体事物中去,只要把握住方向和在重要事情上指导一下就行了。我多次劝他:"人心不足蛇吞象,你办了十件好事,一件事不遂人愿,就把人得罪了。作为一个大作家,何必把自己的人缘、好心贴赔进去。"他开始还能一言不发,到后来就渐渐疏远了我。虽然如此,1995年10月,中国作协在大连召开全国中年作家座谈会,一个省只能有两个作家名额,忠实却派了并不创作的我和高建群,我因之成为出席这次会议的唯一一位有评论家身份的代表。也正是这段时间,我九十多岁的父亲在兴平老家去世,我向办公室请假回家葬父亲,并没有告诉忠实,想不到第三天他却同李国平驱车数百里到我家吊唁、慰问,车顶上路过咸阳买的大花圈,已被风吹得几乎剩下了竹架子。我知道虽然说不到一起了,但他在内心却从未忘记我这个朋友。2005年我儿子结婚,我并未惊动太多的朋友,他本来可以大小送一份礼就足够了,却亲临婚宴,并一坐到底。

三、生死见真情

在1995年大连会议过后的十一月份,我应中国作协之邀首次参加了第四届茅盾文学奖初评工作,由从北京市作协调来不久的陈建功主持。第一次参加如此重要的评奖,我特别认真负责,每日上下午和看完《新闻联播》后的晚上都读书、开会。大概厨师是南方人,又已入冬天,当时鲜菜很少,每天几顿饭都是浇了黄糊糊甜汁的炸冻鱼、冻鸡,面食很少,我吃不惯。到十几天会议结束,我已累得头晕腰弯。回到西安没过几天,就有了病的迹象,白天精力涣散,晚上整夜睡不着觉，吃了许多镇静的药不仅毫无效果，而且越来越严重，走在街上看周围人都变了形，晚上一躺下就噩梦连连，汗水湿被，起来一看表才过了几分钟，坐起来，一会儿又困得不行，才躺下又被噩梦惊起。如此过了几十天，已到1996年了，春节临近，我依然度日如年，生不如死，痛苦不堪，就有了自杀的念头（后来听专家说精心筹划自己自杀是此病的主要特征）。在一个周日的早晨，我溜出家属院大门，进了有一张小床的办公室，用电热杯烧好开水，写完叮嘱忠实等朋友关照家人的遗嘱，放在案上显眼的地方，然后吞食了前些日子开的一整瓶安定自杀。因为一个冬天我未在这张床上睡过，这里无被子，只有一件单位发的偶尔值班的棉大衣，身上就盖着它，半截腿和脚仍露在外边。这时刚过了7点。满以为从此就长睡不醒告别人生苦难了，并毫无留恋。不知过了多长时间，突然感到尿憋脚冻，就想坐起来小便，想不到脚刚伸下床，我就昏倒了，并砸倒了放在床边的藤椅。朦胧中听到对门的陕北诗人远村跑出来，推门不开，就透过窗子惊呼。等再一次醒来，我已知道自己坐在一辆小车后排，身子靠的是陈忠实。据远村后来讲，他从窗户上看到躺在地上的我，先去家属楼上告诉了礼拜天正好在家的陈忠实，忠实马上让他去通知我家，因我儿子上班已走了，就喊上住在他楼下的《延河》杂志主编徐岳，三个人一起抱着我坐上出租车，就近去了几家医院，人家都不收，最后才送到部队办的西京医院。

等我又一次醒来时，已经到了这天的子夜，忠实、徐岳累了一天都走了，搀扶我上厕所的是徐岳的大儿子小卫和我儿子。后来才听李国平讲，因为此前已有医院诊断我是抑郁症，忠实将他和作协年轻的副秘书长徐晔叫去叮咛："你们俩以后啥都甭干，就领着李星治病。哪里能治就去哪里，他要找地方疗养，想去啥地方就去啥地方。单位没钱，我上省委要。"更令我刻骨铭心的是他当众说的一段话："作家常常是自己冒出来的，而评论家却是长期积累、熬出来的威信，文坛才承认的。不是你读过些文学书，能写文章就是评论家。"在我治病期间，已回乡下的他特意委托妻子王翠英送来了他新出的散文集，并在扉页上写着："衷心祝愿你能像以往那样神采飞扬！"

那个时候，社会上还有许多人对抑郁症没有科学认识，认为是想不开所致。单位也有人议论，李星是嫌忠实没有提拔他；更有人甚至认为我是借此向老陈"撂挑子"。但以上的言行都无可辩驳地证明，忠实的心到底有多大，站得有多么高！对我寄托了多大的希望和期待。正如他在给我的文集序言中所说的："自从李星电话告知要出文集并约我写文章的那一刻起，短暂的兴奋之后便陷入犹豫不定的矛盾心理，是侧重于李星文学评论的贡献和评价，还是偏重于几十年来我所看见的评论家李星，包括个人的友谊和情感竟一时难以决断难以下笔。后来促使我作出倾向性偏转，既有理性的判断，也受情感的驱使，理性地估价和评论李星对新时期文学，特别是陕西作家创作发展的强力促进,早已形成超出文学圈的普遍性社会影响,早有公论;李星对我创作的真诚关注和以文学为纽带的友谊,却只有我直接地感知,我不逮住这个机会表达出来,就可能留下遗憾……我回想从认识到相处三十多年的人生历程,共同经历多少事,说过多少话,写一本不厚的书也足够了,于是便筛选,似乎没有多少工夫……"这里传达出的关爱和深情厚谊,与2000年前后他当面对我说的:"回想几十年与你我之间的点点滴滴,我记住的都是温暖的。"源自同一种对我们之间由文学事业所结成的从未间断的友谊,它们是否还包含着他对当初误解的化解和补偿。对于陈忠实这样耿介刚强、谨言慎行的关中汉子来说,能如此对一个他曾经一度恨铁不能成钢小几岁的朋友来说,是多么难得啊!被他的深情所融化的我也终于理解了当时他是怀着多么大的决心,要重建省作协威信和作用的努力,兑现他在荣任省作协主席以后所许诺的:要让陕西作家有一个好的写作环境,有白馍有肉吃,努力实现有大关怀、大气魄、大作品的目标啊!而正在他以理想主义者的精神为此而竭尽全力时,我却以私谊而慑于世故,劝他明哲保身,当个"德高望重"的和事佬,怎能不让他伤心、烦恼,甚至产生误解?

  我想到了人与人之间什么样的关系才能叫朋友关系?政治上的联合结盟叫朋党,利益上的结盟叫互相利用,丧失自己人格的投靠叫攀附,为这一个朋友出卖另一个朋友是背叛,无原则的吹捧叫媚友。只有葆有自己人格的独立性，勇于向对方敞开心扉，并能批评对方的朋友才是真正的朋友。"和而不同"，"朋而不党"正是为古圣贤称道的最高朋友境界。忠实和我的关系，起先是生长环境、性格习惯大致相同的亲近，后来发展为事业理想的相互理解、相互激励。虽然因为一些特殊原因，曾经产生过误会，一度有所疏远，但可贵的是，初衷始终未改，困难时能够从对方身上找到温暖、安静，在关键时刻伸手相助。

四、告别老友

其实，在此前三四年身体就向忠实发出了几次严重的警告，但他却总是头痛医头，治治标而已。不愿彻底住院检查。2015年3月我电话请他参加教育家丁祖诒逝世三周年纪念会，他说老丁是个好人，当年就写过他的文章，现在身体不好，就不参加了。我说，这几年你老说自己有病，很少出来活动，我看你好好的，这样不病也闹出病来。他无奈地说："你不知道，你不知道！"过了一个多月，我就听到了他患癌住院的消息，我当即赶到医院，看到他像1993年夏在半间屋的凉草席床上午睡的样子，情绪尚好。就找了一些有关他的孙子与我的外孙已很亲密，他们之间以幼稚的口气怎么互相吹嘘自己的爷爷，他孙子怎么聪明，怎么已经表现出领导力，将来也是个领导的趣事，以及同我住一个楼的他的儿子、儿媳、孙子已视我为亲人的话逗他开心,他露出发自内心的笑容。其实,我最担心是他因想不开而影响情绪加重病情,就提到了他在路遥追悼会上智慧的讲话,说现在命运的石头砸中了咱自己,你我都七十多岁了,比路遥多活了二十多年,现代科学发达,坚持一下,就八十了,也没有多少遗憾了。他应该是听进去了,一脸的释然。送我出来的时候,陈勉力对我说:"李叔你放心,我爸是个作家,他不会想不开的。"

中间我几次打电话问他的病情,想去看他,遇见他情况好时,就说几句鼓励的话,遇到他情况不好时,我自己先忍不住,泣不成声,他反倒安慰起我。得到他逝世的消息,我给勉力打电话说:"不要太难过,你爸解脱了,再不受苦了,照顾好你妈。"追思会上,我开始尚能强忍住,但当走到他视我如亲人的两个女儿、儿子、儿媳、孙子面前时,黎力一声略带哭腔的"李叔",却突然令我放声大哭,难以自抑。

敬爱的忠实兄,安息吧!你永远活在我们心中!

(作者为《小说评论》杂志原主编)

去南海栽一棵树

刘醒龙

认识陈忠实是在海边。

那是2003年12月底,俗称圣诞节的日子里,一百万字的长篇小说《圣天门口》终于完成了,带着闭关六年间对家人的亏欠,偕妻子和女儿到海南岛休息。本意是想悄悄的不惊动朋友,直到一家人离开海口时,才发短信给蒋子丹,告诉她我来了,不想打扰她,但还是知会一声,现在去三亚了。谁知蒋子丹马上来短信和电话,说她正在三亚陪着陈忠实,还有李国平等人。且不由分说,在我们一家到达三亚后,硬是接到与陈忠实等人同住的一家酒店。原计划私下的家庭休闲变成了公开的文学活动。印象很深的是,女儿见到陈忠实后非要喊爷爷,我不同意,让喊伯伯,女儿又不同意,觉得陈忠实比爸爸老很多,只能喊爷爷。实在没办法只好由她去。那天我们搭乘警备区的交通艇去了一座没有对外开放,全部由部队驻守的小岛,从满是贝壳的沙滩码头上岸后,一队被海风吹得黑亮的年轻士兵在木栈道上列队迎接,他们冲着走在最前面的陈忠实齐声喊道:"首长好!"背着一只黑色单肩包的陈忠实一时没有反应过来,陪同上岛的警备区政委在他身后小心提醒一句,陈忠实才像有点羞涩地大声说了一句:"该干什么干什么去!"惹得跟在身后的我们想笑又不敢笑。那座神秘小岛除了军人再无他人。动物也只有两条狗,一条是公的,一条是母的,士兵们给这两条狗取了台湾岛上那对中华民族永远公敌的名字。我们如此叫着那两条狗,它们马上跑过来。陈忠实也学着叫,那两条狗却不大听他的。大家就笑说,陈忠实的陕西话很深奥,它们听不懂,正如那时台湾岛上的有些人听不懂我们的善意。

　　岛四周的海却是懂得一切。女儿在环岛的沙滩上,欢天喜地地拣着贝壳珊瑚,大人们面对深蓝的大海唯一的选择是沉默。天水茫茫,巨浪无边,那些不同于别处的海水,仿佛看得见年年月月台风刮过的痕迹。一般人上不了这岛,上了岛后任何人都要种下一棵树,这既是责任,也是纪念。我们一起在岛上的人工树林中合力栽下一棵树,那次,是这辈子栽树事例中最神圣的一次。能在祖国的最南端,栽下一棵将个体荣耀与民族兴盛紧紧联系在一起的命运之树,实在令人激动,也令人感慨。只是女儿还不到五岁,不懂得人间还有比快乐淘气更为紧要的庄重与庄严,硬是从一脸严肃认真的部队首长那里拎过那如黄金般珍贵的淡水,用自己的小手浇灌给小树,弄得在场的官兵们不知如何是好。半年后,陈忠实成为我们一应作家的团长,率队重走长征路,从南昌出发,翻过贵州境内的梵净山后,我们在住处的院子里,面对一棵小小的红枫叶树,突然说起在南太平洋的小岛上一起种下的那棵树,还有我那淘气的女儿。女儿的情况我当然尽知,但是那棵树,那棵我们一起种下的树,我们一起种在国土最南端的那棵神圣而庄严的树,虽然相隔只有半年,却无从尽知。那些摧毁力超乎想象的风雨对我们栽下的那棵树有过何种的滋润?那里的海涛对我们栽下的那棵树有过怎样的侵袭?我们共同的想法是,只要那棵树能活下来就好。

2006年4月20日在汉口百步亭又见到陈忠实,之所以要特别提及这个日子,是因为那天他从东湖边归来,冲着我发了一声感叹,说东湖哪里是湖,完全是海!屋里的人很多,陈忠实是看着我说的,他一定是又想起南太平洋空阔无边的波涛,还有被波涛团团围住的那棵由我们四只大手栽下去、再由我女儿那双小小手浇水灌溉过的杳无音讯的树。当时我没有反应,多年之后,我才想起,在那一刻,我本当要回答一句的,却没有回答。也是在这次见面的前前后后,因为《圣天门口》的出版,我接受了不少于百次的访谈与采访,我多次说过自己读书的真相,却没有一家媒体如实登载过,这是为了我好,害怕我这大实话一出来,会得罪一排人。我说过这样的话,当代中国作家的作品我读过三遍的只有《白鹿原》。那次见面后二十天,陈忠实寄来我代朋友索要的他的书法:"胸中云梦波澜阔,眼底沧浪宇宙宽。丙戌书古诗原下陈忠实"。这样的诗句也是海一样的情怀了。当陈忠实说东湖是海时,我本当要告诉他,《白鹿原》的文气像海洋一样!

为人当胸怀江海!生长在滴水如金的黄土高原上的陈忠实,慨叹东湖如大海时,是用自己的心胸装着宽广的海洋。

2008年1月7日正好是周一,我在西宁参加由《芳草》杂志推出来的青年作家龙仁青的作品研讨会,早上9点整,正是北京那边的上班时间,忽然一连串地接到中国作家协会几个朋友的电话。几位一上班就分别收到由武汉市钟家村邮局寄出的匿名信。经历过"文革"等种种运动的他们,普遍痛恨写匿名信的行为,也不相信匿名信,所以才告诉我当心小人。元旦前后,中国作家协会颁布了第七届茅盾文学奖评奖条例,面对与此相关的不正常的文坛躁动,我只能说无聊,甚至连无德都不想说。话虽这么说,心情还是相当不好,曾经很自信,这辈子没做什么能遭人泼污水的事,却还是遇上了。原本打算回家的,却改了行程,第二天去了九曲黄河第一弯的循化,忽然发现黄河之水也能如此清澈。所住的循化宾馆201室,隔着两堵墙就是十一世班禅参拜十世班禅故居时住过的205房。那天下午,我们一起前往十世班禅母亲的家。接下来的一些事情,当地人评价说,是非常吉祥的。于十分复杂的心情下,我写了一首歌不是歌、词不是词的文字：雪山想念天鹅，哈达想念卓玛，彩云一样梦幻的姑娘，是雪莲中的雪莲。酥油灯点亮千年高原，吉祥湖畔开满花朵，啊雪莲中的雪莲，你的眼睛是我的错，你的泪水是我的错。草原想念羊群，白云想念情歌。羊圈中生下你的阿妈，是卓玛中的卓玛，小小女儿要牵苍老的手，忧伤的爱禁不起祝福。啊卓玛中的卓玛，你的泪水是我的错，你的眼睛是我的错。写完之后，也不知为什么，忽然想起来发短信给陈忠实。陈忠实不会发短信，他马上来电话，说自己高原反应严重，一直不敢来这些地方。听说我们回程要路过西安时，他很高兴，还特别说，很想见见与我同行的朱小如。他那一声"多年不见朱小如了"，不知有多少情怀在其中。

2008年1月10日从西宁飞西安的航班一再延误，一直到傍晚6点20分才起飞，到西安后，正在取托运行李，女儿来电话，祝爸爸生日快乐。机场外，也在三亚认识的李国平已等候多时，陕西省作家协会办公室主任杨毅亲自驾车进城。到了市内，径直去餐馆，陈忠实率红柯、周燕芬和李清霞等已等候多时。

见面后我将在西宁机场买的一盒雪茄送给陈忠实。刚寒暄了一会儿，陈忠实就主动提及《圣天门口》，他用那天下独一份的陕西方言，说起马上要评的第七届茅盾文学奖，并说《圣天门口》肯定会如何。可以肯定陈忠实说这些，不是关了一盒雪茄的原因，在陈忠实眼里，天下雪茄都不如被关停的宝鸡卷烟厂出产的七元钱一盒的雪茄好。借着高兴，我先说，第四届时，我的长篇小说处女作《威风凛凛》就与《白鹿原》一道入围初评的前二十部。接下来我再将前几天有人写匿名信的事当众说了，形容这是前途险恶的凶兆。陈忠实闻听哈哈大笑，然后说了两个字：喝酒！一杯酒喝下来，陈忠实再次冲着我笑，这一次的笑却是意味深长。2011年8月，《圣天门口》之后创作的长篇小说《天行者》获第八届茅盾文学奖之际，想起当初陈忠实的笑声，顿时明了个中滋味。

说话间，朱小如透露今天是我的生日。陈忠实连忙让李国平安排，人在旅途，遇上这样一群好朋友，既吃上了寿面，又吃了蛋糕，一位在西安很红的民间歌手，追着陈忠实而来，也顺便唱了一首生日歌，真的很是惬意，一时间就将那匿名信的不快丢到九霄云外。在西安的第二天，李国平带我们去陕西省作家协会转了一圈，得知陈忠实的办公室是当年"西安事变"时，张学良用来关押蒋介石的地方。我也找到机会难得大笑地说，这就对了，这样的房子只有像陈忠实这样的人住在里面才镇得住，别的人待在里面怕是要出问题的。2008年10月28日下午，从北京传来第七届茅盾文学奖终评结果的消息，在许多打来宽慰的电话中，让我既觉得意外、又觉得感动的是陈忠实。正在和妻子儿女们一起吃晚饭，陈忠实的电话来了，在话筒里长叹一声，说简直不敢相信，前些时，他还在《西安晚报》的访谈中，预估《圣天门口》最有可能获奖。陈忠实也不知说些什么才好，只是一声接一声叹息不停，就这样持续了近十分钟，一直不肯放下电话。那样子就像是陈忠实自己犯了错，明明公开对记者们发布了个人预测，而今又没有兑现，陈忠实说，这叫我如何与记者们说呀！到头来反而是我劝他，说自己的作品，一定有写得不好的地方，让人揪住了，而当初敢于替《白鹿原》担当的像陈涌先生那样的人又没能出现第二个，出现如此结局也是可以理解的。这一次，我算是又与陈忠实合力栽下又一棵树，只是这棵树是无形的，用肉眼看不了，用文字也难叙述，但它是文学的风骨气韵，更是人格的清洁爽朗。

曾经收到一封电邮，落款是陈忠实，内容则是推荐某个青年作家的作品，粗读一遍发现不是那么回事，再细看更发觉多有不对，比如对方称我为"您"，这显然不符合我与陈忠实一向交流的语境。于是打电话过去问。陈忠实没有直接表示什么，只是说曾向一些青年作家推荐我编的杂志，却从未推荐过具体的作品。这种事情换了别人可能会不高兴，发发脾气也是正常的，陈忠实在电话那边不轻不重地说了几句，就将此事一笔带过，再没有表示要追究对方的意思。如何对待这种成功心切、时常使些小手段的青年作家，陈忠实又像在海边栽小树一样，在风狂雨暴的季节，重要的是呵护。

2012年5月26日，我开车去甘肃参加一个文学活动，要经过西安，途中约陈忠实，到西延路上的一家酒店小聚。我刚到，陈忠实就来了，还令人惊艳地带来一箱白鹿原出产的樱桃。正是收获高峰季节，那樱桃特别红艳，而我又是格外喜欢樱桃的味道，一口气吃下许多，甚至还约有机会去白鹿原，坐在树下吃那樱桃。陈忠实很高兴，历数陈世旭、刘兆林、舒婷、张炜等朋友，都去他家原上吃过樱桃。第二天一早，我开车继续去往兰州。天黑前，到达兰州城外一处度假村，一帮当地与外地的作家先到了，在那里美美吃着烤羊肉，喝着鲜啤酒。我将自己吃剩下的半篮子红樱桃拿出来，初时无人动手，待我说起这是陈忠实在白鹿原上亲手摘下的樱桃时，不知从哪里伸出来那么多的手，眨眼之间就被抢得精光。吃完以后还有人盯着汽车后备厢，以为那里面还有。

  2014年8月19日，《芳草》杂志到西安办一个活动。那天西安城内发生了一件令人啼笑皆非的事情，有两拨人在同一酒店喝酒，因为口角进而互相打起来，其中一方打了对方的人后，发现被打的人是区委要员，打的人是个小官员，也没有人逼他，自个主动下跪道歉，而那区委要员也下跪请对方起来等等。大家说笑话时，我给陈忠实打电话，告知自己来了西安，因为日程太满，只有第二天中午有空，问能否见面聊一下。陈忠实稍一迟疑还是同意了，我找好地点后，告诉他，他说自己会准时来。回头再给李国平打电话，要他届时也到场聚一下。李国平听后，一连两遍问是不是明天中午，还说老陈中午有午休习惯，是绝对不见任何人的。听到我绝对肯定的回答后,李国平很感叹,说你的面子太大了,这是他认识老陈以来,头一回见他中午出来见朋友。李国平的话说得很严重,我想想也觉得太严重,为什么要生生破坏他人多年养成的良好习惯呢,第二天早餐后我发短信给陈忠实:"中午就不打扰你了,你先好好休息,我们在酒店吃过自助餐后赶着去华山看看!醒龙。"那天上午我有讲座,9点30分结束时,陈忠实刚好来电话,遗憾地表示,然后约下次见。中午李国平来小坐,说起来才知,老陈情况不太好,陕西作协党组正要向省委报告,催促老陈到医院仔细检查一下。那一刻,我们的心情突然沉重起来,当然,也更加觉得,自己主动取消的本该是中午的小聚,不管成与不成,于情谊是何等珍贵。

2015年7月7日,我去北京参加中宣部一个活动,在八大处报到以后,朋友熟人之间乱串门时,红柯拖着行李进来,三言两语之后,便告诉大家,陈忠实患舌癌了,正在做化疗,吃东西很困难,完全靠鼻饲。我心里一着急,明知自己没办法帮忙,但还是请红柯回西安时,带去几句话。几天后的晚上9点,红柯来电话,他将我托转的癌症靶向治疗方法转告给陈忠实,陈忠实要他一定代表感谢,这时候还有朋友惦记。红柯当时在电话里说,老陈对治疗很有信心。再往后,与知情的朋友打听,也说情况恢复得不错。却不知,再得到消息时,自己只能沉重地写上一句:西去永西安,大道送大贤!那天也是从游泳池里起来,得到消息,人着实有些不肯相信。时间不长,电话就不停地响起来,都是媒体的朋友,心知他们的意思,却不愿接听,我很清楚自己心里还没做好接受这一事实的准备。直到终于可以面对时,我终于接听了一家媒体记者的电话,刚刚开口,说我知道你是为什么事,接下来本要说陈忠实三个字,只是这名字还没说出来,自己已泪流满面哽咽着半天说不清一个字。

2009年11月6日,陈忠实曾打电话,要我给他寄一本《天行者》,他说他当年也当过民办教师。在《天行者》的扉页上,有这样一句话:献给在中国大地上默默苦行的民间英雄。这句话用于陈忠实同样不错。2016年4月7日下午,在江西于都红军长征纪念碑前,我代表重走长征路的作家们发言,开头的一段话是说给陈忠实的。我说:十年前重走长征路时,陈忠实是团长,十年后再次重走长征路,陈忠实身患重病无法成行,有于都这样曾经庇护过十万红军的偌大福地,希望于都将太多的奇迹赐予一些给陈忠实,希望能庇护长征精神的最好诠释者陈忠实平安长在,养好身体再当团长,再与我们一道继续这将政治与军事的长征融合为文学精神的长征。

这时候,我记起那些撒在兰州城外的来自白鹿原上的红樱桃核,按照童年的经验,那些从嘴里吐出来的红樱桃核不可能全部入土发芽,但也有足够的比例让这些来自白鹿原的红樱桃核长成小树苗。正如南海小岛上那棵由不同的手共同栽下的那棵树,有天地护佑,一定可以长成祖国最南端的最坚强的硕大之树。

我不记得南太平洋上那小岛的名字,也不记得与陈忠实共同栽下的那棵树的名字,更不记得那位同意我的不懂人间艰辛的幼小女儿将一桶如黄金般贵重的淡水浇在小树上的军人的名字,但是我无论如何也不可能忘记,白鹿原和大别山、东湖和南太平洋、南太平洋上不知名小岛上不知名的小树和在兰州城外被朋友们一抢而空的白鹿原上的红樱桃,它们都有一个共同的名字。

用我长江边故乡的话说,男人的泪水是金贵的,因为它是南太平洋上那能浇灌初生树苗的淡水,因为它是那被人生酸甜苦辣泡过的醇酒,因为它能够结出苍黄莽莽的北方大地上灿烂的红樱桃。天下文学莫不是在南海种下一棵树,天下人等莫不如艳丽的红樱桃,好看固然重要,还要做得到在北方黄土高原上也能好看,也能作为他人的生命营养。

2016年6月6日于宜昌

(作者为湖北省作家协会副主席)

再见,白鹿原!

潘向黎

4月30日早上打开手机,看到陈忠实离去的消息,因为此前不知道他患病,所以以为是讹传——怎么会?从书架上取下《白鹿原》,看作者简历,生于1942年,才七十出头。不会吧?因为是节日前最后一个工作日,我早早进了报社,这时各大媒体都发布了消息,微信朋友圈里已经是一片惊呼和泪水,马上想到能做些什么。看到做微信的同事正急忙在我们报社的网上搜过去陈忠实发在我们这儿的文章,我过去一看,从我进报社起,他的文章都是我责编的。我说:"今天微信的编者按我来写,我见过他。"

生平鄙视借写名人而自我拔高的人,也看多了这样的情景:一位大家离去,与他交往最久、相知最深的人还没写什么,某些连面都未必见过的人已经洋洋洒洒写了一大篇,重点不在怀念而在借这位大家之口大大肯定自己一番,实在让人啼笑皆非。我也深知陈忠实知音遍天下,而我们只是两面之缘,最近十年更几乎没有往来。我只是他千万读者中的一个,除此之外,我是他在《文汇报》的责任编辑,因为工作通过几封信,他很谦和很宽厚,我也认真尽心,如此而已。

如此而已。但是,怎么解释我此刻的心情?自从工作以来,已经无奈地习惯了在版面上送别文化界名人,每次也都深深浅浅地叹惜、伤感。可是这一次,一棵拔地参天、霜皮巨干、树冠黑郁的树,竟然倒下了,惊呼之后,一时间只能对着一块巨大的空地错愕失神。

这么多年,因为作品所传递的淋漓元气和磅礴力量,竟然让人觉得陈忠实是岩石是土地是山峦,唯独不是个肉身。

可是早就有人明白,陈忠实与《白鹿原》——作家和他用来垫棺做枕的那部作品,其实竟是相生相克的。

看作家刘兆林的文章,当年有位青年作家读过《白鹿原》后,不知道陈忠实是否还在世,就给人民文学出版社的何启治(他是《白鹿原》的责编)写信,说:"五十多万字的《白鹿原》,简直字字都是蘸血写出来的,即使作者活着,也该累吐几次血吧?"

字字看来皆是血,用血写,用命换。路遥、陈忠实皆如此。

陈忠实回忆写《白鹿原》的过程,有个细节:"田小娥被公公鹿三用梭镖钢刃从后心捅杀的一瞬,我突然眼前一黑搁下钢笔。待我再睁开眼,顺手从一摞纸条上写下'生的痛苦,活的痛苦,死的痛苦'十二个字。"第一次读到这一段时,我也眼前一黑,太可怕了。

在《白鹿原》里,陈忠实其实死了很多次。每一场死亡,他都陪着死一次;不但如此,每一次暴怒,每一次出走,每一次决裂,每一次绝望,他都死一次。

那样的煎熬、挣扎,那样的心灵历程,作家其实活成了一棵树,被雷劈过几次的树。也许被劈断了一枝分权,还被劈成了两半,当中是巨大的一道焦黑伤口,两边的枝叶向不同方向生长——一边叶叶都是控诉旧秩序对人性的禁锢,一边枝枝都在质疑时代对伦理与个体的摧毁。被雷劈过的树依旧茂密深绿。人们赞叹着树的高度,欣赏着枝叶,可是谁知道树有多痛,有多难,有多苦?

想着心痛。但是又无奈。即使是近旁的亲友也肯定束手。有些人注定拿命换作品,谁都劝不了。皆因一个民族有一个民族的定数,到了某个时代,就出几位这样的作家;而一个作家有一个作家的使命,像陈忠实这样的作家,他的存在与他的写作,是上苍选定的,岂是地面上的人可以妄言的?

说我见过陈忠实两次,准确地说,是一次半。

完整的那一次,是1998年秋天。那时我虽然出了几本书,但刚刚开始发表小说,因此是纯粹以编辑的身份去拜访他的。那时候我刚进报社不久,作为副刊部最年轻的编辑,在西安全国书展期间去组稿。那次去西安,有个重要内容就是向陈忠实组稿。

记不清有没有先通过哪位作家向陈忠实引见——如果有,可能是邢小利,反正我顺利地在作协院子里找到了陈忠实。第一印象,与他的《白鹿原》带来的惊心动魄、剑拔弩张迥异的是,他整个人非常质朴、平和与忠厚,脸上沟壑纵横的皱纹和深邃而明亮的眼睛又让人感到了与作品相通的一种力量。好像是作家红柯说的——"陈忠实那张脸,就是黄土高原。"那么陈忠实的那双眼睛,就是黄土高原上的启明星。

他对我们报纸印象不错,说了几句夸奖的话,后来我们谈起《白鹿原》,我按捺不住说起了读后感,他听得很专注,高高的个子,坐在一把椅子上,却没有向后靠,而是重心前倾,目光灼灼地盯着我,那表情好像要分辨我说的是不是真话。后来我想,那是因为我们在谈论作品,他进入了一种严肃讨论的状态。

我心里暗暗希望得到一本他签名的《白鹿原》,但是不好意思说,但是很神奇的,他中途突然说:"你等一下,我送你一本《白鹿原》。"然后就从书桌边的一摞书中抽出一本《白鹿原》,翻到扉页,欲写我的名字又停下,拿起我的名片(我当时惭愧地想,我要是个名作家,他就省力了),逐字对照着题赠了,又拿起了印,然后在桌上略略翻了一下,在几张纸下面找出了印泥,一丝不苟、非常用力地盖了印,然后用一张边角料的宣纸夹进书中,好吸一吸未干的印油。我当时真是喜出望外。但是捧书在手,我马上发现是"修订版",便说:"其实没改过的那个版本更好。"他欲言又止,转而问我,他接受建议、做这么一个修订版,读者会不会觉得不好理解?谢天谢地,因为父亲对我常年进行的"做人要有大局观"的教育,当年呆而不萌的我总算没有说出不通人情的蠢话,我说:应该舍小就大,适当的让步是必要的,也是对的,这样也有利于这部作品的更好传播,让更多读者看到,也是好事。

当时真是年轻无知,初次见面,就这样当面肆无忌惮地谈论一位名作家的代表作,事后想起来自己都脸红。当时他没有多说什么,脸上一直是思考的表情。奇怪的是,虽然他话不多,但是依然让人觉得他对你的到来是欢迎的,对你的话是重视的。

这次见面给我留下两个印象:第一,陈忠实这个人很厚道很谦和,一点都没有架子,也一点都不装,更难得的是对年轻人也特别平等。第二,陈忠实是个特别认真的人,活得一点都不轻松。

我的约稿非常顺利,然后我觉得应该告辞了。就在整个"工作流程"接近尾声的时候,突然发生了一个插曲,我在他的书架上看到了一本杜鹏程的书(或者是研究杜鹏程的书),顺口说了句"我在我家见过他"之类的话,他很惊讶,一追问,于是引出了我父亲。"什么?你是潘旭澜的闺女?哎呀!"然后他脸上第一次露出了强烈的表情，那是一种庄稼汉"没承想在这儿遇到自家人"的笑容，声音也高了八度："你是潘旭澜的闺女啊！你怎么不早说？！"我有点愕然，一方面我不觉得我父亲有多么了不起，名声能传到这里来；另一方面我曾经问过父亲，他说和陈忠实没有见过面。

陈忠实告诉我，因为我父亲和陕西作家特别有缘，研究过好几个陕西作家，然后他说了好几个名字，除了杜鹏程，好像还有王汶石和另外一位作家——名字记不得了，有的连我都不知道。当时我说，你真是博览群书，而且过目不忘。他用一种热烈到几乎是责怪的口气说：

"你不知道，我们陕西的作家，谁要是能被你父亲评论一次，那就是不得了的事情！你不知道他在我们陕西作家心目中的地位！我早就想，说不定什么时候他也能写我一篇评论？也不知道他看过《白鹿原》没有。"

之所以不避嫌疑记下这些话，因为陈忠实赞美的并不是我，而是作为评论家的我父亲——他在教书、文学评论与学术研究几方面的工作早有定评，他离开已经十年了，依然受到许多人的尊敬；还因为当时陈忠实的表情和话语让我印象深刻而且至今感动，写出来，既为这位作家淳朴的品行与温润的性情做一个小小的见证，也为中国当代文学曾经的生态环境，增加一个细节。

当时，还没等我消化完我的惊讶，陈忠实已经站了起来，以一种不容拒绝的口吻说:"咱们还在办公室说什么哪?哎呀,什么约稿不约稿的,我请你吃饭去!走走走!"

去了哪家饭店,我已经记不起来了,但是记得出门后我提出吃羊肉泡馍就很好,被他断然否决,最后去的是一家中等规模、环境很好的餐厅,而且他点了五个菜一个汤,菜都很美味,加上那天没有吃早饭,我也饿了,就毫不拘束地吃了起来,他胃口也不错,但是后半程就不吃了,只有我一个人还在风卷残云。他在对面看,很自在很满意的样子。

回到上海,我对父亲说:这顿饭人家请的是你,我简直就是代吃的。父亲不理会我的玩笑,"陈忠实,"说完这个名字,父亲停顿了一会儿,然后很严谨很节制地说,"他的作品,那是非常什么的。"父亲晚年说话就这样,关键处"独创性"地用"什么"来做形容词,且运用广泛,比如说平辈——"(刘)锡诚兄做人真是很什么的",说学生辈——"潘凯雄在出版社这几年,那是干得很什么的";又如"王彬彬脾气大归大,但是对老师还是很什么的"。我母亲总是笑他"词汇贫乏"。

人人都知道陈忠实抽雪茄,而且抽得凶,但是那天,我完全不记得有没有看到他抽雪茄。现在拼命想,也想不起来。莫非当时我终于见到了心目中了不起的作家,表面上对答如仪,其实内心还是兴奋而略带紧张的吗?

后来还见过半面,是我们在北京的作家代表大会上,不记得是 2006 年还是 2011 年了,记得当时在会场里看到他的样子没什么变化,当时我心想:他好像从来没有年轻过,后来倒也不怎么老。我很高兴地走过去和他打招呼,他对我微笑着点了点头,然后等我说话。因为他给我们写得少了,我没有工作的话头可起,又不好意思班门弄斧说自己的写作,难道会好意思说出"我这几年也写小说了,如果你不嫌带回去麻烦,我想送您一本"?正在迟疑,有几个电视台的记者来找他了,我就逃也似的走开了。后来我才恍然大悟,他之所以不太热情,是因为时隔几年,在那个人山人海的环境,他没有认出我来。我真是个呆子,我不但应该自我介绍,而且应该直接说:"你还记得我吗?我是潘旭澜的闺女啊。"在他面前,这才是我的身份,他认定的。

如今,他题赠的厚厚的《白鹿原》,还好好地在我书架上,书上的满白文的"陈忠实印"也依然鲜红。可是他,不在了。

因为他,这两天的网上网下,一片惊呼、痛惜和哀悼。特别强烈,特别真。我的微信朋友圈里,每天刷屏的都是作家们对他的悼念和回忆。好多人回忆起和他的交往,有些并不密切,但是都真真切切地留在了心上。因为他是陈忠实,是一位用血写作的作家;在作品之外,也是一位实心实意对别人的人。

一个名作家,不一定是文学史范畴里的好作家;一个好作家,也不一定是日常意义上的好人。但是陈忠实,他是位真正的名作家,更是一位真正的好作家。难得的是,他还是一位真正的好人。

是不是这样的担负，让他太累了？——他走得太早了，让人不禁这样想，并且感到心痛和莫名的内疚。

在一个微信群里，看到我的朋友、上海广播电台主持人欧楠转发的一段话，那是陈忠实1993年10月28日在北京写给评论家张锲一家的：

> 有幸与张锲兄结伴搭帮去意大利，行前出海关时，夫人景超及爱女苗苗到机场送行。最后挥手时，苗苗对我说："再见，白鹿原！"一个四岁孩子的机智令我心灵一震，恐怕终生难忘了，这也许是最值得作家珍重的话了。所有创作的艰辛都是合理的，这是苗苗的话给我的最好的慰藉。……

这就是悲伤中唯一的路了。就用他喜欢的方式与他道别吧，一起对他挥挥手，一起再说一遍："再见，白鹿原！"

山鸣谷应，他一定会听见。

2016年4月30日写于宜兰居

（作者为《文汇报》记者）

秦岭不倒　渭水长流
——悼念陈忠实老师

祁念曾

4月29日上午,我接到陕西国学院孙海院长的电话:著名作家陈忠实今晨7点40分在西安西京医院病逝,享年七十四岁!

听到这个消息,我一下子惊呆了。前几天,我刚给他寄去人民日报出版社新出的我的散文集《报海拾贝》,书中有写他的文章《陈忠实:文学依然神圣》,还不知道他收到了没有。我的眼前一片模糊,泪水已沾湿了衣襟,中国文坛的一棵大树倒下了,满天的阴云也在哭泣。

认识陈忠实老师,是在二十多年前,我在陕西一所高校中文系教现代文学,对陈忠实的大名早已久仰。我参加主编的教材《新时期文学》由河北大学出版社出版,我给他寄去了一本。不久就接到了他的电话表示感谢。他浑厚、质朴的"秦腔"给我留下了深刻的印象。

1991年5月,中宣部文艺局和陕西省委宣传部在北京联合召开了"发扬延安精神,繁荣文艺创作"座谈会,会上重点讨论了三篇报告文学作品,其中有陈忠实写的《渭北高原,关于一个人的回忆》和我写的《壮烈的陨落》,由省委宣传部李若冰部长带队,我们一起到北京开会。陈忠实写的是著名农业科学家李立科的优秀事迹,他把李立科想农民之所想、急农民之所急,与农民同甘共苦的情怀写得淋漓尽致,感人至深。我写了一位普通的小学教师冯正福,为抢救学生而献出了自己的生命。这些作品把延安精神融入主人公的性格和心灵,表现了延安精神在新时期发扬光大的这一重大的时代主题。忠实那时还不到五十岁,正是年富力强的创作旺季,脸上也没有那么多的皱纹和沧桑。我问他有什么新的创作打算,他皱着眉头说:"写了二十多年,还没有一部让人满意的作品。这两年要下功夫写一部关中农民的命运史。古今中外卓有建树的作家,都是用作品和这个世界对话的。"后来我才知道,他这时已经集中精力在写《白鹿原》。他有一句被人们称道的名言:"如果五十岁还写不出一部死后可以做枕头的书,这辈子就白活了!"他把全部心血和智慧都倾注在这部作品中。

陈忠实名如其人,忠实于艺术,忠实于人生。他说:"长篇小说,是一种孤苦伶仃的、最诚实的劳动,所以我对长篇小说的创作一直持十分慎重的态度。"为了写好《白鹿原》,

他先后花费了六年时间,查阅了西安周围三个县几尺厚的县志、党史和文史资料,并走村串户地采访历史陈迹,记下了三十多万字的采访笔记。他很佩服前辈作家柳青,"文学是愚人的事业",他把柳青的话当作自己的座右铭。他住在家乡的小村庄里,每天从早晨写到下午四五点钟,用八个月时间写完了五十多万字的初稿。夜晚,没有电视,他就一个人跑到白鹿原的山坡上,静静地点燃一支烟,望着灯火明灭的关中大地。这块热土上半个世纪的历史兴衰、人生命运的荣辱浮沉又一幕幕在他脑海中闪现。他躲开文坛上的是是非非,一心一意去营造文学的神圣殿堂。尽管外界商潮滚滚,他却毫不动心。他说:"我不能搞文学之外的事,不能让非文学因素造成对文学的伤害。"他像一个虔诚的殉道者,把毕生精力和心血都献给了神圣的文学事业。

1992年底,《白鹿原》在北京《当代》杂志上以卷首的显要位置发表,后又由人民文学出版社出版,印刷了几十次,发行数百万册,在文学作品中独领风骚,陈忠实也因此而名声大振。1994年,《深圳晚报》创刊,我也从陕西调到《深圳晚报》总编室工作。报社让我们向全国各地的著名作家约稿,我给忠实写了封信,请他为《深圳晚报》写稿,并寄去了我们的报纸,报上有我写他的文章《忠实于艺术和人生——陈忠实印象》。不久,就收到了他7月10日的回信,他说:"我这段时间很忙乱,多是些不上串的杂事,有些致力要办的大事尚未办妥,所以不能躲开,便应酬着跑着。散文我已不堪约稿,欠债太多,请原谅,容当缓寄。"

8月份,我写他的文章被《文艺报》转载,他很高兴,于8月14日又回我一封信,信中说:"最近有一位公派莫斯科大学硕士生来信,提了几个问题,我的复信有两千字,正好可以给你的报纸,请审阅。如可用,则请注意一个问题,即要不要发表来信?如不发,那就要做一个编者按之类的说明,然后在我回答的问题前加上他提的问题。如可以发原信,按通信的体例格局处理版面就行了,不必在我复信中加那四个问题。"

我仔细阅读了莫斯科大学硕士生汪健的来信,他主要是对《白鹿原》这部作品的一些疑问,想写一篇关于《白鹿原》与肖洛霍夫《静静的顿河》相比较的论文。陈忠实则很耐心地解答了汪健提出的几个问题,特别提出了他的一些重要的文学观点,如对俄罗斯作家肖洛霍夫的看法,对《白鹿原》中黑娃这个典型人物的认识,对各民族作家塑造人物的相通之处,对重要作家的崇拜要尽快走出被崇拜者的阴影,走自己的路,"去开拓只能属于自己的艺术天地,去实现自己的艺术理想"。他认为,"重复别人是作家的悲哀,重复自己则是缺乏艺术创作勇气的表现,更悲哀。"这些富有人生哲理的真知灼见,至今仍有重要的现实意义。当时,由于种种原因,这封信未能发表。今天,在悼念陈忠实这位文学大师的时候,应该把这封重要的来信公布于世，作为我们对忠实老师最好的纪念。(编者注：汪健的来信与陈忠实的回信已被收入《陈忠实文集》第5卷，第416—419页，人民文学出版社，2015年。)

我想，当年的《深圳晚报》刚创刊不久，大名鼎鼎的陈忠实老师就连写两封信表达了他对《深圳晚报》的支持，特别是他关于《白鹿原》的通信更是我们阅读和欣赏这部经典之作的一把金钥匙。这实在是《深圳晚报》的幸运！

文章绝唱黄土地，风骨长留白鹿原。忠实老师是中国作家的骄傲，是黄土地最忠实的儿子，永远是我们做人的楷模。忠实老师，一路走好，秦岭不倒，渭水长流！

2016年5月1日

(作者为深圳商报社新闻研究室原主任)

斯人已逝，风范长存

铁 凝

2016年4月29日，一颗为文学跃动了七十四年的心脏在黄土高原上停歇了，中国作家协会副主席、茅盾文学奖获得者陈忠实先生永远离开了我们。

我至今有时候还不能接受老陈已经走了。我想，很多朋友和我一样，想起老陈，我们就如同想起黄土高原上一棵挺拔的老白杨树，立在那里，饱经风霜，是那么的刚毅、忠厚、热情、苍劲。在我的印象里，老陈似乎从没有年轻过，但老陈也永远不会老去。此时此刻，我不由得想起1992年11月21日在路遥追悼会上陈忠实评价路遥的一句话，"我们不得不接受这样的事实，无论这个事实多么残酷以至至今仍不能被理智所接纳，这就是：一颗璀璨的星从中国文学的天宇陨落了。一颗智慧的头颅终止了异常活跃异常深刻也异常痛苦的思维。"我想，这句话也完全可以用来表达我们的心情。

陈忠实离去了，但是，他留下了《白鹿原》，留下了包括中短篇小说、散文随笔、报告文学、文学评论等多方面的丰硕成果。陈忠实是为文学而生的，他从初中二年级开始尝试写作，1965年初，他二十三岁时第一次发表作品，那是一篇散文。此后在漫长的岁月里，他从来没有放下他的笔，直到生命垂危，他依然用笔在纸上写着，字迹已难以辨认，但那支笔却不甘就这么停下来。卡夫卡说，笔不是作家的工具，而是作家的器官。这对陈忠实来说尤其贴切，写作就是他的生命，他把一切献给了他所挚爱、他所信仰的文学。

在陈忠实的遗体告别仪式上，我看到老陈的颈下枕着的是他的《白鹿原》。这时，我想到他生前最后一本散文集的名字，这本书叫作《生命对我足够深情》。陈忠实一生自奉甚俭，他对这个世界的生活需求人们所能记得可能只是一碗面、一根烟、一曲秦腔，但是，他获得了生命对一个作家最丰厚的馈赠：在他生前，在他写完那部名为《白鹿原》的书的时候，他就已经确信，这是一部"死后可以放在自己棺材里当枕头用"的大书，而今天，我们所有的人对此同样确信不疑，《白鹿原》作为中国当代文学的经典将长久地被阅读、被记住。

陈忠实是人民的作家。他来自人民，属于人民。在他去世后，前往灵堂吊唁的人络绎不绝，他们中不仅有文学界和文化界的朋友，更多的，是普通的读者，是远道而来的乡亲们。在最后送别的那天，大厅外的广场上聚集着那么多的人，一种发自内心的热爱和悲伤把人们召唤在一起。这样的情景让我们深刻地理解了陈忠实的根本力量。他是一个从未离开他的乡亲、他的人民的作家。对陈忠实来说，人民不是一个抽象的概念，人民是活生生的有血有肉的具体的人，是那些和他谈笑、向他倾诉生活中的苦恼的农民朋友，是素昧平生但一见如故的读者，陈忠实从来不会用居高临下的眼光去看待他们，因为他知道自己和他们一样，自己就在他们中间，他和人民血脉相通、心心相印。

这样一个作家，毕生执着地热爱着他的土地和村庄。这些天，我们看到了陈忠实的很多照片，其中有一张给我很深的印象，那应该是在他的晚年，明显看得出他的身体瘦弱，老陈站在田地里，扬起锄头，脸上是阳光灿烂的笑容。给人的感觉，就是一个老农站在自家的田里，站在他一辈子劳作和收获的地方，顶着他的天，踩着他的地，他是那么的自信、踏实、敞亮。这就是陈忠实，他的根深深地扎在乡土中，扎在中国的乡村生活中。也正因为如此，他才会见人所未见，对乡土中国的现代命运做出了振聋发聩、别开天地的表现，他的《白鹿原》才成为来自民族生活深处、凝聚着文化和历史的丰厚经验的"中国故事"。

这样一位忠于人民、忠于生活的作家，他的创作道路始终贯彻着强烈的责任感。《白鹿原》的扉页上写着巴尔扎克的一句话："小说是一个民族的秘史。"我想，对陈忠实来说，这不仅是一种文学观,更是一种责任,一种信念。从1985年创作中篇小说《蓝袍先生》时起,陈忠实便开始了对民族命运的深入思考。他花费两三年的时间作了周密的准备。1988年清明,开始写作《白鹿原》,六年后,1993年,《白鹿原》出版。在写完《白鹿原》的那一刻,陈忠实失声痛哭,我想,这一哭不仅是艰难跋涉后抵达峰顶的激动,更包含着一个自觉承担着书写民族秘史的责任的作家面对民族的苍茫历史和壮阔灵魂的百感交集。

经过艰难的探索与蜕变,陈忠实"寻找到了属于自己的句子"。《白鹿原》是恢宏的史志和史诗,它带领我们进入想象中国的新的思想和艺术境界,同时也把中国新文学以来的现实主义传统带到了一个新的高度。面对传统,陈忠实满怀虔诚和礼敬,是一个忠实的学生;但同时,他又是一个坚决的、大胆的、一往无前的创新者,他曾经说过:"柳青是我最崇拜的作家之一。在我小说创作的初始阶段,许多读者认为我的创作有柳青味儿,我那时以此为荣耀。因为柳青在当代文学上是一个公认的高峰。到80年代中期我的艺术思维十分活跃,这种活跃思维的直接结果,就是必须摆脱老师柳青,摆脱得越早越能取得主动,摆脱得越彻底越能完全自立。"正是一代又一代作家这种"完全自立"的雄心和意志延续着中国文学与时俱进、生生不息的生命活力。

白居易有一首诗,题为《城东闲游》:"宠辱忧欢不到情,任他朝市自营营。独寻秋景城东去，白鹿原头信马行。"这像极了陈忠实的一生。乡居得静，自知世道人心。陈忠实一生忠厚为本、质朴为人、真诚待人、坦诚做人。他从未失去做人的"初心"，也从未失去为文的"初心"。他的一生有力地证明了，一个作家的精神境界、思想高度和人格力量决定着他的作品的境界、高度和力量。陈忠实无愧于自己的人生，无愧于哺育他的三秦大地，无愧于时代、历史和人民。他以不朽的作品捍卫了文学的神圣，他的沉静、高洁、忠厚、率真之品格，和他的文学共同成为一个民族、一块不屈不挠的土地上耀眼的文化标识。

（作者为中国文联主席、中国作家协会主席）

痛悼忠实

王 蓬

今天早上7点40分左右,中国作家协会副主席、著名文学大家陈忠实去世,得知消息,泪水忍不住夺眶而出,回顾四十年的交往,真如同失去兄长的痛切。

我知道陈忠实是在20世纪70年代初,准确地说是1973年7月,刚复刊的《陕西文艺》在卷首隆重推出了篇近两万字的小说《接班以后》,尽管受当时政治气候局限,但作品浓郁的乡村生活气息、活生生的人物、铿锵有力的语言,以及整部作品的厚重和气势,使我一下牢记住了作者:陈忠实。

真正见到陈忠实是1975年冬天,《陕西文艺》召开创作会议,后来成为"陕军"主力的作家几乎都参加了那次会议,陈忠实、路遥、贾平凹、邹志安、京夫、李凤杰、晓雷等有近百人。去了就想见到陈忠实,人生不好打听,直到一天晚上,安排陈忠实介绍创作经验,在省文化厅招待所礼堂,大冬天，没有暖气，仅是烧着几只煤炉放在过道。大家都穿着棉袄。我早早去前排占了座位，准备好钢笔和笔记本。那时陈忠实刚三十出头，远不是《白鹿原》出版时那副沟壑纵横、沧桑凝重的面孔。正是虎虎有生气的年纪，棱角分明的脸庞充满活力。我注意到他穿着当时农村小伙同样的土布棉袄，罩着件四个兜兜的干部制服，显得朴实庄重，这副模样与他厚重大气的作品十分合拍，我心里想，陈忠实就该是这副样子。当然，我更注意他讲话的内容，我记在笔记本上的重点是：什么是重大题材？陈忠实一脸认真地说，无产阶级革命进行到一定历史阶段带普遍性的问题就是重大题材……

我当时钦佩极了，心想这么复杂的问题人家怎么一句话就说清楚了。时隔多年，我跟陈忠实说起当时情景，两人皆哈哈大笑。但那会对文学无比虔诚，贾平凹刚发表学习雷锋的《一双袜子》，路遥写的是学习大寨的《优胜红旗》，正是由于亲历那段弯路，体会深刻，才会有日后彻底的反思与新生。也是那次会上，有次午餐与陈忠实同桌，菜有荤有素，还有只鸡。陈忠实说看见鸡就想起当公社书记带人到农民家中催收毛猪鲜蛋，有些人家把母鸡刚下的蛋都交了，蛋还温热上面带着血丝。我心里听了十分酸楚，在农村多年，每年都为完成毛猪鲜蛋的任务犯愁，想不到这位公社书记还能替农民说话，尊敬中又增加了好感。

真正与陈忠实熟悉是1979年冬天。刚恢复工作的陕西省作协举办重点作者读书班，三个月时间，首期有陈忠实，我，还有商洛的京夫，西安的张敏、周矢等。心里非常高兴，觉得这是向他们学习的好机会。

　　陈忠实1942年出生，要比我年长六岁。老家就在白鹿原下的西蒋村，属西安市灞桥区管辖。我关心的是陈忠实如何走上文学道路并取得非凡成就。陈忠实儿时并无祖母或外祖母讲述天上或地上的神话，以至于自己也萌发编织故事的念头。倒是农家子弟的贫寒衣食见绌产生深刻的自卑，只有采用拼命刻苦学习来找回自信。让老师当众朗诵自己的作文自然是最好的途径。因我也弄过这类把戏，就不难明白陈忠实由此产生的对文学的兴趣。由于陈忠实年长我几岁，又是高中毕业，所以"文革"前1965年就开始在《西安晚报》上发表了《夜过流沙沟》《杏树下》《樱桃红了》等多篇散文。创作的动因除了兴趣爱好、名利稿酬，我认为还应有最深沉也最根本的原因：改变命运。高中毕业的陈忠实注定知道他所在的西安市灞桥区管辖的毛西人民公社之外，还有偌大的一个精彩天地，世界上没有谁愿意一辈子待在贫瘠的黄土地上。

　　1980年前后，文学热潮涌动，相关单位邀请陈忠实等名家来汉中讲课。那会，我还在农村，责任田刚分下来，百废待兴，从省城一下来这么多文友，还真让人犯愁，家里值钱的东西只有春节准备宰杀的肥猪，一半自用，一半销售零花，可离春节还有些时日，咋办？晚上我犹豫着与妻子商量，岂料，妻子虽系农村妇女，却读过中学，关键出自大户人家，能识大体，说，她也这么想，提前宰猪，就能早买接槽猪崽，免得临近春节猪崽涨价，也不至于春节淘米洗菜水浪费。这使我大喜过望，那天早早起来，垒大灶、烧汤水，请来宰猪师傅和邻家小伙，七手八脚按倒肥猪，宰杀、煺毛、开膛，待到洗净猪头下水，两扇白生生的猪肉挂上架子，陈忠实几位也正好赶到，他们对迥异于关中的陕南乡俗十分好奇，围着肉架问长问短，陈忠实惊讶我何以把猪头收拾得如此白净，感叹田野冬天还处处绿莹莹充满暖意。那天，我用陕南乡村"吃泡膛"的风俗招待他们。所谓"吃泡膛"就是临近腊月，无论谁家宰猪，都请左邻右舍，新鲜猪肉切得如木梳大小，做起大坨豆腐，再配上刚从地里拔回的萝卜白菜，杂七杂八"一锅熬"，还要煮上一大锅心肺汤，用大盆盛了，大伙围着，大块吃肉，大碗喝酒，男女说笑，并无拘束，几多痛快。一晃，这一幕过去二十多年，我已淡忘。不想，2003年，我出文集请陈忠实写序言时，他在长达万字的序言中用了几千字专门写下一节《关于一座房子的记忆》，详尽描写了去我家见到的乡村乡景与"吃泡膛"的过程。

那次讲学间隙，陈忠实让我带他去看看汉江。冬日江水明净清冽，如带蜿蜒，长长的江堤两岸是秦岭南麓依然葱绿的田野，陈忠实说这是在他的家乡冬日绝对看不到的情景，兴致很高。我们谈文学，谈当时都关心的社会话题，愉快融洽，不知不觉间，回到市区已临正午，正感口渴，陈忠实为路边水果摊陕南火红的蜜橘吸引，买了几个硬把两个大的塞给我。陈忠实在我心里一直是关中硬汉的形象，写出的作品雄健浑厚，铿锵有力，用贾平凹的话说，是钢筋水泥砌出来的东西。可这一瞬间，我看见这壮实的关中汉子眼中洋溢着和善的柔情，分明是富于人情味和良善的一面，我心里震颤了，因为我自幼因父亲错案从西安流放到陕南乡村，遭遇的打击屈辱太多，别人躲闪唯恐不及；那会出身好，有地位，不整人就是难得的好人。就我的体会，良善、同情和宽容，这些人类社会运转了几千年积累的文明，本应该发扬光大，可被多年的七批八斗涤荡得一干二净，凡能对弱者友善、同情，假以援助者也注定经历过苦难，甚至挨过整，对生活的酸甜苦辣有切实的体味又自强自信的人才能拥有这等情怀。从那时我就隐约感到我当时的困难处境，拨动了陈忠实良善的心弦，对我假以援助之手，从心里认定陈忠实如同他的名字一样忠诚可靠、可交。一种敬重兄长般的感情从胸中涌起并扎根。

事实上，在文学这条艰难的跋涉道路中，陈忠实给予我许多切实有力的帮助。我的短篇小说《庄稼院轶事》经他推荐发表在《北京文学》1982年第3期，他和省市宣教系统领导多次呼吁，我终于在1982年底破格由农村调进汉中市群艺馆。尤其不能让我忘怀的是，1987年，我已在鲁迅文学院和北大首届作家班学习几年，妻子还带着两个女儿在农村种责任田。当时，我长中短篇小说均已出版，也拿了几个奖，达到了家属"农转非"的标准，可报告打了多次都迟迟得不到解决。上学期间，我请假回家收种庄稼，两头不能相顾，很是狼狈。十三大召开时，陈忠实当选了代表，见到也是党代表的汉中地委书记王郿，反映了我的情况，结果拖了几年的事情一个星期就解决了，当通知我填表时，我蒙了还不相信，事后才知道陈忠实做了工作起的作用。

其实，作家之间的交往最终还是作品，是文学，所谓"以文会友"，谈陈忠实便离不开他的代表作《白鹿原》。事实上，《白鹿原》问世的二十多年来已与陈忠实水乳交融，这是一位大家与一本巨著最完美的结合。《白鹿原》因陈忠实而闪亮世界，陈忠实因《白鹿原》而扬名中外。

但《白鹿原》的问世并非一蹴而就，而是经历了漫长又艰难的创作过程。20 世纪 80 年代中期，新时期的中国文坛出现新的动向，各省崭露头角的作家在中短篇小说领域进行了反复的角逐较量之后，纷纷酝酿着向长篇小说进军，而长篇小说则往往是最终衡量一个作家创作实力的试金石。陈忠实还没有出长篇的动静，却见到他一部部的中篇《初夏》《四妹子》《最后一次收获》《蓝袍先生》等，我在阅读这些作品的时候，感觉到陈忠实的写作已经发生明显变化，作品依旧保持厚重沉稳和大气，人物却有了地域的拓展，比如四妹子由陕北到关中，时空有了更大的跨度，比如蓝袍先生的命运贯穿解放前后,这些由地域差异与新旧交替带来的文化冲突,由个人命运折射出整个民族命运的思考,给作品带来了新的艺术视角新的看点和深刻的思想穿透力,我隐约感到这将是陈忠实未来长篇走向和内容的预兆。

由于隔着道厚厚的秦岭,关于陈忠实蛰伏于白鹿原下的老家写作长篇小说的种种情况,我只是时有耳闻,其间曾想写信询问或是鼓劲,最终没有动笔是最终意识到这对陈忠实来讲都属多余。直到1990年初,徐岳创办《中外纪实文学》,陪着陈忠实几位来到汉中写稿,我还诧异,难道长篇写完了?后来陈忠实私下告诉我:给娃挣学费来了!我猛然意识到陈忠实全家全靠他,这几年埋头写长篇,稿酬不多,又要供三个孩子上学,恐怕是最难熬的时候。见他精神还愉快,便问他长篇如何?他回答快了,再没多说。我深知陈忠实不爱张扬,尤其是写有分量的作品。他的名言是:写作品像蒸蒸馍,不敢把气漏了。绝不像有的作家刚有个题目便谋划着去获奖,作品还是一堆素材就计算能挣多少稿费。尽管那时,陈忠实的长篇还没有问世,但我深信他属于能沉得住气、能干大事的人,不鸣则已,鸣则一定惊人。

终于,1993年初,我接到陕西作协召开长篇小说《白鹿原》研讨会的通知,在此之前,我已在《当代》上读到《白鹿原》的上半部。我至今不能忘记当时阅读的情景,拿到《当代》一见标题和陈忠实的名字,心便"怦怦"跳起,到底出来了!

我长出口气,由于久已盼望且是我敬重文友的作品,不能马虎,我躲回农村小院,端出藤椅,泡上绿茶,几乎是屏心敛息的阅读,当时最大的感受是两个字:震撼!几乎每读一章,都要站起来走动,在小院乱转,屏息心跳,深切感受到这部作品一切都把握得那么准确到位,仅是《白鹿原》这书名就一字千钧,黄河流域、黄土高原、八百里秦川,中华民族的繁衍诞生之地,20世纪又是这个民族最为动荡、不安、裂变的时期,白、鹿两个家族深深根植于这个古老民族的血脉之中,两位族长白嘉轩和鹿子霖简直是中国深厚传统文化的集大成者,在他们身上,忠厚与精明并存,豁达与狭隘混杂,正义和邪恶孪生,几乎在所有的矛盾和冲突中都折射着我们这个古老民族传统文化的精华与糟粕,作品对关中乡村生活做了大规模的提炼与概括,精选出有文化内涵的生活细节,均匀地分布于作品的章节之中,形成强有力的思想冲击和穿透力,对这片深厚的土地、这个古老的民族、这个独特的时期,表达出绝对不同于任何人和任何学说的独特的感受或者说认知。

尽管当时下半部还没读到,我已对整部作品充满信心,我的感觉是那会全国出版的长篇小说没有一部能与《白鹿原》相比。

研讨会上,我没有发言,我牢记着的还是陈忠实的发言,他说《白鹿原》写作期间,遭遇过中篇小说集《四妹子》出版后要自己销书的尴尬,所以在制定写作《白鹿原》种种目标之外，还定了一个目标，要让这本书走进最广大的群众之中。作品在《当代》发表后，他专门去建国路书摊询问，摊主说这期《当代》已销售完，你得赶紧去钟楼总店。待他去钟楼那儿也销售完了。售主还说，你要的话得预先登记下期，还有下半部哩。陈忠实要了登记簿，仔细查看，在长长一串预订的名单中，有教师、医生、学生、店员、干部和工人，唯独没有一个熟悉的文学界人士。至此，写完《白鹿原》的一颗忐忑不安的心终于放下了……

听这话时，我的直接感觉是陈忠实和他的作品已经融入这个时代，融进了最广大的人群，而成为他们最信赖也最可靠的代言人。我毫不犹豫地认为《白鹿原》的艺术成就处于中国当代文学的巅峰位置，正是由于这部巨著，使中国文学与世界文学有了对话的可能和资格。

（作者为陕西省作家协会原副主席）

说来话长
——怀念老陈

魏心宏

4月29日清早起来,微信里看到陈忠实去世的消息,惊得我把手机都给扔了。三十八年前的1978年,我去西安,在陕西省第一次文代会上认识了他,从那时起,我就一直叫他老陈,很难改口。老陈那时候还在他老家西安近郊的灞桥区的一个人民公社当领导,业余写作。我印象中老陈当时刚好发表了一个小说,引起了全国文坛的关注。不过,那时老陈还不那么有名,写的也主要是一些短篇和散文。我也是在那次会上认识贾平凹的,平凹那时还在陕西人民出版社当编辑,和我是同行。那次会上,我最感幸运的是还结识了陕西的几位大作家,杜鹏程、王汶石、魏钢焰、李若冰、贺抒玉、胡采。尤其值得一提的是,我还去西安军医大学医院看望了柳青。我感到西安和陕西真是牛,竟然有这么多大作家。

从那以后,我们就一直联系着。那时候没有电脑和手机,也没有电子邮件，基本上都是靠写信。老陈给我的信，像是书法作品一样，让我爱不释手。有一次，老陈和我说了一个事。说的是陕西很早以前的一家庄稼人的故事。我听了，觉得新鲜传神。我对老陈说，这不就是一个小说吗？那时的中国文学还大都集中在反思当中，还没有人会去回望那么久远的事。后来，老陈把小说写好了寄给我，我一看拍案叫绝。这就是老陈的第一部中篇小说《康家小院》。很多年过去了，老陈还一直记着这件事，对我说，要不是你鼓励我写，我还真没那么想呢。那也是当时老陈写的最长的一个小说，有四万多字。80年代末期，老陈写出了《白鹿原》。那时候，我在深圳，暂时脱离了文学编辑工作，可是我看了小说，还是给老陈写了信，激动无比。这个小说也是我的好友、人民文学出版社的高贤均和何启治编辑的，我后来看到了他们找老陈约稿的故事。说高贤均和洪清波去了西安找老陈，老陈很郑重地把稿子交给了他们，贤均带着稿子去成都，在火车上和宾馆里看完了稿子。那时正是夏天，成都的夏天又闷又热，贤均热得就剩下个背心，挥汗如雨地看完了稿子。贤均后来也得了不治之症，先走了。我眼睁睁地看着我的好朋友就这样一个个走了，心痛难言。

有一年，我们出版社在太湖搞了一个笔会，请了全国各地很多作家。我给老陈电话，江南这个地方最美的就是春天，更何况还有太湖，您一定要来。老陈答应了。我们一起在太湖边溜达，春风杨柳，和风拂煦。老陈说，哎呀，这个地方太好了，难怪人家都说江南好呢。结果溜达到一处歌房边，老陈提议进去看看，我本以为老陈对这些不感兴趣，却没想到，老陈拿起话筒就来了一曲《梦驼铃》。老陈平常是除了陕西话什么话都不说的，结果歌里却分明是普通话，感觉有点怪，但是，唱得完全出乎我的预料，震撼得很。第一次感觉老陈有点文学青年的劲儿。

老陈爱抽烟喝酒。老陈抽的那种土烟，大概也只有他们陕西才有，很冲。陕西还有一位也是我的好友的评论家王愚也是爱抽这种烟的。老陈让我抽，把我呛得直咳嗽。后来，老陈开始抽雪茄，我说老陈你要是真爱抽雪茄，我给你买好一点的。老陈一摆手，不用，就是这个好。巴老去世那一年，老陈作为中国作家协会的领导来上海，住在衡山路上的东亚酒店。晚上，我和修晓林一起去看他，结果老陈让我们陪他喝酒。我们就在酒店的房间里推杯换盏，实际对我来说，喝酒几乎就是受罪。我劝老陈，烟酒不是好东西，还是戒了吧。

2008年，我去了一次西安，老陈听说我来了，就一起吃饭。我那次想着再劝老陈一件事，就是希望他能写个自传。老陈跟我摆手，说，哎，那不行，我咋能写自传呢？我说了我的理由。老陈说，让我想想。后来老陈还是把我的意见听进去了，但是，写出来的文本却有些变化，是《寻找属于自己的句子》，一本创作谈。老陈之所以没有最后写自传或者回忆录，他自有他的理由。这件事到了今天让我尤其遗憾。2009年,这本书出版了,上海书展期间,我们把老陈请来上海,与上海的读者见面。老陈在上海图书馆做演讲时,很多听众尽管不能完全听懂老陈的陕西话,但是,大家都对这位朴实无华的大作家深感敬佩。却没料到,那一次,竟然是老陈最后一次来上海,是我们在一起的最后一次欢聚。

(作者为上海文艺出版社原副总编辑)

老陈，走好

吴　峻

走了，老陈。

他真的离开家人、朋友、同事和陌生的读者远去，再也回不来了。

陈老，是我有时的呼唤，更多时候我叫他，老陈。

4月29日上午，我乘车在惠东乡镇路上穿行，兄长万极在微信私聊中发来一则信息："陈忠实今晨病逝享年七十四岁。"我心头微微颤了一下，随着车辆的颠簸告诉开车的阿东："老陈，走了。"他问："哪个老陈？"我答："《白鹿原》的作者，陈忠实。"

我再次打开手机确认信息：4月29日7点40分左右，《白鹿原》作者陈忠实，因病在西安去世，享年七十四岁。陕西文坛一颗巨星陨落！这，的确是真的了。我沉默了，但仍不愿相信这是事实。

全国各种媒体这几天都在报道著名作家陈忠实病逝的消息。我原工作单位《西安晚报》标题为："大师驾鹤枕书去　空留苍茫白鹿原"。《西安日报》则用："三秦大地失忠实　白鹿原上空茫茫"。《陕西日报》推出了"悼念陈忠实专号"，共四个整版，封面大标题："秦地留白　忠实永生"；2版的标题："永远的《白鹿原》"；3版："陈忠实和《陕西日报》37年的不解情缘"；4版："陈忠实生命的最后三天"。《光明日报》标题："一颗大星陨落"。北京晚报新媒体也率先推出了电子号外："文坛'老农'陈忠实走了"，封面设计厚重而苍凉，配上陈忠实冷峻的目光，别具一格。浏览着所有的报道，不由我想起老陈十四年前来深圳的情景。

2002年3月22日上午，我接到陈忠实打来的电话："吴峻，你今天忙不？我去香港了几天办些事，刚从罗湖进关。下午深圳文联和作协约我和深圳的文学爱好者座谈，说说我咋走上文学创作之路的。你要是忙，就包（别）来了，结束后你陪我去吃饭。在香港几天吃得都不可口，把人饿的。你带我去吃咱倭的饭行不？"我一阵惊喜，并告诉他，我下午一定去参加座谈会，然后带他去吃陕西饭。

当天下午，我早早赶到座谈会地点，一进会议室看到已经来了一二十人，他们当中有许多中年人和青年人，而且还陆续有人打探着进来。组织者布置的现场似学校课堂，会场连一条横幅都没有，先到者面对主席台大家排排坐等待着老陈的到来。不到两点陈忠实与陪人一起走进会议室，即刻主持人简单介绍说，陈忠实老师这次是去香港办事，我们得知消息后，把他"劫道"到深圳与大家见面，由于时间紧迫只通知了不到五十人，希望大家抓住机会向陈忠实老师提问。这样的开场白真是简明扼要，可老陈立即发话。他说："我和你们见面不是作报告，我有个要求就是大家都是文学爱好者，我不能坐在主席台上，请各位把凳子拉出来，咱围成一个圈儿我再回答你们的问题，好吗？"老陈的执意恳求使现场的人开始"折腾"，不一会儿，一个大约有五米直径的圈子形成了，老陈笑呵呵地说："这样就很好，我也觉得舒服。"

座谈会在说说笑笑的气氛中开始，许多人怀着敬仰的心态提出关于文学创作的问题，老陈慢条斯理地一一解答。尤其有一位说："请问陈老师，您是怎样走上文学创作道路的？"老陈答："我在小学阶段没有接触过文学作品，尚不知世有'作家'和'小说'，上初中时我阅读的头一本小说是《三里湾》，这也是我平生阅读的第一本小说。赵树理对我来说是陌生的，而三里湾的农民和农村生活对我来说却是再熟识不过的。这本书把我有关农村的生活记忆复活了，也是我第一次验证了自己关于乡村关于农民的印象和体验，如同看到自己和熟识的乡邻旧生活的照片。这种复活和验证在幼稚的心灵引起的惊讶、欣喜和浮动是带有本性的。我随之把赵树理已经出版的小说全部借来阅读了。这时候的赵树理在我心目中已经是中国最伟大的作家;我人生历程中所发生的第一次崇拜就在这时候,他是赵树理。也就在阅读赵树理小说的浓厚兴趣里,我写下了平生的第一篇小说《桃园风波》,是在初中二年级的一次自选题作文课上写下的。我这一生的全部有幸和不幸,就是从阅读《三里湾》和这篇小说的写作开始的。"他又说:"初做作家梦的时候,把作家的创作活动想象得很神圣,很神秘,也想象得很浪漫。及至我也过起以创作为专业的生活以后,却体味到一种始料不及的情绪:寂寞。长年累月忍受这种寂寞。有时甚至想,当初怎么就死心塌地地选择了这种职业?而现在又别无选择的余地了。忍受寂寞吧!只能忍受,不忍受将会前功尽弃,一事无成。"

老陈在与大家的交谈中不由自主地点燃了他喜欢的雪茄,抽了几口才说:"我今年刚好到了花甲之年,有些毛病一时改不掉,请你们原谅。"有位文学爱好者说:"我们都是从内地来到深圳,见证了二十多年这里的建设和发展,也很想用文学作品表现出来,可总觉得写不出什么好东西。"老陈说:"你让我写也写不出来啊。我对深圳的生活没有深入的了解,没有切肤的感受,若融不进这里的生活,让谁谁都很难写出来。比如:我总看到很多文章提到深圳的打工仔、打工妹,他们究竟是仔还是妹?多大年龄?到深圳来都做什么,有怎样的生活和故事,我只能粗浅地理解他们都是建设者。"许多人听此话频频点头。又问:"陈老师,据说您写《白鹿原》用了很长时间，创作过程一定艰辛，怎么才能坚持下来？"老陈答："在我即将跨进五十岁的这一年冬天，也就是1991年的深冬，《白鹿原》上三代人的生的欢乐和死的悲凉都进入最后的归宿。同时我也产生了一种强烈的创作理想，必须充分地利用和珍惜五十岁前这五六年的黄金般的生命区段，把这个大命题的思考完成，而且必须在艺术上大跨度地超越自己。当我在草拟本上写下《白鹿原》的第一行字的时候，整个心里感觉已经进入我的父辈爷辈老老老老爷辈生活过的这座古塬的沉重的历史烟云之中了，也终于要回到现实的我了。"

我坐在距老陈不远不近的地方，手中拿着相机，聆听着他侃侃而谈。他说着地道的关中话，像拉家常一样亲切，不知不觉已过去了两个多小时。座谈会结束后，按约定我带他去吃陕西饭，他说："今天说话有点多，有点累。"并问我："到深圳后能否适应这里的热，媳妇和娃都乖吧？"我说："都好着呢，慢慢就适应了。"老陈还告诉我，他明天一早就从深圳回西安。那次见面后没过多久，我回了一趟西安，把在深圳座谈会上拍的图片制作好送给他。老陈打开一看非常喜欢说："我说话奏（就）是这样子，你咋拍得这么真呢？你如果有空跟我到咱原上住几天。"以后我再回西安知道他很忙，也没去打搅他，只是打过多次电话问候，让他保重身体开心快乐而已。

2002年3月22日，陈忠实在深圳与文学爱好者座谈。（摄影：吴峻）

　　老陈病了，我有所闻。在生命最后的日子里他微弱地说："病没办法。"我的理解是：人得了病没办法，有了病长期治不好，也没办法。我打开电脑，在邮箱里再看看他的图片，敲下以上的文字，我已泪眼蒙眬……

（作者为《深圳商报》记者）

陈忠实，我们时代的一个文化 logo

肖云儒

得到老友陈忠实西归的消息，正在澳大利亚访问，当即用微信给文学圈的朋友传去了我的哀伤："痛哭忠实！噩耗传到南太平洋，恳请高天远云、蓝海白浪，送去我这位痴长两岁的老人的悲恸！他的作品写出了民族心灵的秘史，他的人生胜任了历史变幻的书记；他用自己的作品提炼出这块土地骨子里的精魂，他以自己的人格凝聚着这方乡亲骨子里的性情！"

回国后，取消了在京滞留办事的安排，直接转机回西安，又从机场直接赶到陕西作协陈忠实追思灵堂，面对他笑得意气风发的遗像，一躬到地：忠实啊忠实，我来晚了！

其实三天前已有预象，而我浑然不觉。在悉尼收到陈忠实研究专家冯希哲教授的短信云，他执笔的《陈忠实对话录》书稿已杀青，盼能抢时间尽早面世，让老陈看到。"因老陈病情恶化，已开始吐血，不能进食，体重只剩下四十公斤……"陕西文联即将推出"老文艺家丛书"，要我主编，忠实这本是丛书的重中之重。当即给省文联领导转达此讯信，书稿立即便发往印厂……但已经来不及了。

我的遗憾不只是因了一本书，因了一个挚友，更是因了一个真正的人。

无论从哪方面来说，忠实都是一个标志我们时代一个文学的、文化的logo。以《白鹿原》为代表的作品，是中国当代文学的logo；他的人格精神，是北方汉子的logo；他的形象神态，是古城长安的logo。一位作家不但以自己的作品，而且以自己和作品里传达的人格精神成为一个民族、一块土地的文化标志，并不多见。更少见的是，还能以自己的个人形象和生活习俗成为民众的谈资，融进城乡生活风情之中。在陕西，陈忠实、路遥、贾平凹都是这样的人、这样的作家。忠实有一张广为流传的照片，就是手拿巴山雪茄烟，侧身回眸思考着的那张，严峻的眼神透过淡淡散开的烟雾，像是在叩问这个世界；而满脸纵横的褶皱，正是哺育我们的黄土地上的沟壑。在陕西，忠实这张脸家喻户晓，堪称三秦文人和血性汉子的logo。

《白鹿原》的成就已经众所公认、史所公认。《白鹿原》撷取中国历史文化由传统艰难转型于现代的一段历史，撷取中国社会各方面基因最为富集的村社文化和家族文化细胞，

2010年的陈忠实。(摄影：雷电)

从精神地层的深处采矿，冶炼出骨子里的中华文化人格。又如此深刻地写出了中国古典村社文明如何在社会运动和人性奔突的双重冲决下，无可奈何花落去。我曾经说，书里写了那么多"最后"人物和"最后"现象："最后"一位好族长，"最后"一位好长工，"最后"一位好先生。但所有这些"最后"，都有着夕阳的光彩，是那么美善，饱含着作者的依依惜别之情。小说也写了那么多"最先"："最先"的叛逆者，"最先"以人性冲决礼教的殉道者。而所有这些"最先"，更有着朝霞般的绚丽。历史和道德，秩序和人性，行为和感情的一切复杂性、深刻性都在其中了。何等的大手笔、大格局、大思考！由此小说《白鹿原》成为了中国近现代历史与文学的logo。

忠实这个人，胸怀若关中平原，是那种一览无余的阳春烟景、大块文章,而人格和性情中却有着关中汉子"生冷蹭倔"的劲儿，只是被文化化育为刚强、执着、厚道和率真，晚年更平添了几分慈爱。对自己的见解执守到几近执拗，这我是领教过的。有次电视台邀他、我和建筑大师张锦秋院士，做一期谈长安文化的人文节目，一开始主持人就提出，有人认为西安的城墙象征着封闭，局限了秦人的创造开放精神，话未说完，忠实立即激越反驳，认为西安自古以来就是开放的，你们怎么总拿城墙说事？我说，作为一种比喻，这未尝不可，西安地处内陆，开放创新精神的确需要加强。两人于是唇枪舌剑，双方都动了肝火。节目完后，饭也不吃各自扬长而去。到了晚上，又互通电话,调侃笑道"老了,老了,还肝火这么旺"。但他依然声明观点不变，要再写文章展开来谈。还有一次，他赴京领茅盾文学奖回来，省上开了盛大的庆功会，大家争相发言，我发言时除了祝贺之词，神使鬼差地多了一句嘴："当然，像一切优秀作品一样，《白鹿原》也不是完全没有缺陷。"让全场愕然，记者们围住问：这"缺陷"指的什么，你能否详说。我生怕引发新闻事件，就连说今天过喜事呢，以后说吧，落荒而走。

说者无意，听者有心，过了一个多月，忠实约我在一家小茶馆长谈。他说,知道我不会是无心说那句话的,想认真请教"老师"(他有时称评论家们为"老师")谈谈《白鹿原》的缺陷。这也太隆重了。我只好直说了个人的一点感觉:长篇的总体构思切入了民族文化主体与文化接受心理的深处,固然是大优长,但也不是不可以更多从整个人类的审美认知结构方位上,思索自己的人物与故事。黑娃与田小娥形象的文化与人性内涵是否可以更细腻丰腴,更极致?对社会政治风云的描绘是否纤缠得过于繁复?……这一晚,我们聊得很久,很真诚,真诚营养了友谊的浓度。分别时他紧紧握着我的手,摇着,要我抽空把这些想法写出来。记得也恰好就是这一年的除夕之夜,"春晚"结束后很久,早已入睡了,收到了他的电话,互相拜年后,又谈到一些文学与文学界的话题,而不知东方之既白。

对于有差异的声音,如此加倍加倍地看重,是一种大格局,也是一种对自己创作的大爱。在他的心里,文学真正是"依然神圣"。

(作者为陕西省文联原副主席)

陈忠实的寂寞

邢小利

一

晚年的陈忠实是寂寞的。——不是宁静。宁静没有内心的波澜。

寂寞的晚年,应该开始于2001年。这年他五十九岁,是摸六十的人了。

陈忠实的寂寞,是我后来发现或者说是感觉到的。他去世后,近一年来,我常常打量他的一生,也时时回想我和他的交往,寂寞,是我对他晚年最为深刻的一种感觉。

寂寞,指的是内心。他的晚年,当然也不缺少外在的繁华,但是那些繁华难掩他内心深重的孤寂,和落寞。

细细回视陈忠实的一生,他五十岁以前,《白鹿原》出世以前,在文学事业上,在文坛,在人生的道路上,总体看他在不断咬牙奋进，为了他心爱的他视为神圣的文学事业，"吭哧""吭哧"（陈忠实用语，象声词，意在形容特别使劲而且吃力地干一件事，陈忠实1991年9月19日致白烨信中两次说到"我正在吭哧的长篇"）不断努力，是一个埋着头苦干实干的形象，甚至不无某些拼命的意味，刚硬，坚毅，"豪狠"（陈忠实的朋友李下叔于1987年曾用"豪狠"一词来概括陈忠实的气性，陈忠实觉得"豪狠"这个词很得劲，也很对他的心思）。由一个高考落榜青年，到以文学改变命运而成为一个工农兵业余作者，从一个农民到农村基层的国家干部，从业余作者再到专业作家再到一个省的作家协会副主席，不"吭哧""吭哧"，没有"豪狠"，是断然不能的。何况，他到了四十四岁以后，还发誓要给自己弄一个死了以后可以"垫棺做枕"的作品，不然觉得对不住自己，对不住自己几十年爱好文学这份苦心和痴心，如此，除了"豪狠"，他还能有别的选择，还敢有别的心态？

五十岁以后，也就是《白鹿原》问世以后，陈忠实的人生有两大"意外"。一个"意外"，是他当了陕西省作家协会的主席。为什么是"意外"？因为原来定的是路遥当陕西省作家协会主席，路遥不幸于换届前病逝。另一个"意外"，是《白鹿原》问世后不仅很火，而且还得了茅盾文学奖。尽管陈忠实后来多次说过，写《白鹿原》时"我知道我写的是个啥东西"，但他对于能否出版心存疑虑，出版后文学界是何反应他也没有把握，能否得奖，更是不好判断的事。人在事中迷，对自己用"全部"的"生活储备"和"全部"的"艺术能力"还要加上全部的艺术勇气（1990年10月24日，陈忠实在致何启治的信中谈到《白鹿原》的创作，说"这个作品我是倾其生活储备的全部以及艺术的全部能力而为之的"）所创作出来的作品，陈忠实对其"成色"（陈忠实语）并无太多的把握，对其问世后的"前景"也不敢多想。他当时的全部期望，就是能出版就算事成了。所以，《白鹿原》写成后，他把稿子拿给同事李星看，李星没有表态前他一直心悬着；李星说了一句"咋叫咱把事弄成了"，他又惊又喜，一时身僵意迷，李星再说什么他居然一句也没有听进去。所以，他在看到人民文学出版社编辑高贤均读了《白鹿原》给他的来信后，欣喜若狂，在自家的沙发上又跃又伏，又吼又叫。不仅这些称得上"意外"，而且《白鹿原》的热销和大获好评，以及过程虽然曲折但结果甚是佳妙的茅奖也都是"意外"。"意外"的好事，自然让人既惊且喜，陈忠实心态大好当然是自然而然。

因此，陈忠实从五十岁以后到五十九岁这八九年间，人生到了开花结果的时期，也真如古人所说的，是"得意"时期，时时风和日丽，处处掌声鲜花。"得意"时期的陈忠实是一个什么状态，我基本上没有印象。我那时不仅对陈忠实，而且对整个陕西省作协的人与事都不关心，所以印象是一片模糊。倒是很多年后，有一次几个朋友与陈忠实在一起聚餐，餐罢陈忠实回去了，几位留着未走的人闲聊，此时已经从作协调到了省社科院的张艳茜，说起当年的陈忠实，说："噢哟，陈老师当了主席后的那几年，那个盛气，那个霸气哟……后来到农村住了两年，回来以后，忽然变了一个人似的，那个谦和，让人吃惊得很！"张艳茜随口说的这个话，给我印象极深。记得是《白鹿原》获得茅盾文学奖后，1997年12月30日的晚上，陕西省作协、《西安日报》、《西安晚报》在西安南大街的大峡谷俱乐部举办《白鹿原》获奖庆贺会，有一百多位各界人士参加，贾平凹在会上有一个题为《上帝的微笑》的发言，他说："当我听到《白鹿原》获奖的消息，我为之长长舒了一口气。""上帝终于向忠实发出了微笑，我们全都有了如莲的喜悦。"当时在《延河》编辑部的张艳茜和同在《延河》编辑部的诗人苑湖，一个女声一个男声，共同以诗一样的语言主持整个庆贺过程。陈忠实那时还兼着《延河》的主编，主办这个庆贺会的，主要是《延河》编辑部一干人马。我那时不知在哪一个角落坐着，留下印象的，一是贾平凹的讲话，一是张艳茜和苑湖的主持，我那时还很惊奇，一个庆贺会，居然还能搞得跟一台演出似的，男女主持，各路嘉宾依次出场唱赞，配以大峡谷俱乐部的声光电舞台效果，真是声情并茂。还有一次，1998年8月中旬，作协在眉县要召开一个陕西中青年作家的专题研讨会，临出发前，作协参会工作人员一二十人集中在陈忠实的办公室，有个人因为有事想请假，陈忠实不同意并且发了火。这是我第一次见陈忠实发火批评人，很是吃惊。

当然，此一阶段的陈忠实，也有"豪气"。多半生埋头创作，年过半百以后多少有些"意外"地荣任被誉为"文学大省"被称为"文学重镇"的陕西省作家协会的主席，陈忠实还是很想大干一番的。陕西作协有过辉煌的历史，但积弊也久。从1954年到1993年，近四十年间，陕西作协（最早称中国作家协会西安分会，是西北五省的作家协会）有三届领导，主席皆为从红色延安过来的文艺老战士，马健翎，柯仲平，胡采。现在，终于轮到陈忠实他们新的一代上来了，又乘着当时文坛盛刮的所谓"陕军东征"的东风及其余威，1993年在陕西省作家协会第四次会员代表大会上当选为第四任主席后，陈忠实在他所作的闭幕词中，激昂而豪迈地讲："我们倡导这个群体的每一个成员，有勇气有锐气有志气有才气有风气。我们相信在这个群体里会形成大胸怀大气魄大视野，出现大作品大作家。""陕西作家应该而且能够对中国当代文学做出无愧贡献！"这里所讲的"五有"和"五大"，也是本次大会的主题词，曾书写为巨大的横幅悬挂在会场周围，非常醒目。可以看出，在老一代作家渐次谢幕而由青壮年作家登台的这一届代表大会，包括陈忠实在内的主席团不仅显得朝气蓬勃，显出要大有一番作为的态势，而且目标宏伟，对于未来的期待值很高。

在闭幕词中，陈忠实在分析了陕西作家群的现状之后，还讲了未来工作的中心："未来十年对于无论哪一个年龄档次的陕西作家都是至关重要的，而最重要的一点是任何一个人都耗费不起有限的生命。本届代表大会产生的主席团，将清醒地认识并理解这一基本的现实，将坚定不移地围绕保证作家进行艺术创造尽最大可能释放各自的艺术能量这个中心而开展工作。""我们将把改善作家创作条件和生活条件作为最现实最迫切的一件工作提上议程"，"我们将努力倡导另外一种有利于作家进行创造的环境和氛围，即和谐"。

当了陕西作协主席以后，陈忠实着实忙了六七年。所忙的事中，有一件就是给作协建办公楼。陕西作协所在的院落始建于20世纪30年代，原来是国军第84师师长高桂滋的公馆。1936年双十二事变后，蒋介石就被软禁在前院的西式建筑里。这个院落分为前院、中院和后院。前院主体是一座带有地下室的西式建筑，坐北朝南，院子中间有一个喷水池。中院是花园。后院是室内层高约三米的平房，实木地板，室外青砖碧瓦，围成古色古香的三个小院。作协的两个公开刊物《延河》《小说评论》和一个内部刊物《陕西文学界》的编辑部，创联部，还有部分作协内外员工都住在后院这三个小院里。中院的花园已在20世纪80年代废弃，建了一个三层楼的招待所。作协的主要业务部门都在后院办公，陈忠实自己的一间办公室当年也在这里。但房屋年久失修，虽然院子里的蜡梅、玉兰还有高可参天的梧桐以及高大的平房在显示着这个院落的出身不凡，但毕竟在风雨中挺立了六十余年，四处可见墙倾屋圮，每逢下雨，有些房间的顶棚就会掉下来，伤人毁物。所以，给作协建一个办公楼就成了新一届作协领导班子诸项工作中的一个当务之急。

建楼是一项大工程，报，批，要钱，施工，诸种事项既复杂还有困难。陈忠实放下创作，忙于各项事务。有一次，为办公楼的事，事先约好了，他和副主席兼秘书长晓雷去找省里某领导，早早去了，等着接见。好不容易等到与领导在办公室见面，但该领导一句正事不谈，却大谈自己对某地区一个小戏的看法。陈忠实只好恭听，心里巴望着领导快快谝完闲传，言归正传说说盖楼的事。不想这位领导兴头很足，谈了一个半小时，后来一看表，挥挥手说要吃饭休息。陈忠实出来后，仰天大笑两声，冷笑两声，然后对同来的晓雷说："旧时代的官僚尚且知道尊重文人，这人则连为官做人起码的常识都不懂！"

由此看来，处在主席之位，虽然想做些事情，但有时候也确实做不了多少事情。陈忠实做了省作协主席后，由于后院盖楼，他的办公室也搬到了前院，就是当年软禁蒋公介石的屋子。作家方英文见了，曾打趣地说，现在陈主席自己把自己软禁了起来。

二

　　五十岁以前的陈忠实，我接触得不多。我是1988年4月底调到作协的，而当年4月1日，陈忠实在他的乡下老家、在草稿本上写下《白鹿原》的第一行字,开始了长达四年的《白鹿原》创作。我在作协机关工作，陈忠实在乡下写作，也见面，但是不多，交往更少。印象深的有两次。一次是，陈忠实还住在乡下写他的《白鹿原》，隔段时间回城里办一些事。有一次，陈忠实有急事，骑了一辆旧自行车过西安东大街，东大街那时白天不准自行车通行，他被那里的纠察人员拦住，硬要罚款，他怎么解释都不行，最终还是被罚了两块钱。陈忠实气恼且有点沮丧地把这事讲给我听时，我一边笑，一边给他说，你说你是作家陈忠实，他们也许就不罚了。陈忠实说，人家看咱更像个稼娃（关中方言，农村人的意思）。确实，那时的陈忠实走在街上，更像一个乡下人。有一次，我在街上碰见他，打了招呼后，回头还注视了一下他散没在街上熙熙攘攘的人群中的背影，觉得他确实更像个地道的关中农民。还有一次，陈忠实搬家，是作协家属院的家，记得是从一个小二居室搬到现在的小三居室，找到我和我们《小说评论》编辑部的小孟帮忙，东西不多，他、我、小孟，三人一早上就搬完了。中午他请我们吃饭，东大街一个叫"太阳神"的小饭馆，点菜时他问我爱什么，我说我最爱吃土豆丝，他说："你这个人好打发!"

同陈忠实来往多了,是他晚年的事。

2001年6月的一天,我在长安县兴教寺下边的老家闲居,接到陈忠实打给我的一个电话。他问我在哪里,我说我在乡下老家,他听了居然大笑起来,然后说:"我也在乡下老家。"又随口感叹道:"君在城之南,我在城之东。隔了一道原,都是乡下人。"我才知道他也在乡下。听说我在乡下,他竟如此高兴,我有些不解甚至诧异,因为我经常回乡下而且在乡下住,有时一住就是几个月。我到作协没有几年,就借老宅迁移的机会在乡下老家盖了几间平房,带一个院子,起名"南山居",时时自己住或同一帮朋友吃、住、玩。后来我才知道,陈忠实是在2001年春节过后回到乡下住的,这一住,就是整整两年。他回乡下住和我回乡下住,心境是不一样的。我这人比较闲散,想在乡下盖房闲居,是三十多岁就有的念头,盖了房后,又不断地在院子折腾,一会儿种树养花,一会儿又挖出一个鱼池,寻找江南的感觉。我的老师王仲生先生和散文家匡燮听说了,专门来看,一进门匡燮就批评我:"人家都扑着扑着往前争哩,你年纪轻轻的,咋一天到晚躲到这里寻清静呢!"而陈忠实回到乡下住,后来我才知道,则是为了躲他认为的"腻"和"酲酲"。2003年12月11日,陈忠实在城里二府庄写了《原下的日子》散文,回顾他回乡的日子,曾引白居易的《城东闲游》抒怀:"宠辱忧欢不到情,任他朝市自营营。独寻秋景城东去,白鹿原头信马行。"他还对这首诗进行了自己的阐释,并且略作发挥,"一目了然可知白诗人在长安官场被蝇营狗苟的龌龊惹烦了,闹得腻了,倒胃口了,想呕吐了,却终于说不出口呕不出喉,或许是不屑于说或吐,干脆骑马到白鹿原头逛去"。他认为白鹿原是干净的,"还有什么龌龊能淹没能污脏这个以白鹿命名的原呢?断定不会有。"于是他回到了乡下。后来知道了陈忠实是这样的心境,我才理解了他为什么听说我也在乡下他会那么高兴。他打电话是问我一些关于汉中诗人李汉荣的情况,他此时正在为李汉荣的诗文写一篇品评性的文章。

陈忠实并不是一个传统意义上的文人,他的身上没有丝毫的隐逸气。甚至,他从来就没有想到过要归隐到什么地方去。他曾很多次说过,文坛就是一个名利场,他不讳言要在这个名利场中争取自己的东西。2002年1月22日,我和他去泾阳参加一个活动,晚上无事,我去他房间聊了很久。他非常肯定地说,他从来不言淡泊,就是有功利心。可是,2001年春节过后,他却独自一人回到了乡下的"祖居老屋",居然就是步上了千百年来中国传统文人走过的路子,归去来兮,隐于乡村。散文《三九的雨》充分地写出了他当时的心情。他写道,回到祖居的老屋,尽管生了炉火,看到小院月季枝头爆出了紫红的芽苞,传达着春的信息,但久不住人的小院太过沉寂太过阴冷的气氛,一时还不能让他生出回归乡土的欢愉。文字之外,让人感受到的,其实是他的心情许久以来过于郁闷,

2008年,陈忠实在原上。(摄影:尚洪涛)

也太过压抑,所以,尽管回归了朝思暮想的老屋,但心情一时还是难以转换,是一派春寒的冷寂。"这个给我留下拥挤也留下热闹印象的祖居的小院,只有我一个人站在院子里。""我站在院子里,抽我的雪茄。""我一个人站在院子里。原坡上漫下来寒冷的风。从未有过的空旷。从未有过的空落。从未有过的空洞。"一连三个排比句,三个"空"字,三个斩钉截铁的句号,极力表达着作者内心的空茫、孤寂和落寞。他写道,"我听见架在火炉上的水壶发出噗噗噗的响声。我沏下一杯上好的陕南绿茶,坐在曾经坐过近二十年的那把藤条已经变灰的藤椅上,抿一口清香的茶水,瞅着火炉炉膛里炽红的炭块,耳际似乎缭绕着见过面乃至根本未见过面的老祖宗们的声音:

嗨！你早该回来了！"

"嗨！你早该回来了！"这是陈忠实的表达语言。陶渊明或千古以来文人的表达句式是："归去来兮，田园将芜胡不归！"意思是一样的。陶渊明也是回归了家乡。所不同的，是陶渊明辞了官，陈忠实没有辞。陈忠实写，第二天微明，他在鸟叫声中醒来，"竟然泪眼模糊"。闻鸟声居然泪眼模糊，似乎不大符合"硬熊"陈忠实的性格，显而易见，是陈忠实此时的内心太过敏感，感情太过脆弱。傍晚，他走上灞河长堤，看到一个男人在河滩里挖沙筛石。他久久地站在那里观看，直至入夜，浮想联翩。在这一年的5月12日，陈忠实写了短篇小说《日子》，写的就是一个"硬熊"，一个挖沙男人的生存状态和赖以生存的精神世界，其最初的生活触动点，显然就是来自这一天傍晚他的所见、所感与所思。

《原下的日子》，是陈忠实一篇散文的题目，后来陈忠实把这个题目用于多处，包括书名。显然，这个"原下的日子"极有象征意义，也耐人寻味，它可以从象征的意义上概括晚年的陈忠实。作为散文的《原下的日子》，充分表达了陈忠实的内心，寂寞，但不宁静，充满了波澜。

还是在这篇散文里，陈忠实写道："我不会问自己也不会向谁解释为了什么又为了什么重新回来，因为这已经是行为之前的决计了。丰富的汉语言文字里有一个词儿叫龌龊。我在一段时日里充分地体味到这个词儿的不尽的内蕴。"其实，在这里，陈忠实反复斟酌拈出的"龌龊"一词，已经透露了他复归原下的原因。

很久以后，甚至在陈忠实去世后，我反复打量他的晚年，才清晰地发现，其实，从2001年以后，他就走出了作协——陕西作协，再也没有回去过。在他五十岁以后到五十八岁这七八年间，"豪气干云"的陈忠实主席是一直住在作协的，后院是家，前院是办公室，他喜欢待在他的办公室，晚上也常常待在那里。他的办公室大，占高桂滋公馆东侧，就是当年拘押蒋介石的那个房子，里外两间，里间办公，外间会客。作协一帮人，晚上有事无事，都好到他的办公室串门、闲坐。回想起来，我在他那个办公室外间看过世界杯足球赛，因为那里有一个大彩电；还和作家王晓新、评论家李国平以及新华社记者李勇（李勇是李若冰的二公子，属于作协子弟）在他办公室外间打过红桃四（一种可以赌博的扑克玩法）。记得我们四人在外间打着红桃四，旁若无人地乱争乱吵，陈忠实在里间办公，也出来坐，他从不玩牌，只是坐在旁边抽他的雪茄，有时还拿起桌上的西凤酒干喝上两口，既不观战（他会下象棋，不懂红桃四），也不觉得干扰。

2001年以后，他走出了这个办公室，也走出了陕西作协，先是在乡下住了两年，后来回到了城里，移到二府庄的西安石油大学，那里给了他一套房，可以使用，没有产权，他白天在那里写作，晚上回家。回城后的最初一段时间，他在星期日还去办公室，毕竟他的家就在作协办公院后头的家属院，几分钟就能走到办公室，来去方便。但是很快，星期日也不来了。陈忠实主席的办公室虽然几经搬、换，但一直是有的，但是他基本不来。身走了，心在哪里呢？

还是在2000年下半年的时候，我就隐约听到了一些说法，事关陕西作协高层的人事矛盾。很久以后，我听到有人说我和陈忠实"走得近"，我冷静地打量我走过的路：你是"走得近"吗？我的感觉是：我一直就站在那里，不远也不近。当陈忠实住在乡下弄他的"枕头工程"时，我刚调到作协，我们只是偶尔相遇，只是打打招呼，最近的也就是给他帮忙搬搬家这样的交往；当他"豪气干云"的时候，应该是我不知道陈忠实一天在干什么，陈忠实更不知道我在干什么，至少，在作协，我即使不是离陈忠实最远的一个，至少也在"圈子"的外围，因为陈忠实那个时候被包围着，我很难看见；只是，当陈忠实突然遭遇"阶级斗争"的时候，围在他身边的人"呼啦"一下都撤了，都退得远远的，我，还站在那里，就显得离陈忠实近了，甚至是最近的一个，这才给人一个"走得近"的感觉。

  我一直站在那里。
  我说的，是我和你的距离。
  不远，也不近。
  当人们拥向你时，我显得有些远。

> 当人们躲开你时，我又显得有些近。
> 因时与势，人们争先，或恐后，
> 而我，并没有移动半步。
> 我一直就站在那里。

陈忠实在世时，我就是这样的感觉，他去世后，我也是这样的认识，有一天，我写了上面一段话记在日记里。这段话比较准确地表达了我和他的距离，或者说是关系。

三

同陈忠实第一次很"近"的活动，是他当选中国作家协会副主席后，由我张罗给他办了一个少数朋友间私下的庆贺会。2001年12月26日，陈忠实在中国作家协会第六次全国代表大会六届一次全委会上，当选为中国作协副主席。得知消息后，我给还在北京的陈忠实打了电话，表示祝贺。说实话，打这个电话之前，我还没有对任何人的升迁晋职之类的所谓喜事表示过任何形式的祝贺。我从心底认为这样做庸俗。还在陈忠实未正式当选副主席之前，北京有一朋友就给我打电话，说陈忠实要当中国作协副主席。我听了也高兴，但听了也就听了。当选消息正式发布这一天，我当时居无所住，还住在岳母家，早上，先是接到我的老师王仲生先生的一个电话，王先生和陈忠实是老朋友，他在电话中很高兴地给我说了这个消息，接着以商量的口气对我说："忠实回来了，是不是咱们给他庆贺一下？"放下电话，我看了岳母家订的西安一家报纸当天的新闻，上边载有陈忠实当选中国副主席的消息，很醒目。陕西乃至整个西北五省，当中国作协副主席的，以前只有一位，柯仲平，柯虽不是陕西人，但他是老延安，也曾任陕西作协的前身中国作协西安分会的主席。那么，陈忠实就是时隔多年以后第二位荣任中国作协副主席的陕西作家，这是陕西文学的一个光荣，我觉得我应该给他打一个电话祝贺。电话一拨就通。先说了祝贺，想了想我又说："王仲生老师给我打电话，说你回来，想同你聚一聚，庆贺一下。"陈忠实听了略一思考，说："朋友们聚一下热闹一下也好。"从他的声音中，可以明显地感觉到，他的心情是轻松的，也是高兴的。

那一晚的朋友间的庆贺会，陈忠实提名请的，多是和他年龄相仿的教授文学的高校教师，我请的，也多是和我年龄相近的高校教师。绿园度假村老板马宏伟和我是乡党，我们很熟悉，他不仅是《白鹿原》迷，也是陈忠实的崇拜者，他热情接待，安排了庆贺会场和接风晚宴。庆贺会由我主持，二十余位文学界的朋友汇聚一堂，纷纷讲话表示祝贺，谈陈忠实的创作，现场还有文学青年向陈忠实献花。朋友们讲完话后，陈忠实发言，他说："就两句话：一，感谢大家；二，该干啥还干啥。"

同陈忠实第二次很"近"的活动，是与陈忠实的一次聊天。2002年1月22日下午,应泾阳吉元集团总裁陈元杰之邀,陈忠实去泾阳参观那里的吉元工业区,我也应邀同去。晚上住吉元大酒店,洗完澡,我到陈忠实房间,和他说闲话。陈忠实说他晚上一般到凌晨1点睡觉。此时10点刚过,时间还早,我们就海阔天空地聊了起来。陈忠实对我说:你这个人心性淡泊,现在房子和家庭问题都解决了,安顿下来以后,要多写东西,搞评论,应该关注并参与全国性的文学话题讨论,研究一些全国性的文学问题,普遍性的文学问题,发出自己的声音,这样才能造成更大的影响。我说,我对当官和弄钱都没有什么兴趣,是准备好好静下心来写东西的。陈忠实说:"四十岁后,日子过得很快。你现在的年龄(作者注:我当时四十四岁),是我1986年的年龄,现在感觉就像是昨天的事。回想五六十年代,是感觉有些遥远,但四十岁时的事,确实就像昨天。人到了五十岁以后,时间更显得快。"他说:"我小时候,看那五十岁的人,就是个老汉。"我插话,杜牧有诗说"四十已云老"。陈忠实继续说,"那时在乡下,就有这样一个老汉对我说,人老了,就像日头下山一样快啊。那时不理解这话,现在理解、体会得很深。早上八九点钟的太阳,你甚至不觉得它的移动,日头在头顶的时候,你也不觉得它的变化,到了下午五六点的时候,你就会觉得太阳下得很快,很快就落下去了。特别是太阳压山的时候,"陈忠实睁大眼睛看着我,边说边在茶几上比画,"太阳压到山上的时候,你先看还是一轮,很快就变成了半个,紧接着,几乎是一眨眼的工夫,就下去了。这时候,你会感觉到黑夜突然降临了。"接下来,他强调说,"人生要抓紧。"他说:"那个时候,我在四十多岁时,突然感到了强烈的生命压力,而这时正好有了一个好的题材,那时对历史的认识也有了一个新的认识和高度,我不敢懈怠,就写了那部作品(作者注:指《白鹿原》)。"

说到官,陈忠实显然颇有感触。他提到了一位刚下台不久的某地领导,说,这个人现在很难受啊,我跟他年龄差不多大,我现在很庆幸我选择了写作这条路。此人在台上的时候,前呼后拥,现在忽然冷清下来了,你想他心理上会是个什么感受?光是手上那些事,那些他亲自干的事,这个建设那个建设,现在忽然让他撒手不管了,心理上那个窝囊呀,确实难受得很。听说此人有一次在大雁塔旁边那个日本人修建的唐华宾馆吃饭,一时激动难耐,当众说了好些不该说的话。停了一下,陈忠实继续说:"我是省委候补委员,几年来见的事,也让我感慨不已。光是开会主席台上的你上我下,就让人很有看的。先是这个人当书记,在主席台上慷慨激昂地大讲'开发''振兴',忽然间,那个人来了,坐在台子上讲话,唾沫星子乱溅,这个人苦着脸坐在台下听。接下来,那个人还没坐满一届,第三个人又来了,他又坐在了台下,老老实实瞪大着眼睛,听一个比他年轻得多的人坐在台上又讲话,那个失落,那个难受,比啥都难受。"

我说,这就是《红楼梦》中说的,"乱烘烘你方唱罢我登场",最后还不是"落一片白茫茫大地真干净"。这一晚,我们聊了很久才休息。我回到房间,躺在床上半天睡不着。

到了第二天,陈元杰请了天人书画院的一批文人书画家来,给县上领导写字。书画家们在一个大厅里写,请陈忠实在一个房间写。陈忠实只写半张纸,即将四尺整纸裁开,或条幅,或斗方,只写四五字。陪同的陆德让给吉友宾馆题字,陈忠实不知写什么好,问我,我说那就写"坐看云起"四字吧。此四字乃我第一本书的书名,也是我非常向往的境界。陈忠实把这四个字写在一张四尺对开纸上,写毕,自己评价说,"起"字最好,"看"字第二,"云"字第三,"坐"字笔墨未到位。陈忠实的人生态度是积极入世,对我这种"坐看云起"的心态似乎不想鼓励,写完后又特意加了"小利雅兴"四个小字,表明此语不是他的意思,而是我的意思。

四

同陈忠实第三次很"近"的活动,是给陈忠实帮着办六十岁生日庆贺活动。事情的起因是这样的:作家朱鸿,同我是乡党也是文友,有关方面开了他的一个散文研讨会,陈忠实人在外地不能赴会但是发了贺信,为感谢陈忠实,2002年4月2日,朱鸿约我同他一起去看望陈忠实。陈忠实住在西蒋村乡下老家,我和朱鸿约在作协的门口会面,在作协门口，又碰上作协已退休的原创联部主任李秀娥，她和几个人也因事要找陈忠实，我们几路人马就一同去了西蒋村。到了西蒋村陈忠实老家，陈忠实见呼啦啦来了这么多人，显得很高兴，说是"看乡里人来了"。晚上，朱鸿做东，感谢陈忠实为他散文研讨会的发言，请陈到离西蒋村不远的半坡湖度假村吃饭，大家都去了。席间，李秀娥说起今年是陈忠实的六十大寿，应该庆贺一下。陈忠实高兴地说："可以聚一聚，热闹热闹。"众人就议定今年给陈忠实过六十大寿。

散席后，大家作鸟兽散，如何过这个六十大寿，好像没有人再提起，事情就落在了我的头上。我拉了朱鸿和杨立英，杨立英又拉了西安饮食集团的负责人王一蒙，几经碰头与协商，包括几次到乡下与陈忠实讨论，商定如下方案：

一、规模：邀请一百人，按一百五十人接待准备。

二、性质：非官方。朋友间，民间式。

三、庆贺会主办单位：西安饮食集团。地点：常宁宫。

四、主题：陈忠实先生六十华诞暨文学生涯四十五周年庆贺会。

五、形式：笔会，宴会。

六、要求：不张扬，不宣传。但可以请媒体的有交情的朋友记者参加。

七、安排：群贤毕至，少长咸集，不论官大官小，不管有钱没钱，都是朋友，不分主次，见座就坐。

2002年7月31日,西安常宁宫,陈忠实六十岁生日,夫人王翠英送其祝贺礼物。

请谁参加,当然是陈忠实自己定。关于陕西作协的人,他态度明确而坚定:"一个都不请!"他的一个主要理由是:"小心耽误了人家的前程。"

庆贺会的日期定在公历的7月31日,这一天是农历的6月22日。陈忠实出生于1942年农历的6月22日,公历这一天是8月3日。日月轮回,农历、公历的日子常常不在一天,陈忠实过生日,多按农历过。

事情议定后,虽然这个活动有西安饮食集团主办,但他们对活动主人陈忠实这一方不熟悉,请人,迎送,会议安排,笔会安排,宴会客人的招呼,节目安排等,都需要陈忠实一方安排或配合。我就自然而然成了陈忠实一方的总协调和总指挥。陈忠实拟定邀请的社会贤达、新闻界、出版界、文艺界、教育界、企业界和球迷朋友最后总计约一百五十人，我们按两百人准备接待。结果，来宾超过三百人。有西安的，也有外地的，还有外省市的。

  我后来想，陈忠实这次之所以愿意这样大张旗鼓地办一次生日活动，深层的心理原因，还是在乡下一年多，太寂寞了，太想念一些朋友了。所以，李秀娥一提议说过一下生日，他立刻接话，"可以聚一聚，热闹热闹"。但是，生日那天，李秀娥却没有来，因为没有邀请。离退休人员中，陈忠实只请了一位，就是已经离休了的作协老领导李若冰。

  2002年12月6日，傍晚的时候，古城下了这一年的第一场雪。陈忠实从远方归来，约我和几个朋友吃饭。饭后，我们去小花茶秀喝茶。聊到他现在的处境，他心情沉重。我对他说：久居乡下不是办法，要出来，多参加活动。2003年春天，他由乡下的祖居老屋移住到了城里。他被西安石油大学聘为教授，回城后，他白天到石油大学的工作室写作，晚上回家住。2005年，我们和西安思源学院联合成立了白鹿书院，他任院长，远道而来的客人特别是文坛的朋友，他喜欢在白鹿原上的白鹿书院小院里接待。很多的时日里，他都一个人待在工作室里；偶尔参加一个活动，一结束他就匆匆回到工作室里。哪怕离回家只剩下一个小时，他也要回到工作室。他已经习惯并喜欢一个人待着,思考,或写作。2007年,他六十五岁生日刚过,陕西作协换届,他从主席的位子上退了下来。

晚年的陈忠实,人是寂寞的,内心也是寂寞的。但他的内心也翻滚着波澜。这种波澜,化成了他后来写成的近百万文字。晚年的文字,透着深重的寂寞,也翻腾着滚滚的波澜。

(作者为陕西省作家协会创作研究室主任)

先生，您还欠我一套书

薛保勤

忠实先生离开我们已经一年了，每每想起他，总有一种难言的深深的记挂。先生是一座山，他巍峨，他傲岸；先生是一本书，他深邃，他丰满；先生是兄长，他可亲，他可敬，他可爱。他的睿智，他的真实，他的倔强，他的坦诚，他的低调，他的淡定，他的平和，他的平实，他的平易近人，构成了思念的点点滴滴。

我和先生过从不密，他年长我一轮。相见常常是在省里各种研讨会、座谈会、首发式、公益活动以及文化人相聚的场合。见面每每这样开头，他笑着握住我的手："我们又见了，好吧？"我说："好！你也好吧？"先生会说："我也好！咱们都好！好！就好！"接着是彼此爽朗地一笑。我们是淡如水的君子之交，却有着很深的情谊，平静的水面往往也会有别样的浪花。

《陈忠实文集》，人民文学出版社 2016 年出版。

2015年11月底，人民文学出版社听说先生病重，非常重视，派周绚隆副总编和《白鹿原》90年代、2000年代的两任责编专程来西安看望。他们还带来刚出版的《陈忠实文集》的样书，请先生过目，并打算请先生吃顿便饭聊表慰问。

先生已经安排第二天再次住院化疗，听说人民文学出版社的同志们来了，便推迟住院，执意要请大家吃顿饭。餐前，我问他的病情，他说："还平稳，按大夫的要求治疗。听大夫的，还好，还好。"我说："今天的饭你别买单了，大家都想买单，你参加就好。"先生不允："必须我请，人民文学出版社是有恩于我的，这次人家又为我远道而来，我必须请人家！"说着说着拉着我的手："人民文学出版社正在出我的文集，他们要送我六十套，等书出来了，我一定送你一套。"我感到他的手很有力。

他是忍着病痛来赴宴的。坐在餐桌前的他,平静、平和,不失热情,坚持与老朋友们寒暄、交流。我说:"老爷子,听说我们今天要和你吃饭,连酒店的老板都从外地赶回来看你呢。"大家笑了,老爷子也笑了。他知道我在逗他:"再不要哄老汉了。"大家乐,他也乐。

那是一顿难忘的晚餐,能够感到他平静背后强忍着的痛,口腔溃疡已影响了正常进餐和说话。他话不多,却得体、周到,淡定的表情背后是古道热肠的暖。这背后是一种对友情、对友谊的尊重和珍重。

我知道他请人,是不喜欢别人买单的,也听说过他为别人抢着买了单而发脾气的故事。那天的单是我买的,我之所以买单,是因为我也是人民文学出版社的作者,想请老爷子,也想请出版社的同志。先生张罗结账时,发现单让我买了,冲着我说:"今天是我请客,保勤,你咋能这样弄呢?你咋能买呢?你让我咋办呀?唉,这个保勤!"言语中我能感觉到他的真诚与不甘,也感到了他对我们君子之交委婉的谢意。老爷子是个重情义的人,我剥夺了他表达感情的机会。我说:"我和你要了好多幅字呢,你从不要钱,就当我买了你的字。"先生笑了,我也笑了。

晚餐结束时,外边下了小雨,我们打伞送他上车。上车前,他不忘一一告别、一一握手,手很有力。车走了,没想到这却是我和老爷子最后一次见面。此后，我曾多次联系想去医院看他，他总是捎话说："谢谢，现在不方便看，以后再看。"谁能想到"以后"呢！我还在等着先生送您我的那套书呢。谁能想到，书没见到，您人却走了。先生，您说话从来是算数的！先生，您还欠我一套书呢！怎么就走了？！

十年前，我的长篇诗歌《青春的备忘——知青往事追怀》要出版，我惴惴不安地请先生作序。他欣然应允，对我说："我可以写，但我对诗歌没有研究，我怕写不好呢。"三个月后，他把序转到我手上，三千六百多字，挥挥洒洒一气呵成。从他联系作品对那段不堪回首的岁月的回望、认知与思考中，可以看出他仔细审读了这本书；从卷面修改的一笔一画的痕迹中，能感受到他的认真，他的字斟句酌与良苦用心。

省里的一位退下来的老领导要出书，想请先生写序，不好开口，找到了我，希望我给先生讲讲，我揽了传话的差事。先生说："人家是大领导，又是有文字功底的行家，我写合适不合适？"我说："人家是领导，更是你的粉丝，他的儿子和孙女也是你的粉丝。"先生在电话那头想了想，说："那我就写吧，不要辜负了人家。"

过了一段时间，领导问我忠实先生的序。我给先生打电话，先生说："书稿我看了，文字很好，不是附庸风雅的文章。领导的序，要写好呢，我不知道从哪儿下笔。"我说："人家就是想要你的序。"电话那头的他笑了："'老老汉'把'小老汉'

给鼓住了,这个任务我必须完成。"(作者注:"老老汉"指年长于他的书的作者,"小老汉"指他本人;"鼓住"是陕西话,意思是让人没法拒绝。)

　　书出版了,"老老汉"为了表达对"小老汉"的谢意,设家宴请"小老汉"。那天"老老汉"一家早早地等待着"小老汉"的到来。"小老汉"来了,"老老汉"迎上,两位老人的手久久地握着。"老老汉"反复表达着:"忠实,谢谢你!谢谢忠实!""小老汉"刀刻的皱纹弥漫着笑:"你是我们的老领导,不谢,不谢!你的书写得好,凝结着你一辈子的心血。应该,应该!""老老汉"在美国留学的孙女听说爷爷要请先生吃饭,专程从美国飞回西安,还买了《白鹿原》的书,请先生签字。家宴结束了,"老老汉"一大家子簇拥着和"小老汉"合影。老爷子写序辛苦了,他也感受到了祖孙三代对他的爱戴,对文化的尊重,对文学的尊重。这印证了先生的那句老话:"文学依然神圣!"

　　老爷子是从苦难中走来的,他始终保持着朴素和节俭的本色。我不止一次地听他说起,现在的生活之好,是我们过去想都不敢想的。我不止一次地听他说:"我一吃饭,常常会想起困难时期过年的豆腐、粉条馅的白面包子,一想起来都能闻到那个味儿,那个香啊。可惜,这种包子当时也只能过年吃到。"由此,可窥见其不忘曾经的情怀。

　　一段时间,社会上出现了一种把精神文化产品的生产等同于物质产品生产的倾向，层层规划批量生产文化精品。有一次，我针对这种现象问先生："精神文化产品和物质文化产品的生产规律一样么？"先生坚决地摇摇头："文化精品的生产不是规划出来的，它的生产有其特有的规律。我们不能把精神文化产品的生产产业化甚至庸俗化。精神文化产品的生产，应该有追求、有目标、有理想，但不能强求，还是遵循它特有的规律好。什么是精品？精品不是你说了算，我说了算，也不是规划者说了算。精品必须有两个要素，一是根植于生活的广大读者的认同，二是要经过一定时间的检验。"我问他："你还能再写一本《白鹿原》不？"他坚定地说："再也不可能了，那是可遇不可求的，但我的写作不会停止，谁让咱是文化人呢！"

2016年5月4日是告别先生遗体的前一天，我特意写了一首诗，叫《您走的时候……》。该诗发表在第二天的《西安晚报》上，现在就用它作为本文的结尾：

　　白鹿走的时候　留下了一片原
　　您走的时候　留下了一座山

　　您在的时候　我们读书
　　读您的沧桑　读您的厚重
　　读一个民族的苦难
　　挥挥洒洒　溢光流斓

您走的时候　我们读人
读您的刚正　读您的坦诚
读一座山的伟岸
星星点点　风光无限

为了文学的神圣
几十年　夜静更深灯火阑珊
当巨大的荣耀来临
却耻于陶醉迷人的光环

面对光荣昭示平凡
用平凡维护大师的尊严
写书　书文学的丰碑
做人　做好人的典范

您是同仁心中可亲的老陈
您是读者心中可敬的老汉
　　不慕浮华　不用浅薄消费光荣
清醒恬淡　迎接世俗的考验

沟壑纵横的脸

洋溢着曾经沧海仍为水的质朴
一板一眼
　　践行着忠与实对世事的冷眼旁观

　白鹿走了　我们看原
　览大师风采　看百姓风范
　忠实走了　我们观山
　　领略山之巍峨　丈量山之傲岸

（作者为陕西省委宣传部原常务副部长，陕西省新闻工作者协会主席）

只要《白鹿原》在,忠实就活着

阎　纲

陈忠实走了,我说不出的难过,才七十四岁啊!

那年 4 月,陈忠实来京。1976 年,《人民文学》发表蒋子龙的《机电局长的一天》,出事了,文化部长于会泳点名说,"《机电局长的一天》是坏小说,要批。"编辑部一方面劝蒋子龙写检讨,一方面派人找作家赶写批邓的小说。我便回西安找你,因为你十分用心地学柳青,小说写得结结实实。《人民文学》专程约稿,你有些激动,但是明白了我的来意,让你急就一篇批"走资派还在走"的小说时,你默然,面有难色,埋头吸烟,半天挤出来一句话:"咱编不出来么!"千方百计推托,不肯就范,从婉拒到坚拒。最后,我被你说服。你当时既不损害友情又表示实难从命的痛苦情状,让我三十多年来不能忘却。忠实说:这事我记得,记得。当时,我也被圈在西影厂受罪,正为"编"一部电影剧本发愁呢!

我说:当时要是逼着你把"走资派还在走"的小说写出来,无疑让《白鹿原》作者背上历史污点,险啊!

1981年10月,我受《文艺报》之命又回西安,同陕西作家促膝谈心,话题是农村题材创作的迫切性。近年来,文学题材取得新突破的同时,农村题材反而被忽略了。不能忘记农民,尤其不能忘记改革开放时期的农民问题,应当像学柳青。我问:忠实,你一贯重视农民题材,有何高见?

忠实说:八亿农民支撑着我们国家,农村实行新政策后,农民有信心了,感情复杂了,相互之间的关系淡薄了,对集体不大关心了。作品要是只写今天的承包责任制、写明天有钱花,写农村干部个个写成南霸天,那太浮浅了。我坚信深入生活是可靠的,我固执地在纷乱的现实中拨弄自己要寻找的东西。生活不仅可以丰富我们的生活素材,也可以纠正我们的偏见,这一点,我从不动摇,深入生活,点面结合,写起来才有根底,不会走大样。

1993年7月,《白鹿原》《废都》《最后一个匈奴》等五部小说进京,我在会上做了题为"《白鹿原》的征服"的发言。会下,我对忠实说:《白鹿原》的突破,体现在历史的深度上——通过隐秘的心灵史质疑万能的"斗争哲学",具有举重若轻的智慧和诸多层次的深刻,成就为石雕式的现实主义。

忠实说:写《白鹿原》时,我的心情非常复杂。一次会上,李星绕到我的身后耳语:"今早听广播,《平凡的世界》评上了茅盾奖！"接着说："你年底要把那事不弄成，你干脆从这楼窗户跳下去！"回乡后我给我老婆说，我回老家去，这事弄不成，咱养鸡去。人民文学出版社高贤均高度称赞的信件送来后，我趴到沙发上半天没起来，老婆慌了："出啥事了，出啥事了？"我说："咱不养鸡了！"

但是，评茅奖时障碍重重，评委会的意见决然对立，致使这一届评奖延迟了两年。多亏陈涌，他最后拿出正式意见，说"《白鹿原》深刻地反映了新中国成立前中国现实的真实"，"作品在政治上基本上没有问题；作品在性描写上基本上没有问题。"两个"基本"！必须修改才能参评。后来，改了，评上了。

问他："改了哪些？"

他笑了："删去田小娥每一次把黑娃拉上炕的动作和鹿子霖第二次和田性过程的部分，关于国共两党'翻鏊子'也删掉一些，总共两三千字。"

某年3月，陈忠实到京，乡党聚首。当我津津乐道家乡的"浇汤烙面"挡不住的诱惑、让你哈喇子直流时，忠实的眼睛一下子亮了，急忙插话说："你们礼泉的浇汤烙面真好，我家个个爱吃。真的好吃！"席尽人散，忠实拉着我的手再三保证说："老阎，我记着呢，过年一定给你送一箱子烙面来，一定！"不久，忠实来京参加作协主席团会议，下飞机直奔方庄小区，破门而入，怀抱一大箱子烙面送家来了，放下烙面，擦了擦脸上的汗珠,来不及过过烟瘾,便赶往中国作协报到去了。

(作者曾供职于中国作家协会、文化部)

注目南原觅白鹿

杨海蒂

暮春四月,从草长莺飞、杂花生树的江南回往京城途中,惊闻陈忠实先生于清晨近八时仙逝。一颗文坛巨星,就此陨落。

我浑身一颤,心中刺痛,泪水夺眶而出。

列车疾驰,一路上,我怔怔地看着窗外,一遍遍回忆与先生的交往,一次次怆然而泣下。

初见先生,是在2003年夏季,我忝列为"中国著名作家三峡采风团"一员,先生是采风团副团长。途中,有人把他比作《白鹿原》中总是不动声色的那位朱先生,而我倒觉得他更像是书中那个既洞达世情又藐视世事的房东老太太,尤其在游轮上相遇时,他那双被人戏谑为"贼亮"的双眸一扫过来,当即使我想起《白鹿原》中对那老太太的描写,"她第一眼瞥人就使白灵觉得她的眼睛像看一只普通的羊一样平淡,而她已经见过成千上万只羊了。"

其实，外表冷峻的先生"望之俨然，即之也温"。他虽然在文坛上越站越高，但却没有"如坐云端"，并未远离众人的视线，他也没有变得冷硬如雕塑。在这个大腕云集的采风团中，他最为"抢手"，一路被崇拜者围追堵截。让有些人郁闷的是，置身于美女们包围中，他同样游刃有余。他的镇定从容，从喝酒就能窥斑见豹。每天都有多位女士轮番上阵想把他灌醉，他兵来将挡水来土掩，始终屹立不倒，让大家既失望又佩服。

是年岁末，先生莅临海南，一个晚上，岛上各路陕籍英豪几乎老少咸至，集聚到他的旗下。我作为文化记者被特邀，这回更加见识到先生的本色。先生不装腔作势，不拿腔捏调，固然满脸沧桑，笑容却顽童般纯真灿烂，兴高采烈时，会无所顾忌地开怀仰合，还伴着洒脱不羁的动作。要这样地大笑，的确需要有健康、旷达的心灵。他毫不留情面地自我调侃，出语辣烈得像他抽的大雪茄，在我看来，只有内心强大的人才会这般自嘲。在他身上，体现着兼具自然、飘逸、沉稳、豪气和略带狡黠的综合性气质。在亲切、宽厚的先生面前，大家畅所欲言，气氛十分热烈。我也大大咧咧，甚至出言不慎，但并不觉得糟糕。

第二天，我匆匆草就《陈忠实速写》，托人呈先生审阅。次日中午，接到陌生来电，声音洪亮，"杨海蒂吗？""我是。"我迟迟疑疑地应道。"我是陈、忠、实。"一字一顿，沉着有力。我一下蒙了，口不择言，"陈老师，您怎么会想起来给我打电话呢?""我怎么不会想起来给你打电话呢?"他说,"读了你写的文章,没想到你这么有才华,让我对你刮目相看。在飞机上,给郭潜力他们都读了。只不过我没有你写的那么好,我都不知道自己是个什么样的人……""您那么智慧,还会不知道?"他笑了起来,说,"向大家问好,向柳建伟问好。"

随即收到潜力兄信息,"我陪送先生回西安。先生对你文章很赞赏,尤其这一段,他说没想到一个女孩子竟有着这样的情怀:'《白鹿原》中博大丰厚的精神世界,作者没有体验过生命的大喜大悲是不可能铸就出来的。十年埋头潜心打磨一剑,那种寂寞孤独,对于一个文人来说需要具备巨大耐力和信念才能忍受。但,所就者大,则必有所忍。只有杰出的人,才能在孤独寂寞中完成他的使命。终于,《白鹿原》横空出世了。立意高远、气魄宏大的《白鹿原》,被圈内圈外读者推崇备至,而除文学价值之外,蕴含其中的政治力量与人道力量也是我所推崇的。针对当前文学现状,陈忠实先生曾撰文指出症结在于缺乏政治,强调"政治是个大的精神概念"。我非常赞同先生这个观点,所以,几年过去了,我对这话记忆犹新。'"

回读当年报纸,十分惭愧当初"不揣浅陋以见教于大方",相对于读到《白鹿原》时的惊心动魄,相对于皇皇巨著《白鹿原》,拙文实在粗浅,不堪一睹。然而,以先生之大德,从来都是严于己而宽于人。

之后,竟整整十年没有与先生联系。是因为我在与人交往中历来不善主动，还是因为工作和生活诸多动荡变迁，抑或是因为自己庸庸碌碌无所建树而索性做一只鸵鸟？

直到三年前，忘了因为什么事情，给先生打过电话，远方传来的，依然是铿锵话语、爽朗笑声，"你到了西安，给我打电话，我请你吃泡馍！"先生在琼时，我说过喜欢吃西安泡馍，他居然还记得。

一股暖意，从心底慢慢升起。先生的光和热，远隔千里也能感受到。

就在这三年间，我多次去到西安、咸阳、延安、汉中等地，好几次被省报、晚报有所报道，有两次还配了照片，想必先生总有看到的时候。而我，连一个电话也没有打给先生，连一条信息也没有发给先生。

何尝不想吃到先生请客的泡馍，何尝不想听到先生睿智的谈吐，哪怕出于虚荣心也想见到先生啊，再说，我还暗存心念想谋得先生一幅字呢。然而，正是因为知道先生生而有仁、交而有礼、言而有信、行而有义，我担心万一先生时间不便，反而给他添了心理负累，所以一直不敢造次，不曾打扰。何况，见与不见，在心不在缘。

可是，先生会不会对我产生误解呢？

一晃，又是两年过去。去年，"秋风吹渭水，落叶满长安"时节，听到含含糊糊的先生因病入院消息，心里一沉，既不敢不信，也不敢确信，更不愿相信，焦虑之下，借约稿之名义给先生发去信息。况且,我多么希望能有幸担任先生大作的责编啊。

不到一刻钟,先生打来电话,开口依然是"杨海蒂吗?"声音不再中气十足,透着虚弱。"我是。"我想笑,又想哭。"我是陈——忠——实。"不是沉着有力的一字一顿,而是有些口齿不清。

先生艰难地问候着,解释着,感谢着;我心酸地答应着,安慰着,祝福着。既不忍心他说下去,又但愿他一直不要挂断。此时此刻,我只有一个心愿,尽快去到西安看望先生!

先生坚决不让我前往,都跟我急了。我知道先生不愿意让人看到他的病容,更不愿意给别人增加麻烦。恭敬不如从命。

我痛恨自己屡入秦地不曾拜见先生,到如今,物是人非,想看望而不能。泪水一行又一行,顺着我脸颊流下来。现在,我唯一能做的,只有祈祷和祝福。我发去信息:陈老师您多保重!接到您的电话很高兴很激动,千言万语化为一句话,祝福您早日康复一切安好吉祥如意!

接下来的新年佳节中,又给先生发过两次信息,也只是简短的问候和祝福。没有回音。先生只会接信息不会回。我不想向任何人打听先生近况,我怕听到任何不好的消息。

然而,该来的,总是会来。或者说,不该来的,还是来了。

列车依然在辽阔大地上疾驰。窗外,烟雨蒙蒙,万物生长,四季轮回,尘世流转。让我们平静地接受那不可改变的吧，按其现实本相，而非如我所愿。太阳，有升就有落；月亮，有盈就有亏；草木，有荣就有枯；花朵，有开就有谢；人类，有生就有死。死亡是生命最后一个过程，有它的存在，生命才得以完整。死亡并非永别，亲人或朋友会以其他的面貌，开始新的生命。

我相信，先生一定会化身白鹿，回到生他养他的白鹿原；白鹿过处，六合祥瑞，八方吉利。

"春来寒去复重重，掼下秃笔时，桃正红。独自掩卷默无声，却想哭，鼻涩泪不涌。单是图利名？怎堪这四载，煎熬情。注目南原觅白鹿，绿无涯，似闻呦呦鸣。"完成《白鹿原》后，先生填了这首《小重山》，这是他人生第一次填词，可以想象他那时的苍凉心境。

泪眼凄迷，西望长安，注目南原觅白鹿；苍茫天地中，秦岭在，灞桥在，南原在，白鹿何在？

（作者为《人民文学》杂志编辑）

白云一片去悠悠
——纪念陈忠实去世一周年

叶广芩

轻风阵阵吹拂,窗外几枝春花羞怯开放,今年的春天又如约而至。

而人却是不会再来了。

长离别,永不归。忠实走了一年了。

总是觉得他还在,没走。或是在石油学院的工作室,或是在东郊的家里,或是在白鹿原上他的书院,或是在白鹿原下的自家小院,也不定大家在什么时候又相聚在某场会议中。是的,以往生活的常态就是这样啊。

去年春天听说忠实身体状况不太好,我跟太白社文艺出版社韩霁虹约定一起去看望他。记得当时我俩都非常忙,韩霁虹的老父亲、我的丈夫都在病中,难得一块儿抽点工夫。时间定在三天以后,不知怎的,我心里有种不好的感觉,我知道自己的消息闭塞,什么事情一旦传到了我这儿,大都到了比较糟糕的地步。对于忠实的病，我一直祈祷他能尽快好起来，几次托韩霁虹带话，让他加强信心，戒烟戒酒，我所居住的老县城村还一直等待着他的到来。我看重忠实的温和厚道，善解人意，这些年他一直老大哥一样罩护着我们。前面有他的遮挡，省了我许多闲心，许多麻烦，他是山峰上的一棵茂盛大树。因此，听到他去世的消息，立时让我五雷轰顶，半晌说不出话来。之前一年樱花盛开时节，我和韩霁虹去白鹿原上参加白鹿书院的雅集。在思源学院的樱花树下，我们与忠实、邢小利及一群年轻人谈诗论文，笑语喧喧，愉快尽兴，好不热闹。那次会上，我用陕西话叫忠实"老哥"，他喊我"大妹子"。他说，"没想到你这个京城的格格能叫俄乡下人老哥，这还是第一回听到哩……"大家都笑。是的，文化的差异，经历的不同，生活背景的相迥，让我们的距离拉得很大。但是在文化的认知，对生活的理解，在待人接物的态度上，我们却又是相通的。在陕西作家中，我接触最多的大概就是忠实了，我们的性情都比较直接，坦诚相见，有话直说，不拐弯抹角。他是省政协委员，我是省人大代表，在每年的两会上听大报告的时候我们都要碰头，匆匆地在厅里交换几句话，他说提了文化上什么什么建议，我说写了文学方面的什么什么问题，我们明白，这是文学的陕军在省里参政议政上最基本的声音了，这是我们的使命，文学在任何时候都不能失音。

对陈忠实，我有着兄长般的敬重，他是我们这个行当里的老大。我原来在某报社工作，一边编辑稿件一边发表文学作品，这点很不招领导待见，被认为是"不务正业"，评职称当然不能算数，别人发作品是高兴事儿，我却是偷偷摸摸，怕人知晓。这期间，我的工作发生过一个重要转折，因为调动没有衔接好，原单位索性将我踢出。1994年，我成了待业中年，没有单位，没有工资，整整大半年在家里晃荡，哪里还有心情写作。我们这一代人，向来将"单位"看得重，在党的单位里干了大半辈子，到了快退休的时候，突然你什么都不是了，什么都没了！"单位"想怎么处置你就怎么处置你，想怎么整你就怎么整你，根结竟是因为"写作"，因为"不听话"。无奈中我想到了作协，想到了平时的作家朋友，我先找到了贾平凹。我说，平凹你得救我，现在我什么都没了，我得吃饭，得有单位管。贾平凹问我什么意思，我说了大概情况，说你们得收留我。贾平凹说他会在文联党组会上竭力促成，可是总得有人推荐才行啊。于是我又找到了陈忠实，到了他的办公室，一进门实话实说，请他帮忙推荐，还理直气壮地说，这样的事作协不替我做主谁替我做主！陈忠实一听笑了，拿起电话当时就拨通了西安市文联党组领导……而在当时我真的没有什么名气，写作水平很是一般般，我甚至拿不出一本像样的厚重作品来。

什么是朋友呢？这就是朋友。平时极少来往，淡泊相处，在关键的时候帮你一把，让你跨过这道坎儿。现在调动需要请客送礼，甚至塞银子，而当时我没给人家送任何东西，包括一本书。我想，为求人而送礼，难道彼此间的友情和信赖就值这点东西么？我们应该学会助人，更应该学会感恩，无论什么时候，无论走到天涯海角，陈忠实、贾平凹，还有孙豹隐、周大鹏、苏育生这些文学朋友的知遇之恩我永远铭记在心。这场磨砺使我学会了感激、珍惜和报答。有时候坏事对自己来说是一种激励、警策和思考，是一味大滋大润、大澄大明的苦药，感念忠实的提携。

忠实六十岁生日的时候朋友们在长安的常宁宫为他办了一场寿宴，到场的人不下二三百，六十是个甲子，大数，整数，是人生一个很重要的生日。我去了，那时的忠实还年轻，很有精神，谈笑风生，大家把生日看成了一个文学朋友的聚会。我对忠实说，真好哇，将来我过六十生日也得像你这么办，热热闹闹，叫许多朋友。忠实说，你放心，等你过六十生日时，一切由我来操办！

只当是个笑话，忠实却一直记在心里，若干年后还在问我，你什么时候过六十大寿啊？我说，还早着呢。其实，我已经过了六十岁好几年了。倒是几乎每年我都要参加陈忠实的生日聚会，规模都不大，几个朋友，一瓶西凤酒，几碟小菜。两碗寿面……2014年他的生日聚会上，书法家雷珍民，宣传部的刘斌部长，秦腔演员李东桥、李梅，作家莫伸、朱鸿等人都来了，每个人都由衷地送了忠实一段话。忠实让我把生日告诉他，说要为我也认认真真办次生日。我从没把自己的生日当回事,不愿过生日是想让老天爷把我忘了。没想到,日子临近,忠实让莫伸打来电话,约定日子,我因为急着要出国,谢绝了。

这样的事情很平凡,甚至有些提不起来,但是大家的心里都装着朋友,装着彼此的事情。

2000年到2009年,我在周至挂职,在老县城村蹲点居住。老县城村离县城一百公里,离西安一百八十公里,深山老林,道光五年建成,当时村里没电灯,没有电话,手机根本用不成,有事全凭捎话。一条土路,一般车上不去,非得越野车才行。老县城是大熊猫自然保护区,城里九户人家,城外是原始森林,这里有完整的城墙,城内有县衙、城隍庙、文庙、娘娘庙、监狱(天狱)、戏楼等等遗址,都成了断壁残垣。下去的初衷,是为了秦岭的大熊猫,为了藏匿于深山的老县城,为了关注生态和山区农民生存状况。对我的举动,很多人不理解,大家说陕西不乏写农村题材的高手,陈忠实、贾平凹那是大家,说我下农村是浮光掠影走马看花,是作秀,是给新闻制造一个话题,待不了半年就会跑回来的。的确,我与忠实和平凹做过比较,写农村题材,无论如何我比不上他们,但是我们看待农村的角度不同。他们是背靠,那是他们的生活积淀,我是面对;他们是信手拈来,我是直面冲击。他们关注的是秦腔,是土门,是白鹿原上的生生死死,我关注的是人与自然的和谐。我的视角代表了一批在城市生长的年轻和不年轻的人。发展农村社会主义先进文化，营造文明、科学、健康的生活风尚是我们蹲点基层的一个重要方面；随着时代发展，农民日益增长的精神文化需求也变得迫切，构建农民文化体系，促进农民知识化越发地提到重要层面上来了。我把想法对作为省作协主席的忠实谈了，得到了他的支持。后来，我在农村举办了几期文学讲座，请忠实前来讲课，成了周至业余作者的一件文化盛事。周至有条峪口叫耿峪，当时的乡政府想在峪里一块大石头上刻上"雷打石"三个大字，但是苦于没钱，找到我，说能否请忠实帮忙写，当然润笔费是没有的，乡里可以送点土特产，比如苞谷糁、猕猴桃什么的。我跟忠实说了，没出一周大字就写好了，乡里的人取了来，高兴得什么似的。至今，"雷打石"三个彤红大字屹立在风景秀美的耿峪沟里，成了忠实为这片山水留下的一段佳话。

忠实很想到我挂职的老县城村去看看。我想，农村环境和生活他应该不缺，去老县城更重要的理由是一个作协负责人对作家深入生活的支持和鼓励。我们约了几次都没有成行，有一回厚畛子乡已经做了认真准备，还是泡汤了。更有一回，忠实已经到了周至县城，正准备进山的时候，天下起了雨，他硬是在楼观台的旅社里等了两天，雨也没有停，只好遗憾地回西安了。临走说，这个老县城啊，不是谁想去就能去的。

忠实走了，他的灵魂在陕西大地上飞翔，白云一片去悠悠，现在他想到哪儿去就可以到哪儿去了。我时常感觉到他就在我们周围，跟我一起在作协大会上听报告，一起穿着军装在部队体验生活，一起举着奥运火炬的传递中奔跑……静下来细想，忠实是真的走了，再不会回来了，那声"大妹子"的回响永远留在了狄寨原的樱花树下。忠实走了，京夫走了，王观胜走了，李佩芝走了，邹志安走了，路遥走了，我的文学朋友一个一个都走了。他们的离去，向我揭示了一个思考：死亡，这是我们每一个人都要遇到，或早或晚，或是有准备，或是猝不及防，我们无法回避，无法加以评论，我们只能顺其自然。就是说，生是一个短暂的、热闹的仪式，通过这个仪式，我们走向永恒的死亡宁静。写作，寂寞地爬着格子，努力地充实着自己，完善着自己的生命，我们所做的一切，无不在死神的注视之下，它使我们生命的每一刻都绷紧了。我们应该珍惜生命，有紧迫感，韶光易逝，时不我待，热爱生命，拥抱生活，以积极乐观、开朗的态度投入生活中去，在生活中提炼人生精华。生命的长度也许更多地被命运把握，生命的密度却攥在我们自己的手里。

又到春时，今年依旧花似雪。去年花里与君别，今年花开已一年。想念朋友，想念忠实。

2017年3月20日

（作者为陕西省西安市作家协会副主席）

文学依然神圣

——为乡党陈忠实先生送行

叶 子

那个日子对我有特殊的记忆——1993年春天的一天下午，人民文学出版社的副总编辑何启治"破例"让他的部下孙顺林给我送来最先发表在《当代》杂志上的《白鹿原》，这是他们出版社要重点推出的长篇小说，要马上出版发行。中央台的《小说连播》节目与人民文学出版社有着长期合作的特殊友谊，人文社为广播、为受众提供的优秀作品最多。

真的，不知是什么神奇的力量，陈忠实的《白鹿原》读来一气呵成，心里暗暗赞叹我的第二故乡黄土地出人才！我以为《白鹿原》应该是中国文坛上里程碑式的作品啊！我便以最神速的时间，一边送审，一边联系李野墨，一边做录音前的案头准备。

我和李野墨连续奋战，在出版当月，中央人民广播电台就录制播出了《白鹿原》四十二集的小说连播节目，陈忠实他们在进京参加研讨会时，在火车上已发现了盗版的《白鹿原》。而在那次作品研讨会上，出版社把最大的宣传功臣归功于广播，因为广播的影响力使作品当月销售达五万册。

我清晰地记得，那次在文采阁召开的作品研讨会开了整整一天，令人难忘。这亦是我十多年来参加作品研讨会绝无仅有的一次，从上午开到下午，从一层会议室开到二层平台，一直开到夜幕降临，大家仍不舍离去……

我还清晰地记得，在我们决定录制《白鹿原》时，陈忠实先生给我写来的信，他认为这是最高的创作报酬，信中这样写道："……你对《白鹿原》一书的由衷之情令人感动，这是我所期待的最高的创作报酬。在我来说，从开初构思到作品完成到发表面世，唯一萦绕于心的期待莫过于此，其实恐怕也是可以称为作家的所有作家的全部创造理想所在。评论家的评论重要，普通读者的喜欢才是最重要的。我非常看重这一点。能使你震撼首先恐怕不容易，因为你所涉猎的长篇太多了，关键在于使你震撼以后的结果太重要了也太珍贵了。你可以通过你的工作而使《白鹿原》一书得以与无数的听众交流，这不单是我所无能为力的，杂志的编辑和书的编辑都无法企及，杂志与书的发行量再大也不可企及，所以从这个意义上着眼，我也由衷地向你致以最虔诚的谢意……"

后来，陈忠实先生留给我的是一幕幕印象深刻的画面：我每每去西安，我们都会以各种方式进行文学交流。记得在

1997年，全国小说连播研究会沿黄河长江拍摄《小说连播》五十周年的专题片时，当时中国文联出版公司的社长、编辑和我们同行，在抵达西安去延安大学时，陈忠实专程派了司机开车并由陕西作协的副主席莫伸陪同，送我们去延安大学，并到文汇山去拍摄路遥的墓地，又去拍摄壶口瀑布，回到西安又与陕西的作家、评论家们一起座谈。就在同年年底，陈忠实给我寄来的贺卡封面上是：文学依然神圣！贺卡里面写着："咏梅：史诗借您飞翔。"因为我们四集电视专题片的名字就是《飞翔的史诗》。

后来凡是我在陕西文学界要办的事情他都给予支持和帮助。在我们《小说连播》六十周年征文活动中，他还给我们写来了《添了一份踏实》的征文，也就是在这篇征文中，我得知了陕西人民广播电台里我们的同行朋友王晨，刚刚给他录制完成了《白鹿原》的关中方言小说连播节目。

也就在这次征文中，我还获悉了生活在最底层的赵凯，由于收听《白鹿原》，联系上了责任编辑何启治，由此又开始了何启治和赵凯延续至今的特殊的师生情缘——瘫痪的赵凯得到了救助治疗已能走路，还成为爱好文学的真正作者了。

"文学依然神圣！"这句话是陈忠实先生留给我最深刻的最难忘的一句话，它道出了陈忠实先生对文学的全部理想和追求、他的生命的全部价值和意义。当我今天连续不断地获悉他去世的消息时，我耳边和眼前出现的就是他的这句话，更幸运的是,他一直把我视为他的"乡党"。我永远不会忘记,在我告别广播生涯时,在我的二百二十万字三卷体的《天籁文库:中国长篇连播历史档案》的座谈会上,他发来了贺信《致叶咏梅》,并由李野墨为他宣读。

咏梅乡党:

您好。诚挚祝贺您编著的二百二十万言的《天籁文库:中国长篇连播历史档案》出版。

我称您为乡党,想您不会惊诧。您在陕西生活多年,熟悉陕西人的语言习俗,把同乡人不称乡友或老乡,而称乡党。我称您乡党,不仅出于你有陕西生活的阅历,更在您对陕西这方地域的深厚而又深情到愈久弥新的情结,我便想以陕西人的习俗称您为乡党了。

我确凿感知到您对这方地域的情结,还有对这方地域的文学的关爱,路遥的杰作《平凡的世界》和拙作《白鹿原》,都是得您的慧眼赏识,并借助您的天籁之音,及时传播到陕西和陕西以外广阔的世界,与数以万计的读者实现交流,这是任何传统的和新生的传媒都难以替及的。我在致您的信中和为庆祝贵台《小说连播》六十周年所写的《添了一份踏实》的短文里,记述并表达了那种感人的情景和我的真实的感动。然而,那仅仅是我一个人的真实体验。您和贵台的《小说连播》的视野是面对中国文学,热情到倾心倾情的关注,把好作品及时输入中国广泛的读者听众,且不受阅读条件和时空的限制,不仅让作家的作品得以传播,而且让无数的读者得到声情并茂的听觉和心理的愉悦。应该说,您的用心用力和贵台持续六十余年的《小说连播》,对于作家和听众,都是功莫大焉。

您在中央人民广播电台成立七十周年之际,编著出版的二百二十万言的《天籁文库:中国长篇连播历史档案》文集的出版,以"历史实录、历史回响、历史再现"了中国长篇连播小说的辉煌成就,显现着感人的足迹,更为小说连播未来的发展提供了具有示范意义的参照,同时,面对这套珍贵的大著,足以见得您对小说连播事业的倾情和专注,辛苦在您都忘记或者说不惜了,我却要向您表示庆祝的同时,说一声辛苦了,咏梅乡党。

祝座谈会成功举办。

陈忠实　2010.12.25 西安

……一瞬间,多少往事历历在目:那是新千年的第二个春天,我们全国小说连播研究会在西安古城召开,陈忠实先生作为陕西省作协主席出席了我们的开幕式。我们在路遥去世的五周年、十周年、十五周年等纪念活动中相遇……记得在纪念改革开放三十周年的文学专题节目里,需要有他五分钟的访谈录,我委托省台采访录音,陈忠实先生不仅谈得好,时间上也毫秒不差,他懂我们广播。

今夜无眠，我不知怎样表达自己的哀悼之情，我仿佛又听到了那次我们聚会时陈忠实先生唱的《送战友》，那次让我吃惊的是他用深情的歌喉演唱了这首歌："送战友，踏征程；默默无语两眼泪，耳边响起驼铃声。路漫漫，雾茫茫；革命生涯常分手，一样分别两样情。战友啊战友，亲爱的弟兄；当心夜半北风寒，一路多保重。……战友啊战友，亲爱的弟兄；待到春风传佳讯，我们再相逢。"

记得英年早逝的路遥，在他去世时，陕西作协让我们中央人民广播电台《今晚八点半》，点播他生前最喜欢的俄罗斯民歌《草原》为他送行。今夜，我想为陈忠实先生点播他生前唱过的《送战友》为乡党陈忠实送行。

著名演播艺术家李野墨说，他唯一的遗憾是限于当年的环境，小说没有能够完整地呈现："当时特殊的形势以及播出时间的限制，没有能将这本书的全貌展现给听众，我其实一直希望把这本书完整地录一遍，这个愿望还没有实现，陈先生就离我们远去了，不过我想还会有很多人怀念他。"是的，陈忠实的送别会就去了各界三万人。

中央人民广播电台《文艺之声》已于5月2日起重播《白鹿原》，我想这也是广大听众的心愿，聆听《白鹿原》是对陈忠实先生最好的纪念。"文学依然神圣"这句陈忠实的话，是一个作家对时代、对文学事业最深切的呼唤，也是他连同《白鹿原》留给这个世界最好的礼物。它告诉世人：陈忠实的离去绝不是一颗星辰的陨落,而是他正用文学精神的火炬点亮无数颗新星冉冉升起,是他正用生命理想的火炬照亮无数前行的人,这支民族之魂的火炬将燃亮整个文学界的新征程!

2016年5月28日修订

(作者为中央人民广播电台《文艺之声》主任编辑)

好人陈忠实

远　村

听到陈忠实走了的消息,我胸口一阵刺痛。当时,我在韩城参加一个诗人采风活动,整整一天,我都被悲伤围裹着,心情异常沉闷。

陈忠实是我敬重的一位文学大家,二十多年来,我们的交往从未断过,一直保持着彼此的信任与友谊。

一

20世纪90年代初,我在陕西省作协主办的《延河》杂志当诗歌编辑。陈忠实是作协副主席,当时正在乡下写长篇小说,很少来作协,偶尔进城办事,会兜里装一些文学青年寄给他的稿件。他把小说转给小说组,诗歌稿件给我。每次都会叮咛:这些基层的作者不容易,能用则用,不能用也给个话,鼓励一下,说不定将来还能成事。我自然不敢怠慢,能用不能用,都会认真给作者回信，说明情况，最后还要加上几句这样的话：以后有新作直接寄我，陈老师写作很忙，不要打扰他，我们编辑会认真处理每一位作者的来稿。

再见陈忠实，他说："远村，你可帮大忙了。"我不解，他又说："那些给我寄稿子的人，又来信了，说感谢我那么忙还把稿子转给《延河》编辑，并为打扰我写作，深感内疚。你看看，还得麻烦你，再给这几个人代我回个信，不要叫人家有压力。"我说我这就给回信，他才如释重负地离去。我大概就是从这个时候，开始敬重陈忠实了。我立马按照陈老师的吩咐，给作者分别回信。多年后，这些人还坚持写作，个别人在陕西还小有名气。

《白鹿原》出版之后，陈忠实相对轻松了，就回到城里。在作协院子里收拾出一间不足十平方米的房间，作为办公室。作协这个院子是个老院子了，前院是作协机关办公室，招待所，还有一个"西安事变"关过蒋介石的小洋楼。后院主要是《延河》和《小说评论》编辑部，还住着几个没有分到单元房的年轻人。只要推开我的门，就能看见陈忠实办公室的窗户。所以，几乎每天都能在院子里见到他。

有一天，陈忠实走进我的办公室，说："远村，有个事情要麻烦你。"我说："陈老师你说吧。"他说："延安时期的老作家于黑丁快九十岁了，要回延安看看，儿子跟我关系好，人家一再来电话叫我陪着去延安，你看我单位事多，走不开。

你是延安人,人熟路清,想来想去,你去最合适,我也放心。"我赶快说:"不麻烦,不麻烦,我还可以顺道回趟老家。"

第二天,我和陈忠实一起去火车站接人,火车晚点,我俩就在广场上闲谝,说着说着,就扯到去世的路遥身上。因为路遥走了时间不长,作协的人茶余饭后都不愿提及路遥,都想尽快从死亡的阴影中挣脱出来。坊间传说路遥跟陈忠实关系一般,所以,我很谨慎说话,陈忠实似乎看透了我的心思,说:"我知道你跟路遥走得近,你也算对得住他了,又是医院伺候病人,又要管他不听话的孩子。"我说:"陈老师,你真这么看?"他说:"不是我一个人这样看,作协谁不这样看?"陈忠实调整了一下语气,又说:"外人不知,我和路遥都是干活不要命的人,他年纪轻轻就弄出个长篇,对我压力很大。没有路遥,我恐怕也不会这么快弄出个《白鹿原》。"我说:"英雄相惜。"陈忠实还想说什么,火车到了。我举着牌子去出站口接人。

没想到老作家于黑丁身板硬朗,反应灵敏,不见一点老态,老伴也就六十开外。我悬着的心立刻放下。说实话,我还真后悔答应陈忠实这个差事,客人岁数大了,路上有个什么闪失,咋给陈老师交差。

一路上,两位老人问这问那,到了延安,把行李放到招待所,也不歇一下,于老就要去看延安城,看他曾经住过的窑洞。在延安的两天里,我并没有回老家,我只是想让陈忠实不要太过意不去,才说我还可以回趟家。我尽心尽力地陪着客人，只要于老想去哪里，我一定安排。返程时，我买了延安的红枣和小米，送给客人。到了西安，我又陪着于黑丁夫妇去临潼看了华清池、兵马俑，还带着他去看望了老作家胡采，他俩都是老延安，共同参加过延安文艺座谈会。于老回家后，亲自给陈忠实写了感谢信，特别提到他们全家都很感谢我细心照料。陈忠实把信给我看了，说："你帮老汉了了个心愿，也帮了我个大忙。"我说："其实，要感谢你，让我从老作家那里听到了另一个延安。"陈忠实又说："我得回个信，你有啥说的，我一并写上。"我答："你看着写吧。"

二

1997年，我接到《延安文学》主编曹谷溪的电话，他说："我现在给你一个任务，陈忠实的《白鹿原》一直领先，看来获茅盾文学奖是没什么问题了。你去给忠实搞个专访，《延安文学》要赶在评奖结果出来前发。"我说人家不接受采访咋办？谷溪老师说："我已征求过忠实的意见了，他同意了。"我说那好。

我写了六个问题，去作协找陈忠实。我说："陈老师，你先看一下这几个问题行不？然后再定个时间，我带上录音机。"陈忠实看了一下说，先让我想一想。具体时间我给你打电话。我说不敢太迟，谷溪老师等着用。他说老曹是个热心人，我一定快些。

过了几天，我如约而去，陈忠实叫了郑文华给我们烧水泡茶，我把录音机打开，我问陈答。之后，我根据录音整理了一个访谈，又对一些口语进行了润色，尽量接近陈忠实的语言表达方式，反复看过数遍才送给陈忠实审订。陈忠实改了几处，笑着问："这都是我说的？"我说是啊！他问几千字，我答大概六千多字。他说杂志上发没问题，要是在报纸上发就长了。陈忠实果然获了茅盾文学奖。这个访谈除了在《延安文学》全文刊登，白烨编的《现代文学研究资料》上也转发了。春风文艺出版社在一本书中也收了这个访谈。出版社还征求过我的意见，说陈老师告诉他们我的电话。我说陈老师答应了，我没意见。但人家说还有个文件要我本人签字，我只好说那你寄过来吧。

2002年夏天，陈忠实六十岁，陕西文化界在长安常宁宫给陈忠实举办了一个文学座谈会。邢小利给我打电话。说陈忠实特别强调，一定要通知到你。我听了心里很温暖。

三

去年夏天，白鹿原诗歌节在思源学院举行，其间，我们参观了陈忠实文学馆。看见一幅陈忠实的书法，赫然挂在墙上，欹正妥帖，提按如法，是难得一见的好作品。陈忠实名大字好，但凡文学圈里的人，不论名气大小，只要是为了孩子上学，找工作或老人过寿，开口要，陈忠实都会给写，也不收钱。我近几年也钻研书法和绘画，省里的一些报刊偶尔也发一下我的书画作品,陈忠实逢人就说远村的书法好。见我又说,你那是书法,我这是字。我说陈老师有宋四家的书风。他直摇头,说我就是念书时学下的钢笔字。前两年,很多人要买陈忠实的书法,一些朋友让陈忠实提价,他就是不答应,一张四尺的书法没过万元。他还给我说,众人抬举咱,实在没办法,不收点招架不住。

找陈忠实写序的人很多,不是谁都给写,他答应给写的,不取分文。陈忠实曾给我写过一篇序,将手稿装在信封里,让杨毅送给我,还附了几句话,让我收藏。我实在过意不去,犹豫了好多天,终于决定要给陈忠实润笔费。没想到陈老师大怒,说:"我认可你,才给你写序,赶紧拿走,不要坏我的规矩。"第二天,一个朋友来访,我就给来人诉苦,朋友说这好办。陈忠实爱吃陕北羊肉,我说羊肉现在吃不成,只有冬天羊肉才香。朋友说,那你就冬天再给送。我说只能如此了。年关将近,我从陕北弄了一只整羊,给陈忠实打电话,说快过年了,给你送点羊肉,陈忠实高兴地说:"成,成。"一送,就连着送了七八年。有一年除夕晚上,手机铃声响了,来电显示是陈忠实。他说:"有个饭馆老板要给我羊肉,我说家里有一只羊,正愁没法做。人家就拿去,炖好给送来了,吃着真香,就给你打电话。"我赶快说:"陈老师,祝你新年快乐。"陈忠实接着说:"祝你全家新年愉快。"

陈忠实当了两届省政协常委,每年政协全会期间,他都会把我叫去，说委员中有的作家是基层来的，我这个主席，得尽地主之谊，你在会上又不忙，我请客，你叫人咋样？我说好啊。然后，他念名字，我记。

去年夏天，清涧县委县政府要在荞麦园搞一个纪念路遥的活动，我的一位老领导给我安排任务，一定要协助主办方把这个会办好，把陈忠实、贾平凹请到会场。我给陈老师打电话，他说他口烂了，说不成话。写几句话，叫杨毅送过去。第二天清涧方面又催我，一定要把陈老师请来。我只好又给陈忠实打电话，说去他家看他，陈忠实态度很坚决，说不要来。我说已到你家楼下，他还是坚持不要来，语气有些急。第三天下午，路遥纪念馆馆长刘艳高兴地告知我，陈老师把会上的发言稿送来了，是从医院过来的。我才知道陈忠实那几天一直在医院看病。我心里十分愧疚，要是知道他病了，就是打死我也不会去逼他。我一直想找个借口去看陈忠实，向他当面道个歉。但得到的消息，都是陈老师身体不好，不见人。昨天从韩城回来的路上，我还在想这个问题。我活了五十多岁，从未强人所难，唯独这一次，还是我敬重的陈忠实老师。但他已经走了，我连跟他解释的机会都没有了。唯愿这位文学界的好人，一路走好。

（作者为陕西省政协《各界》杂志总编辑）

邻家大哥陈忠实

张艳茜

2016年5月7日早上,在西安市殡仪馆咸宁厅,我被人流拥推着与陈忠实老师告别,这是我在2015年10月10日与陈老师挥手告别之后再次见到他。向陈老师行三鞠躬后,我努力在短暂的时间里端详陈老师,但是,我分明感觉,躺在那里长睡不醒的人完全不像他。不,根本不是他。

我即刻慌乱了眼神,却被后面瞻仰的人流再次拥推着走出了咸宁厅。眼泪还在涌流,心中却有些安慰,我对自己说,这里躺下的人不是陈老师,陈老师可能又回到灞桥西蒋村的原下老屋,我还是能再次见到陈老师的……

2016年4月29日上午8点,噩耗是《西安晚报》的高亚平传给我的——陈忠实今天早上去世了!那一刻,我手中的电话险些掉落在地。我们彼此在电话两边沉默着,然后不约而同挂断了电话。

我对自己说，这不一定是真的。然而，一切都混乱了，桌上的杯子不小心碰翻了，腿磕在门框上，锁门去上班又发现要带的资料落在家里……9点钟到达陕西省社科院时，微信的提示音不断地响起，铺天盖地的全都是同一个内容，我无路可逃，但依然不相信这是事实，泪水却难以控制地涌出。

现在可是人间四月天吗？分明是苦寒又残酷的严冬啊！

我快速动身去往我曾经工作了二十八年，也是我与陈忠实老师共事二十八年的陕西省作家协会所在地——西安市建国路83号。20世纪30年代，这里是高桂滋公馆，主人是曾率部参加过平型关战役的国军第84师师长、抗日将领高桂滋。曾经的高桂滋公馆分为前院、中院和后院。前院主楼是一座有地下室的西式建筑。

高桂滋公馆的左邻是张学良公馆。两座公馆都是"西安事变"旧址，一同见证了中国发生历史性转折的时刻。1936年12月12日，高桂滋公馆尚未完全竣工，"西安事变"发生了，蒋介石被软禁在高桂滋公馆前院主楼的东耳房十天。这起改变中国历史走向的大事件，使高桂滋公馆一夜之间成为万众瞩目之地。

"西安事变"六十年后的1995年夏天，蒋介石住过的高桂滋公馆主楼东耳房成为陕西省作家协会主席陈忠实老师的办公室，陈老师曾撰写一篇散文《办公室的故事》记述过：

高桂滋公馆。

我无可选择地搬进东耳房这间办公室。好在这是一个南北隔开的套间，我在北边隔间办公，蒋介石被关押过十个日日夜夜的南边隔间，现在布置成一个小型会议室，中间有一道小门相通。我在北边隔间接待各路来客，包括热心读者，得空写点短文章，倒也罢了。偶尔得着一个人闲静，尤其是晚上独饮两杯的时候，往往会想到套间那边曾经住过的蒋介石……

高桂滋公馆这个院落，在1956年到1966年，门牌号是西安市建国路7号，那时在院子里办公的陕西省作家协会，还被称为"中国作家协会西安分会"。1966年"文革"爆发后，陕西省作协被赶出高桂滋公馆，这里的门牌号则改为建国路

73号——高公馆进入了一段长达八年、极为黑暗的"文革"时期。其时，高公馆的主楼底层成了关押中共西北局"走资派"的地方，刘澜涛、舒同、刘文蔚，包括当过副总理的习仲勋等都曾在此关押。"文革"结束后，中共陕西省委于1979年6月9日，向全省各地县下发过一个以门牌号命名的《关于"七十三号问题"的调查报告》，报告详细讲述了发生在高桂滋公馆内鲜为人知的丑恶与残暴。

1975年底至1979年，陕西省作家协会各部门陆续重新回到建国路高桂滋公馆。许是为洗刷掉"73号"的血泪与污秽，此时的门牌号已改为建国路71号，高公馆后面的三个四合院，成为两个刊物——《延河》和《小说评论》以及创联部的办公室。然而，院子里相继盛开的蜡梅、紫荆、丁香和海棠树也难掩这座院落经历了半个多世纪风雨的衰败，白蚁蛀蚀了屋梁木框，每逢下雨，墙裂屋倾、顶棚脱落便随时发生。陈老师的办公室就是在1995年夏天一场雨后，成为危房的。

1993年6月在人民文学出版社出版《白鹿原》第一版的同时，在陕西省作家协会第四次代表大会上，陈忠实当选为省作协主席。当选主席后的陈忠实老师，深知作家生活的不易，创作的不易，身在其位，得谋其政。陈忠实放下身段，他全身心地投入，要为陕西文学的发展和繁荣做一些实事。这于他是不小的牺牲，牺牲作为作家身份的时间和精力，为作家们的生活和写作创造一定的条件。陈忠实为作家和作协做了很多工作，比如当时陕西省作协的办公条件极差，他要向省上争取建办公大楼的经费。他带上自己的著作《白鹿原》作为见面礼，开始奔波于省上有关部门，去见主管领导。报、批、要钱、施工诸事繁琐而困难重重，他却样样事操心。热脸、冷脸他看到了，一边敷衍着、一边给他大讲文学的他也领略了。奔波最终有了结果，项目和部分资金落实了。这种付出对陈忠实老师的创作影响极大，起码没有整块时间投入写作了。有一次，北京的一家出版社的女编辑来西安组稿，晚上我们接待女编辑，女编辑拿出合同，希望将陈忠实老师的下一部长篇小说签下来。合同上的书名号中间空着，只需要签一个书名，再签一下名字，一切都准备好了。陈老师面对这个合同为难地说，他目前没有写作长篇的计划，要写可能写类似《蓝袍先生》题材的长篇，但是苦于没有时间。女编辑很执着、很坚持，一定要陈忠实把下一部作品给她。陈忠实没办法，只好在合同的空白书名号里写了《下一部》三个字。

1997年之后，除高桂滋公馆前院的主楼和喷水池保留下来，后面的三个四合院被拆除，要在原地盖起办公高楼。那些名贵的树种被砍伐掉了，办公楼却因一时资金不到位，整个院子荒芜了好长时间，四处杂草丛生。2002年这座大楼终于矗立在"高桂滋公馆"的后院，然而，作为办公大楼也只短暂地使用过六七年。2000年之后，高桂滋公馆——也就是陕西省作家协会的门牌号又改为建国路83号，一直沿用到今天。

1997年到2002年，由于后院建办公楼，高桂滋公馆主楼的中间房子，被隔成了六个隔档，《延河》《小说评论》编辑部和创联部被安置在这里，主楼东侧就是陈忠实的办公室。所以，我们出门进门，就经常与陈老师见面。到了冬季，他也与我们一样生起蜂窝煤炉子取暖，有时，就见到煤灰冲鼻、面颊不小心带着煤黑的陈忠实老师从我们面前走过。下班后，我们也走的是同一条回家的巷子，进同一栋家属楼。

2016年4月29日中午时分，陕西省作协设在高桂滋公馆主楼的吊唁厅开始布置。1992年11月17日路遥去世时，我们省作协的所有工作人员，一同参与了丧仪工作——剪裁折叠白花、布置吊唁厅、摆挂挽幛挽联花圈、接待前来吊唁的四方朋友八方读者。现在，我已经调离省作协，我以为我仍能为陈老师做这最后的事情。正要迈步走进高桂滋公馆主楼中间的房子，参与布置吊唁厅，却被告知，这些工作都由专业人士承做，无须其他人帮忙。我落寞地站立许久，茫然地望向旁边的东耳房，时过境迁，如今，陈老师曾经的办公室，那间东耳房里早已没有了他的气息。但我知道，因为"西安事变"为世人瞩目的高桂滋公馆，也会因为陈老师，让人们再次将目光投向这里。

1985年7月我大学毕业后，有幸走进高桂滋公馆大院，开始在陕西省作家协会的《延河》文学月刊社工作,那正是文学的鼎盛时期。曾经在报刊书籍上见到的大名,胡采、杜鹏程、王汶石、李若冰、路遥、陈忠实等等作家突然以活生生的形象,行走在省作协大院里,出现在我面前。

1985年7月,在我刚进入陕西省作协工作的时候,陕西省委宣传部正式行文,陈忠实为中国作家协会陕西分会(陕西省作协前身)副主席。之前,根据"专业技术干部的农村家属迁往城镇"的相关政策,陈老师的妻子和子女四人的户口,由灞桥区的蒋村迁到了西安,然而,户口和人事关系进了城,陈老师却一个人仍然在他称为原下的祖居老屋居住、写作。当时,他还有一个角色,就是挂职的中共灞桥区委副书记。每隔一两周,陈老师从灞桥西蒋村被他称为原下的老屋居所,回一次省作协家里,处理一些工作事宜。离开时,带上妻子为他蒸好的馒头,这是他一周的伙食,再返回到灞桥的原下老屋。

我第一次仔细端详陈忠实老师,是1986年元月的一天。陈老师随中国作家代表团去泰国考察归来,省作协所有工作人员,集中在前院的办公室,听陈老师讲述泰国之行见闻和感受。我坐的位置虽然离他略远,办公室采光也不好,但陈老师穿着棉衣坐在窗户边,面容的轮廓便很清晰,那是一个朴实厚道的关中人模样,面颊还没有像后来那样多的褶皱。他操着一口地道的西安方言讲述着,声音浑厚,听起来很是亲切。与第一次我见到路遥老师的情景完全不同，我竟没有怯生生的感觉。2002年，我在天津参加《小说月报》组织的文学活动时，见到作家毕飞宇，他得知我是陕西省作协的，兴奋地对我说，陈忠实先生的那张脸太可爱了，脸上的每一道沟壑，都有丰富的生活内容。

  1988年第5期，《延河》编辑了"陕西作家农村题材小说专号"。这一期专号，由贾平凹、邹志安、陈忠实、王宝成、京夫、王蓬等十五人组成强大的阵容，集中展示了陕西几乎所有优秀作家和他们的作品。作为分配在《延河》工作才三年的小说编辑，我负责编辑、通稿的小说，是陈忠实老师的《轱辘子客》，这个短篇小说将一个赌徒描写得生动而有趣。我当时真是年轻又胆大，发现小说中有一千字的描写游离于叙述之外，就毫不犹豫地删掉了。刊物出版后，陈老师见到我，呵呵笑着对我说："小张，你把我一条烟钱给删没了。"那时，《延河》的稿费标准是每千字15元，大概正是当时的一条烟钱吧。今天，我再次找出《延河》的合订本，阅读这篇将近三十年前陈忠实老师的旧作，读着读着，再次泪眼模糊。我在想，若是现在，我是否还能毫无顾忌地对著名作家的文稿放心大胆地动刀子？或者，当时不是陈忠实，而是别人，这个作家会否轻易饶过我这个小编辑？在功利主义大行其道的今天，我依然能做到稿件面前人人平等，但若不是陈忠实，换作他人的表现就难说了。

陈老师的这篇小说文末，有这样的注明："1988年2月13日于白鹿园。"千真万确，是"白鹿园"而非"白鹿原"。1988年4月1日，陈忠实在草稿上写下了《白鹿原》的第一行字，漫长的《白鹿原》创作开始了。当他在《白鹿原》的草拟本上写下第一行字时，他的"整个心理感觉已经进入我的父辈爷爷辈老爷爷辈生活过的这座古原的沉重的历史烟云之中了"。

那之后的很长一段时间，很少在省作协大院见到陈老师。冬日的某一天下班后，《延河》的同事、作家王观胜约我一同去灞桥蒋村看望陈老师。我们乘坐省作协的一辆面包车，尽管司机张忠社轻车熟路，但是因路况极差，还要在一条狭窄的小土路上盘旋好久，赶到蒋村陈老师老屋时，天色已经大黑，安静的村落，只有几声狗叫和我们汽车行驶的声音。陈老师高兴地将我们迎进院子，又迎进老屋。老屋里的通道上，灰暗的灯光下有一个案板，上面是手工擀的早已晾干的面条。原下的小院只有陈忠实一个人，《白鹿原》的创作已经开始。他得自己开火做饭，洗锅洗碗。陈老师说，妻子王翠英走的时候给他擀下并切好一大堆面条，只由他将面下到锅里煮熟，妻子还留下不少的蒸馍，饿了将蒸馍在火上烤得焦黄，陈老师说，烤馍的味道真是美极了。得着空闲，王翠英回来给陈忠实送蒸馍，同时再擀一些面条，如果妻子太忙，陈忠实便赶到城里家中，再背馍回原下。陈忠实感慨，自己与背馍结下了不解之缘,少年时为读书从乡下背馍到城里,中年时为写作又把馍从城里背到乡下。

在老屋陈老师的书房有一个小圆桌,桌前一个小板凳。陈老师说,他就是在这个圆桌上写作的,谁能想到,后来让陈忠实站立在中国和世界文坛的《白鹿原》竟是陈忠实坐在小板凳上,在这张斑驳的小圆桌上完成的。

在老屋,我没有见到蔬菜,屋角只有几根大葱,墙上挂了一串辣椒。

1993年,陈忠实上任陕西省作协主席后,也同时兼任《延河》杂志的主编。那时,我是《延河》小说组组长。1993年省作协换届会的理事会上,陈忠实突然点我的名,我一时惊住,不知所措地站起身来,却原来是陈老师要将我介绍给理事会的作家们,为的是让我尽快与作家们熟悉,以便日后组稿方便。

1995年6月,《延河》编辑一期"陕西青年作家小说专号"。组来陕西省九位当时很有实力的作家作品。编辑整理后,我请主编陈忠实为这期专号撰写主编寄语,他欣然答应,还对我说,一定让我将文稿排序后再交给他。我遵意拟好排序目录,一并送到陈老师手中。几天后他将文稿还给我的同时,也送来了撰写好的主编寄语《生命易老,文学不死》。在这篇近三千字的文章中,文中和文尾,陈老师两次感慨"生命易老,文学不死":

翻阅这些墨痕笔迹千姿百态的手稿，我突然想起十四年前的1981年元月号的《延河》，那一期刊物也是"陕西青年作家小说专号"，集中展示了新时期开始在文坛崭露头角的一拨青年作家的作品，在经历浩劫刚刚复苏的中国文坛第一次亮出陕西青年作家群的基本队列，十余年后，队伍中的路遥和邹志安，以他们剧烈的燃烧已经过早地焚毁了，我的失落我的沧桑感慨出于兹。我居然还在这个群体队列之中，然而，这个队列已不是青年作家的队列了，我再也没有资格入选《延河》任何一期以年龄为标识的青年作家专号了……岁月逼人。

生命易老，文学不死。……

本期青年作家专号便是一种容纳百川的艺术胸襟的昭示。《延河》年轻的编辑们编辑了本期的"陕西青年作家小说专号"，两方面的年轻人，共同创造着《延河》的辉煌。

生命易老，文学不死。

在交给我主编寄语时，陈老师对我说，起初让我做好排序，就是要看看我的编辑感觉是否与他的阅读感觉相吻合。他说他很高兴，因为我俩的审美标准是一致的。他还说，用杨争光的短篇小说《代表》做本期头题，能压得住，没有任何问题。

1995年8月，刚刚三十二岁的我，在陈忠实的力主下，被任命为《延河》副主编。任命公布后，陈忠实对许多关注此事的人介绍我说：在先后进入这个老宅深院的年轻人里，张艳茜是唯一一个女性，不仅年轻，而且靓丽，性格又很开朗，响亮的笑声给这个老屋旧院平添了鲜活的生气，浮动着勃勃生机，与当时正在潮涌着的文艺复兴的氛围相呼应。因为张艳茜工作的认真和对《延河》的热爱，她肯定胜任这个职务。

2011年，我的第二本散文集《城墙根下》出版前，我恳望陈忠实老师为我写序，他说他很愿意为我的书撰写序言。在这篇长达七千多字的序言里，陈老师对我的理解令我感动得流泪：

> 在我确定的印象里，张艳茜是一位职业编辑，而且专注到某种以命相托的痴情到痴迷的状态，无论是在漏雨的老房子，无论是在新办公楼的编辑部里，她面对的都是一摞一摞稿件，面对的都是一本生存愈来愈艰难的《延河》，却从未也没有跳槽另投到一家更能获益的门庭。尽管这种可能的诱惑不止一次有过，她都没有动心。这是我熟悉不过的张艳茜。

陈忠实老师兼任《延河》主编的那些年，并不参与日常的编辑工作，偶尔，有作者将文稿邮寄到他的名下，他转来时，一定会叮咛，要以作品质量为准则。彼时，文学逐渐边缘化，财政拨款每年只有十万元，可谓举步维艰。每当遇到财政困难，陈老师便担当起主编的职责，想方设法解决《延河》经费不足的困难。他不放过任何崇拜他并要与他相识的企业家，希望得到对方经济上的援手，支持《延河》杂志。自然是热脸、冷脸他都遭遇过。他常感叹，从别人口袋里要钱真是为难，但是不要，《延河》就无法生存。正因为有陈忠实做主编，我们背靠大树，才度过一个又一个艰难的日子。虽然《延河》稿费标准不高，又不能及时发放，但我们从不欠作家的稿费。

1998年元月号，我们编辑了一期"陕西中青年作家小说专号"，我再次请陈老师为这一期专号撰写主编寄语。从来做事认真的陈老师阅读了全部的文稿，写下了《寻找属于自己的句子》的主编寄语。后来，他又以"寻找属于自己的句子"为书名，出版了《寻找属于自己的句子——〈白鹿原〉创作手记》一书。一篇由我约稿的主编寄语引出陈忠实老师的一部新著，让我这个做编辑的多少有些自得。

2001年春节刚过，陈忠实在西安城里买了足够的取暖做饭的蜂窝煤和足够的填肚充饥的粮食，再次回到灞桥原下祖居老屋。准备了这么多"粮草"，他显然是打算在这里长住的。写作长篇小说《白鹿原》那五六年里，他一个人独居老屋，那时他还是中年。而这一次再回到祖居老屋,他已经五十九岁，是可以称为老人的年纪了，却要一个人在乡下自己照顾自己的起居。妻子儿女一起送他回去，当他挥手告别妻女，看着汽车转过沟口，反身回到原下的小院，心里竟然有点酸酸的感觉。何苦又回到这个空寂了近十年的老窝来呢？

我听见架在火炉上的水壶发出噗噗噗的响声。我沏下一杯上好的陕南绿茶。我坐在曾经坐过近20年的那把藤条已经变灰的藤椅上,抿一口清香的茶水,瞅着火炉炉膛里炽红的炭块,耳际似乎萦绕见过面乃至根本未见过面的老祖宗们的声音。嗨!你早该回来了。(《60岁后重回白鹿原,泪眼模糊》)

他这一住就是两年多,似乎隐居了一样,在杂志和报端阅读到他的散文或是短篇小说,知道他点滴的生活状况,也能读出他的几多无奈。他自己说,那两年,也是他1992年完成《白鹿原》进城以后写作字数最多的两年。

这两年的"隐居",陈忠实老师在重新打量世事人事的同时,也在重新打量自己,调整自己的心理,归于宁静,获得宁静,既是他这两年的最大收获,应该说也是他又一次的"精神剥离"。

2005年,我遭遇了人生巨大的打击,将青春、生命和热爱都倾注于《延河》的我,被迫与已经与我生命成为一体的这部分——《延河》撕裂开来,在生离死别般的痛苦中难以自拔。还挂着《延河》主编职务的陈忠实老师,自然对省作协对《延河》当时的状况了然于心,但他无力改变,不然他怎会在2001年再次回到祖居老屋过隐居一般的生活?他安慰我说,风物长宜放眼量,你还年轻,也很坚强,目光放长远一些。也是在他的激励下,我终于在2013年底摆脱了不尴不尬的痛苦困境,离开了陕西省作协,调动到陕西省社科院工作。陈老师得到我成功调动的消息后,给我打来电话祝贺,并叮咛我,不要放弃写作。还说,有需要他帮助的一定告诉他。

2005年之后的十几年间,虽然我和陈忠实老师无法如以往一样在工作上保持密切交往,但与陈老师关系却越走越近。随着年龄的增长,尤其是从祖居老屋再次出现在我们面前的陈忠实,愈加平易近人、宽厚和善,愈加如兄长般的朴实而周到。除却他身上耀眼的光环,他着实就像一位可敬可爱的邻家大哥。同时,这个邻家大哥又有着一般人无法企及的人格魅力和人生境界。无论是朋友还是一些作者,遇到困难,他能办的就立即想办法着手相助,比如残疾作家遇到困难了,他就想办法为他解决困难,路遥的小弟弟得了家族遗传疾病,需要治疗没有钱,陈老师先带头捐款,然后号召我们大家给路遥小弟弟捐款。陈老师是陕西作协每次捐款最多的作家。这么多年来,我自己都不知有多少事麻烦他了,也不知从他那里得到过多少张书法作品了。只要张口,他便为我办妥,书法作品也是快速为我写就让人送来。也是这些年,只要陈老师有时间,身体状况也允许,几个与他脾性相合的朋友就组成了一个饭团子,尤其到了春节,是一定要在一起聚餐的。而大多的聚餐,陈老师都要事先声明由他付账,谁要是与他抢,他定是要跟谁急的。直到2015年3月,他生病住院治疗之后，这样的欢聚才被迫停止。陈老师生病后，我总想去看望他，却又担心给他平添负担和劳累，也因为我不知道见面了该如何安慰——语言有时真是苍白无力！

2011年11月24日，在中国作家协会第八届全国委员会第一次全体会议上，陈忠实老师第三次当选为中国作协副主席。我是在消息公布后的第三天晚上才给陈老师发去祝贺短信的，为的是不至于被众多的祝贺短信淹没。陈老师收到短信，即刻从北京给我打来电话，说是开了几天的会他有些劳累，那一晚的活动他没有参加，但是见到我的短信很是高兴。我当下约他回来后一起餐叙。他爽快答应。2011年12月3日，待陈老师从北京回来，我召集了马河声、黄建国、刘炜评、周燕芬、李志虎、姚敏杰等十几位朋友为他举办庆贺会。那天，他沉浸在与大家聚会的欢乐之中，而我们也同他一起忘记了聚餐的主题，忘记了他当选副主席的那档事儿。

2015年10月10日，陈老师让邢小利约上方英文、刘炜评、朱鸿、仵埂和我等人晚上一起吃羊肉泡馍，地点在西安东门外的老孙家泡馍馆。这是陈老师生病之后，第一次与朋友们聚会。有快一年时间没有再见到陈老师了，我很是高兴，见面时更是兴奋不已，与陈老师拥抱，却感受不到以往拥抱他时身体的厚度——透过毛衣，触到的是他极其单薄的身体，令我好生心疼。待大家落座后，陈老师说，因为前一段时间治疗，啥也不想吃，现在想吃东西了，先想到的就是泡馍。他还说："我知道，你们都很关心我，也很想来看望我，我也很想大家，所以今天将大家约在一起。今天谁都别抢，由我来买单。"

陈老师只掰了一个馍，等待煮馍上桌时，我注意到他手里仍然拿着一辈子都离不开的香烟，不过不是以往标志性的雪茄，而是细短的黑卷烟。听到大家劝陈老师就此把烟戒掉，方英文却唱反调：想抽就抽。没事，抽了舒服，舒服了就健康了。那天散席很早，陈老师与我们一一握手道别，不让我们送过马路，坚持一个人走到马路对面上了车。

也因为这次一起吃泡馍，我私下以为他从此就能摆脱病魔，彻底康复，所以，到11月时，陕西省社科院文学所筹办《文谈》杂志，我首先想到的是让陈老师为我们题写刊名。短信发给陈老师，陈老师很快打来电话，说他很愿意，只是感觉他的字不太适合用于刊名。"如果不合适用，你就留作纪念吧。"陈老师这样对我说。

2016年3月《文谈》第一期出刊后，刊名的书写得到一片赞誉。然而此时得知陈忠实老师的病情并未见好，我只好将样刊放在陕西省作协的杨毅那里，而没法亲自送到他手上。

这些年，每到节日，我总会不忘用短信给陈老师送上我的祝福。陈老师不会发短信，每次接到我的短信祝福，都要马上打来电话,第一句便是:抱歉!我不会发短信,然后是感谢的话语。

2016年春节,我在福州,像以往一样发短信给陈老师,祝愿他新的一年吉祥安康。我知道他那时因为病痛说话困难,不敢奢望得到他像以往一样的回话,但是陈老师给我了惊喜,很快打电话给我。他很诚恳地说,现在他说话不方便了,只能挑选着几个人回电话致谢,给我电话之前先给白描回了电话……

万万没有想到的是,这竟然是邻家大哥——陈忠实老师在他生命的最后时刻给我打来的最后一个电话!

陈忠实老师,很快就到5月1日"国际劳动节"了,我的手机里一直保留着您的号码,又到了我给您短信问候的日子了。"五一"之后是端午节、父亲节、您的生日,是重阳节、国庆节、元旦、春节……这样的日子里,我的问候短信还会发去的,您在天堂都能收得到吗?

我相信您会一如既往地给我回电话,而我会一直期待着您的电话铃声响起……

2017年3月18日

(作者为陕西省社会科学院文学研究所副所长)

寻找越文版《白鹿原》

章学锋

从微信中得知陈忠实先生谢世的消息后,妻子第一时间就告诉我:陈老师走了。此时,我们全家正在万里之外的阿联酋,领略这个一半是海水一半是沙漠国家的独特风情。我当即就抱歉地对妻子和儿子说:我要一个人静一静。

面对蔚蓝色的波斯大海湾,我默默地坐了一个上午,又默默地坐了一个下午。满脑子都是那张遍布黄土沟壑浮雕般的脸,我总觉着,先生没有走。

那天,我去南郊先生工作室聊天。不知怎的,扯到了中国文学在世界传播的话题。我说,大凡世界级的文学名著,大抵上都有在全球范围广泛传播的经历。这个传播过程中,作品因能给世界读者以精神鼓励、智慧启示和情感抚慰而活得更长久。《白鹿原》面世这么多年,却一直没有世界上使用最广泛语言英语的出版物,这不能不说是一个遗憾!

先生当时狠劲地抽了口雪茄,直截了当地回应:"问题出在我身上。"据先生回忆,早在2000年前后,法国一家出版社来找,要出法文版。临签约时,法方说还想出别的语言版本,要将其他外语版一并签出。"我想,人家把咱的书翻译到其他国家,是好事,也没往深处细想,稀里糊涂就签了字。"2012年出版的《白鹿原》法文版,成为继日文、韩文和越南文版之后小说的第四个外文版。先生告诉我,这十多年来,"至少有六七拨人来谈过出英文版的事",美国一家大出版社还派人到北京,找到中国作协和人民文学出版社,甚至还来西安找到他,想取得英文版的授权,"但,因为有和法国签的那个合同在",所以出英文版的事就搁下了。

听完这些,我很愤然:这事,怪先生,也不能怪先生。毕竟,一个作家不可能是精通知识产权的律师。直觉告诉我,这个洋合同,是郁结在先生心头的一个隐痛。征得先生同意,我后来写了篇《当心洋合同暗算中国作家》公开披露此事,为中国作家维权鼓与呼。所幸,此事得到了中国作协的重视。

那一天,先生还兴致很高地讲了越南文版的事。20世纪末的某天,经朋友推荐,一位在越南留学的中国青年来见先生,说越南有读者想出版越文版,不知先生是否有意。得到先生的应允后,不久一位越南老太太便飞到西安,如愿拿到了先生的授权。

大概两三年后,再次碰到那个留学生,先生才知道越南

《白鹿原》的日文版与法文版。

文版《白鹿原》已由舰港出版社出版，并在越南大小书店上架销售。于是，先生就出了机票的费用委托该留学生捎本样书。先生说，当时想得不周全，那个学生娃也老实，只捎回来一本越文版《白鹿原》。陈忠实文学馆在白鹿原落成后，这部上下两册的越文版就以展品形式"定居"其中。结果是，"我手头也没越文版，有时想翻一下都不能……"

听到这里，我便接话：可以托人来找一本越文版《白鹿原》。那一刻，先生眼里流出一缕明亮的神光。

我没有料到的是，寻找越文版《白鹿原》会那么艰难——

考虑到越南从地理上距离中国广西最近，我便委托文友、北海文联董晓燕主席代为寻找。大约两三个多月后，董来电说：先委托几家旅行社的导游去越南找，但没有找到；后来，又委托北海驻越南办事处的朋友找，还是没有找到。

于是，我便发动其他去越南办事的文朋诗友代为寻找。接连找了几个月，依然没有结果。

没有办法，我去母校陕西师大求救。汉学院院办的张丽老师告诉我，正好有河内大学的教师在师大留学，而且其家人在政府部门工作，可以委托其寒假时代劳。

在绿意盎然的师大校园，我急切地把这消息告诉给了先生。为确保落实，我还当即提醒先生，最好能将越文版书的封面和版权页各复印一份，以备河内大学老师带回去比照之用。很快，先生安排陈忠实文学馆的工作人员照办。不久，又通知我随后到陕西作协杨毅处去取复印件。

我想,这回总该能为先生找到一本越南文版的《白鹿原》了吧。

2013年3月中旬的一天,我接到张丽的电话:"真抱歉,还是没找到。"同时,她还告诉我了一个出人意料的真相:河内大学的这位老师,找遍河内大小书店没有发现目标,就专程跑到舰港去寻找,但依然没有结果。最后,便动用家人在政府部门的人脉,还真的查找到了舰港出版社的相关记录资料。资料显示,舰港出版社是一个私人在1999年出资注册的,该社在只出版了一本越文版的《白鹿原》后,就自行宣告破产了。遗憾的是,当时所留电话打不通,注册办公地也已易主。

我立即联系先生,告诉所获得的最新信息。

我推测,舰港出版社的申请注册人,应该就是取得授权的越南老太太。如果这个推测是真的话,那么这个越南老太太实在太可爱、太伟大了。为用家乡的语言来传播自己喜爱的中国小说,她以一个读者的虔诚和力量,将五十万汉字的《白鹿原》翻译成越南文,还成立出版社斥资印刷出版。这样的事情,在世界文学史和出版史上也是罕见的。

虽然,帮助先生寻找越文版《白鹿原》未遂,但却证明《白鹿原》是跨越国界的优秀作品。

想起这段未竟的往事,念及先生给予我的诸多帮助,诸多人生感慨和遗憾郁结心头,一时间竟难以呼吸。突然,想到白嘉轩在朱先生谢世后喊出的那句悲叫:"白鹿原最好的一个先生谢世了……世上再也出不了这样好的先生了!"

面对蔚蓝的波斯大海湾,我默默地看沉落的夕阳一点点地将余晖洒向大海深处。满脑子都是那张遍布黄土沟壑浮雕般的脸,我总觉着,先生没有走。

(作者为《西安晚报》文化部副主任)

和陈忠实相处的日子

赵 安

听到这个消息,我木然坐了半天,脑袋里像断了片。他走了,我反复想着一个画面,白鹿原上,苍穹之下,陈忠实的背影,越走越远。我努力地想着,却始终想不出来他走着的背影,应该是什么样子。细细思量,每次,都是我从他那儿离开,他起身送我到门口,我几乎从来没有送过他。在陈老师家摆设的灵堂前,燃香伫立,鞠躬致哀。陈老师,今天我来送你了。

和陈老师相处十五六年,闹不清楚俺俩究竟是什么关系,说是朋友,少了一份亲密;师生,没有那一份传承;交往像蜻蜓点水。如果准确地用书面语言说,我们的关系是甲方乙方。

2001年7月,我和赵军驱车到陈老师的故乡,西安灞桥西蒋村去签《白鹿原》电视剧的改编合同。大约下午两三点,我们赶到了他那间前面平顶房后面窑洞的屋子。陈老师一个人在乡间写作,正准备吃午餐,两个馒头,一碗白菜熬豆腐,几块肥肉。那时我们拍的《121枪杀大案》播得正火,陈老师饶有兴趣地问东问西,抽着他的黑杠子(巴山雪茄),兴致勃勃拿出一幅他刚刚收集到的照片,是书中朱先生的原型,牛兆濂先生的遗像,让我们看。这位民国先贤目光炯炯,不怒自威,我说跟陈老师有点像,陈老师哈哈笑出了声。那是一个愉快的下午,窑洞透着阴凉。当我们怀揣着合同,在白鹿原下,灞水河畔的公路上,迎着夕阳,开着白色的普桑一路狂奔时,感觉像梁山泊里一对劫了皇纲的土匪。

版权转让三年,期限很快就到期了,我们没有拿下电视剧的立项。

2004年的6月,西安一个酷暑的晚上,我和陈老师坐在省作协一个空荡荡的办公室里谈判。陈老师想给我倒杯水,暖壶是空的。我滔滔不绝地说着三年的辛劳,企图继续续约。陈老师淡然地听着,表态像一个老农民一样简单直接:我听明白了,你说得舞马长枪的,还是拿不下这事。你不用给我解释,现在做啥事都难,你只要拿来国家批准的红头文件,哪怕是一张二指宽的条条,咱就继续。我企图舌灿莲花,嘴干舌燥了一个多小时,最后,和陈老师达成一份口头协议:你可以继续做,我也不能在一棵树上吊死,谁能批下来我就签给谁,这对大家都公平。我知道有不少影视公司虎视眈眈,但又无话可说。

陈老师把我送下楼,天黑了,我沮丧地走着,想起省作协这院子,大神云集,原来是军阀高桂滋的公馆,西安事变时羁押过蒋介石，挫败感让脊背上一个劲冒凉气。

人怕啥偏偏遇见啥，往后的日子里，经常在各种场合碰见陈老师，他偶尔会问一问我进展如何，我总是设法讲述自己的努力和辛苦。陈老师只是听着，一副不问耕耘，只问收获的淡然。我常常说到最后，就只剩下了支支吾吾。后来，就有点怕见他，怕他问起，不知该说些什么，又怕他不问，老怀疑是不是已经有人"截和"。最后发展到一看见他那张饱经风霜的脸，就心里打怵，一听见他说哪家影视公司又找他了，就心如刀绞。陈老师总是一脸淡然，皱纹深刻。记得有次省上开会，满共就二十余人，一进会场，就看见陈老师大马金刀地坐着，抽着他的黑杠子，我竟然借上厕所悄悄地溜了。这样的日子，过了五六年。

2010年10月，金秋送爽。《白鹿原》电视剧的立项批下来了。第一时间，我给陈老师打电话。陈老师不相信，说你甭哄我老汉，把红头文件拿来。我说现在没有红头文件了，广电总局只在网上公示。他仍然不信。我说，陈老师，你不信我，没问题，你找个你信任的人，上网查查，如何？

晚上，陈老师电话来了。俺俩在长安一号找了个小包间，要了一瓶红酒，点了几个小菜，他很高兴，说十年了，你终于胜利了，过程能写一部长篇小说了。我也让陈老师教乖了，直奔主题，说版权咋办。他笑了，我说话算话，版权至今我谁也没签，你批下来，以后我就只认你了。我问他对改编有什么意见，应该注意些什么？对人选有什么建议。陈老师说，小说写完，我的事就完了。发表到社会上，那就陈忠实是陈忠实，《白鹿原》是《白鹿原》了。咋改，找谁改，那是你的事了。那天我们聊得很高兴，说了很多，说什么记不准了。我只记得陈老师满脸的皱纹都开了，慈祥得像个菩萨，还有，就是第一次感到，涩涩的干红，滋味那么隽永，好喝。

编剧申捷读了上百本书，又在白鹿原上转了半个月，做好了准备，想和陈忠实谈谈。陈老师很有意思，约他时，他总是说，咱找个中间点，都不远，你跑一半，我跑一半，于是我们又约到了长安一号。他俩坐在一张三人沙发上，一人靠一头。申捷圆头圆脑，像打足了气的皮球，说到创意就眉飞色舞；陈老师稳稳地坐在那里，像半截老榆木根雕，不紧不慢，让人想起《哈利·波特》里面的老树精。陈老师谈了对人物的想法，谈了他没有展开写朱先生只身退清兵的遗憾，谈了黑娃的命运，等等。聊得很惬意，临走，我背过申捷，问陈老师，感觉咋样，陈老师又是淡然一笑，这是你的事，甭问我。临了又补了一句：我没想到他这么年轻。

在剧本创作的两年多里，陈老师打过几个电话，每次都问得很艺术，但总是一个借口，说他来了几个朋友，问到这事咋样了，所以，他问一下。我一边给他汇报着进度，一边暗自思忖，这可爱的老汉，是真有别人问了，才问一下，还是自己想催了，却不好意思。

申捷苦熬了两年半,剧本做完了。我给陈老师打了个电话,说剧本做完了,送审前,你要不要看看。陈老师说,你送吧,我不看了。语气感觉很大度,和一种已经落到你手里了,由着你糟蹋的无奈。过了三个月,省上专家研讨会开过几天后,我突然接到陈老师的电话。他说,哎,赵安,你把剧本做完也不送我一套看看?我有点蒙了。我说,陈老师,三个月前我就问你看不看,你说不看了,你可不敢冤枉我。陈老师笑了,说我忘了,赶快给我送一套。我心里有底,因为在研讨会上评价很好,著名评论家李星说,他终于发现了一个可以和陈忠实进行灵魂对话的编剧。过了大概半个月后,陈老师问我能不能约编剧一块坐坐。申捷欣然前往,在酒桌上,陈老师专门端起一杯茅台,走到申捷面前敬酒,说辛苦了,以后剧本修改,有啥事都可以找我。鬼机灵的申捷说道,陈老师,老赵说你看剧本,我紧张坏了,我就怕你骂我。陈老师笑了,说剧本你是专家,我还能骂你。大家都笑了,陈老师开心得像个孩子。

剧组紧张的筹备开始了,陈老师身体不佳的消息不停传来。张嘉译和刘进、申捷都几次提出来,要去看望陈忠实。我和陈老师联系,他说不用了,他在治疗,不方便,等他好一点,他一定会去看望大家。

开机前夕,我跑到陈老师的书房,想动员陈老师出席开机仪式。陈老师当时精神还好,就是说话吐词有些不太清楚,说几句,就要吐一口口水。我让陈老师看了演员的单人海报,陈老师看得很仔细，每一张都看半天，仿佛和自己心中的人物在对照，但他没有做品评。我说，陈老师，十几年了，终于开拍了，你这尊大神不就位，撑不起台面，哪怕去转一转，露个脸。陈老师拒绝了，说我给你写幅字吧，算是祝贺，你不是一直想要我的字么，我的字现在也很值钱了。陈老师笑着说，你说写什么词，我说我哪敢班门弄斧，你就给咱电视剧写一幅吧。于是俺俩商量起来，陈老师挥毫写下了"激荡百年国史，再铸白鹿精魂，祝贺《白鹿原》电视连续剧开拍"的四尺中堂。

电视剧开拍后，几次和张嘉译在一起喝酒，他都提到咱还是得去看看陈老师，总觉得咱不去不对劲。我又找陈老师联系了两次，他都拒绝了，他说，让大家好好拍戏，心领了，不麻烦了，我好点去看大家。电视剧前期拍完了后，我专程去给陈老师汇报，那次感觉陈老师好多了，说话也几乎正常了，而且已经在书房里又开始忙碌了，他对电视剧投资两个多亿有些吃惊，关心地问能卖回来不？我说这回赚了。他笑了：你拍九十集，还弄得大，赚了就好，再让你赔了，我还睡不安生了。我说陈老师要不要看看片花，陈老师说，我不看了，等你做好了，我再看。陈老师言谈举止，有一种病后释怀的泰然。

大概一个月前，我们为电视节剪辑了一个片花，大家还是想让陈老师看看。我又给他打电话，这回陈老师答应得很痛快，说，好，但这周不行，安排不过来，下周吧。到了下周，

电视剧《白鹿原》剧照。

我再打电话,陈老师关机了。我问陈老师的办公室主任杨毅,杨老师说,陈老师要集中打半个月针,陈老师现在最操心的也就是《白鹿原》电视剧了,等打完针后再约吧。谁知道,等来的就是噩耗。

剧组管宣发的李晓说,陈忠实逝世,剧组要在官微上发一条消息,让我看看稿子,我加了一句话:您说过,《白鹿原》的改编,您寄希望于电视剧,没能让您看到电视剧播出,是我们永远痛彻心扉的遗憾。

陈老师公祭的灵堂设在省作协,就设在高桂滋公馆里。碰见的熟人都在说,陈老师最大的遗憾,就是没看见电视剧播出。灵堂内鲜花簇拥,简洁庄重。陈老师在相片上笑着。眼神交流,阴阳相隔。我想,陈老师,您上天了,成神了,求您保佑了,我们一定会尽全力做好电视剧《白鹿原》,完成我们甲乙双方这次意义深远的约定,为中国电视剧史献上一份扛鼎之作。

我为陈老师写了一副挽联:

忠实下笔写民族心灵秘史

白鹿有幸为百年精魂代言

(作者为西安光中影视有限公司董事长,电视剧《白鹿原》出品人)

灞桥的那个老汉

赵 丰

灞桥的一个老汉。这是我无数次向户县的百姓们介绍陈忠实时的一个称谓。在百姓面前，先生很喜欢这样的叫法，而不喜欢称他为主席或者别的什么。

陈忠实与户县的来往，在未见先生之前，我多少知道些。他认识户县作家石秋凉较早，在石秋凉家里吃过一顿米汤面。1991年，段景礼的中篇小说集《风雪娘子关》出版时，请陈忠实写序。当时，陈忠实已经在全国颇有影响，但他却谦虚地说："不说序吧，权当作与这本书未来的读者交流阅读感想。"于是，他写了一篇阅读笔记，被段景礼作为序放在这部集子的最前面。

这篇文章，后来发表在冯骥才主编的《文学自由谈》1992年第2期。文中说，"今年秋末，段景礼把一摞即将付梓的中篇小说集的校样送给我，要我写序。我不胜惴惴，以为自己的学识尚不足以为人作序的自信,又不好坚辞拒绝,于是便先读作品。头一部中篇小说《栅栏门》读完,情绪很激动,而这种激动的情绪,许久以来在阅读诸多的文学杂志时已不曾发生过;及至五部中篇全部看完,我陷于一种渴望与人谈说的情绪中;于是便把阅读中的一些随时感受的笔记整理出来。不说序吧,权当作与这本书未来的读者交流阅读感想,也许不无裨益。"由此可见,先生的谦逊以及扶掖无名作者的热情。

我和陈忠实先生的初识,是 20 世纪 80 年代中期的某个夏天。总之是夏天,因为现在我依然保存着一张和他的合影,合影的地点在户县招待所南楼的某个房间。记不清他是为何而来,总之是个阳光灿烂、晴空万里的日子,景礼兄告诉我:陈忠实来了,在县招待所。于是,我们又约了仝德甫去看先生,与先生有过一席短暂的交谈。当然,谈话所有的内容与文学有关。直到现在,我还记着他当时说的一句话:"搞文学的人,总得牺牲点什么。"

依稀记得,说那句话时,陈忠实往沙发背上重重地一靠,似一堵墙靠在另一堵墙上。那时,我三十岁刚出头,血气方刚,对文学只是热爱,哪里懂得先生这句话沉甸甸的分量。

在沙发上倚靠良久,陈忠实拿出一支雪茄点燃了说:"不但要有牺牲精神,大气的作家还要在生活的缸中苦苦地泡着,千万别急着出缸,像黄酒一样,酿的时间越长,才越有味道。"

大约,他在县招待所的餐桌上喝了户县的黄酒,所以才把黄酒和文学联系到了一起。

"发表作品容易,但要在文学大厦中立一块刻着你名字的里程碑,那就不容易了。那里程碑也可以理解为一堵墙,你觉得困了时,闭上眼靠在那堵墙上,心才觉得瓷实。"陈忠实如是说。

那时的先生,和我后来多次见到的一样消瘦,脸上有着几道刀刻出来一般的皱褶。我坐在房间床边,用敬仰的目光看着靠在沙发上的他,很少说话,只是倾听。

之后很长时间,我没有见到过先生,但既然在心中已竖起一堵墙,心就瓷实得多了。我终生迷恋于文学,是与那个夏天有关的。如果没有那次与陈忠实先生的短暂相见,我也许会迷失了自己人生的方向,在庸碌和世俗中荒度一生。在岁月渐深的日子里,我把先生所说的那道墙永恒地竖立在了心中,而我又时时刻刻倚着那堵墙,没有在文学的路上倒下。

1990年12月,我加入了陕西省作协,多次在会议的间隙碰到陈忠实。我主动上前称呼一声:陈老师你好?我是赵丰。赵丰?起初几次,他总是愣着,迅速在脑海里搜索着,然后迟疑着问,是蓝田县的?不知怎么他总把我当成蓝田人。我忙纠正道,户县,户县。他握住我的手说:哦,户县户县,咱们好像见过的。后来几次,我再碰到他时,就强调了户县这个地名:我是户县的赵丰。他抓住我的手说,好好,认识认识。正说着，又来了和他握手的人，我就让开了。

1999年的冬至日，仝德普兄打来电话，说陈忠实在县城西郊的涝河旁，正在了解杨伟名的事情。

杨伟名是户县老河岸边土生土长的农民，做过村子的文书，20世纪60年代初以《当前形势怀感》（又名《一叶知秋》）上书省市以至中央，引起了强烈反响。"文化大革命"期间，杨伟名被作为"反革命修正主义分子"受到造反派的批斗与凌辱。1968年5月6日凌晨，他与妻子双双喝农药自尽。《当前形势怀感》对当时国民经济形势，特别是农村经济形势进行了剖析，对中国大势作了异常清晰的判断。20世纪末，国内报刊上关于杨伟名的悼念文章铺天盖地，诸多有识之士一致认为：杨伟名是中国农村改革的先驱者。

然而，一年之后，媒体对杨伟名的评价戛然而止。在这样的境况下，陈忠实先生来到户县了解杨伟名，令我分外惊喜。对杨伟名，我是十二分的敬仰，闻此消息，我急奔涝河边，见到了脸色凝重的陈忠实先生。他正在和仝德普以及杨伟名的儿子杨新民在杨伟名的墓地前上香焚纸。仝德普先生是第一个为杨伟名奔走呼吁宣传并写文章的户县作家，多方收集杨伟名的事迹，1995年7月在陕西旅游出版社出版了一本散文集《乡村哲人》。杨伟名的墓地，多年前就被一个工厂圈了进去，连坟头都找不到了，他们只能在工厂墙外的农田里祭奠。我到的那一刻，陈忠实正在燃烧的香火前垂首鞠躬。等他鞠完躬,我自报家门,说到十几年前在户县招待所的初次相见。他眉峰绽开,拉着我的手说,想起来了,那时你还是个娃娃,正在户县一中教书是吧?我点点头说,陈老师好记性啊。说完,我话题一转,说到杨伟名的事情。他挥挥手说,情况我都知道了,我来就是祭奠一下这位伟大的先哲。

午餐,我们在涝河桥头一家简易的饭馆吃着户县的软面。陈忠实详细询问着杨伟名的家事,杨伟名的儿子回忆着父亲的往事,先生低头在笔记本上飞快地记录着。饭还没有吃完,县委办的电话响了。电话不知怎么打到了我的手机上,说县上的领导要见陈忠实主席。我还没有回答,陈忠实就摆摆手说,不要麻烦县领导了,我这次来纯属一个灞桥老汉的个人行为,你就说我已经回西安了。县领导一来,光应酬就得费上半天工夫,还是抓紧说正事。吃过饭,先生去了县城北街七一村杨伟名的旧宅,看过了杨伟名的遗物,与杨伟名的邻居、曾任户县文化馆馆长的谢志安老先生进行了长谈,拜访了村子许多与杨伟名一起生活过的老人。天色已晚,先生要回西安,对我们说,我后半生的一个愿望,就是为杨伟名写一本书,让历史记住这位农民思想家。

上车前,陈忠实好像想起什么似的问我:"有一本书叫作《龟城》,我给题写的书名,这本书还获得了西安市的一个什么奖,作者是你吧?"我点点头。他说:"你的那部书我没有读过,但脑子里有你这个人,在《陕西日报》上我读过你的《迷人的沣河》，很大气，所以来的人让我为你的书写个名字，我就没有推辞。"我说我写得不好，怕老师笑话，就没敢给老师送。他哈哈笑了，你这娃子，还谦虚得不行。与陈忠实先生相见的数十次，这是我唯一见到他开怀大笑的一次。是源自心灵深处的笑声，充满亲切和温暖。

《龟城》是我的第一个长篇小说，1998年6月由陕西旅游出版社出版。光阴飞逝，往事依稀，记不清了是谁找陈老师题写的书名。

先生上车的那一刻，我说陈老师你一定要为杨伟名写一部书呀，我们等着看呢。他迟疑了片刻回答道，看形势吧。那一刻，我并没有悟出陈老师那句话的深邃含意。现在想起，他是经历了无数世事的人，内心里自然会有着不尽的担忧和苦闷。

2004年以后，我辞去繁忙的政务，在县文联做了主席。当时文联既没有编制和经费，也没有办公地址，无法开展工作，我只有全身心投入到散文随笔的写作，在国内报刊上发表了大量的作品。2007年9月，在省作协举行的第五次会员代表大会上，趁着午间休息，我去止园饭店他住的房间去看望他。在这次会议上，先生卸任了省作协主席。我去看他，只是想问问他关于杨伟名的的文章或者书写得怎么样了。一见面，怕先生忘记了我，照例做着自我介绍，我刚说了半句，我是户县的……名字还没有说出，他就挥手打断了我，说："知道知道,赵丰赵丰。在户县见过你两次,你在《散文》的头条发表的《背景》我看过,写得不错。"我给先生的茶杯里续了茶,他招手让我坐下,说:"你不要拘束,那次在你们户县的涝河边,我就记住你的名字了。"

我急不可耐地把话题转到杨伟名的身上,他沉思良久,大口大口地吸着烟。他说:"写杨伟名,谈何容易啊。从你们户县回来后,我一直在想,中国几千年的农民里头怎么就出了一个杨伟名!那么深邃的思想,那么高深的理论,怎么会进入到了一个只念过几天私塾的农民的脑子里。这是个谜啊。不可思议,简直不可思议!"他摇着头,又掏出一支雪茄,却没有急着点火,圆睁着眼睛说,"写这样的人,比我写白嘉轩、鹿子霖、鹿三、朱先生难得多了。如果不在户县的北街住上几年,不在涝河的水里光屁股扎上几个猛子,怎么可以写出来杨伟名那样伟大的人物?"

关于杨伟名的话题到此打住了,我不敢再问下去,又怕影响了他的休息,站起来想和他告别。他摆摆手说,"你急啥?你不是圈子里的人,又在户县,天高皇帝远,我说些出格的话也不怕。圈子里的人都知道我不轻易表达自己的观点,也就没人和我说说心里话。都是恭维、奉承,这样的嘴脸我看得多了,躲都躲不及呢。"

接下来,他的话头扯到文学上面,先生说,千万不要急功急利,那对作家不好。要低调,做人要低调,搞创作也要低调。那些被媒体、记者追着屁股报道的作家未必就是好作家。媒体永远发现不了真正的好作家。生前的曹雪芹，世上有几个人知道？真正的大家都是死后才被人记住的。因此，千万不要计较媒体对你的冷淡。一旦被媒体抓住不放，你这辈子就完了，就很难写出传世的东西了。他说，有人说我江郎才尽了才写散文。我写散文，其实是想表达我内心真实的情感，《白鹿原》是为中国农民立传，散文是为我自己立传。生活不是小说、戏剧，而是散文，生活里呈现的东西是最适宜人们阅读的一种文体。把灵魂撕破了让读者看，这是我写散文的由衷。他提醒我，散文是要有人物、细节的，要有诗的思维，最重要的一点，散文必须有思想，站在顶峰的散文作品必须有深邃的思想来支撑……

先生对散文的理解，令我耳目一新。我后来的哲学散文，是受了先生的启示的。

大约有半个多小时，都是他在说，我在听，偶尔起身为他的茶杯里添点水。时间一分一秒地过去，我感觉到先生有点累了，就站起身和他告辞。打开房门，他说，"你们户县出了个杨伟名，真了不起啊。回去替我向杨伟名的乡亲们，还有他的家人问问好。"

2005年12月6日，中共户县县委在县委常委会议室举行杨伟名精神研讨会，请来了陈忠实。先生在会议上做了长达一个多小时的发言，以略显沙哑但却掷地有声的语调对杨伟名的精神作了精辟的分析。可惜他发言的全文没有录音，我只记得大意。他用炯炯有神的目光说道，在中国20世纪五六十年代那段特殊的历史时期，杨伟名用他的思考和生命，在探索社会主义初期阶段的理论指导和路径选择如此严肃的历史命题上，付出了家破人亡的代价。这是一个普普通通的中国农民本不该付出的沉重代价……杨伟名对当时中国农村问题的沉重思考与敏锐的先觉，那种实事求是、追求真理的科学态度，体现出他对历史唯物主义和辩证唯物主义的准确把握，包容着他深邃的哲学思想。从这个意义上说，杨伟名是一个哲学家。他在最后一句话上加重了语气，一只手卸下眼镜，用炯炯的目光扫视了一眼会场，继续说道，而他敢于挺身而出，大声疾呼，以万言书上书上级党委乃至中央的勇气和胆识，则是承担了"位卑未敢忘忧国"的历史责任感。他拿起那本《一叶知秋》激情说道，同志们啊，杨伟名是一个地地道道的农民，但他思想的光辉却照亮了一个民族。他的《一叶知秋》是医生手里的手术刀，在挽救一个病入膏肓的人的生命哩……先生最后说，你们户县出了一个杨伟名，了不起呢。你们要好好珍惜这个伟人，宣传这个伟人。这是你们户县的精神财富呢，比户县农民画珍贵得多呢……会后，他欣然接受了县电视台记者马淑敏的采访。

"杨伟名是中国农民的骄傲，是史诗性的人物！"陈忠实睁开晶亮的眼睛，毫不含糊地说。

那天的研讨会,县委副书记张轶、刘博分别主持和讲话,参加会议的还有县内部分文化界人士、杨伟名的家人和乡亲。

会后,陈忠实应刘高明先生的请求,欣然在《杨伟名文存》上为杨伟名题词:有思想,且先觉,无私无畏,大写的人。

那次研讨会后,两年多的时间里,陈忠实为杨伟名的事情来过户县十几次。起初的两次,是我和仝德普先生一起陪着。他要来了仝先生的《乡村哲人》仔细阅读着,不时发出沉重的叹息声或者惊喜的赞扬声。仝德普先生因患肝病去世后,就是我单独陪他了。每次来,先生先打个电话,告知他到户县的时间,并再三叮嘱千万不要惊动任何人。来之后,不是在涝河西岸杨伟名的坟地周围走几圈,就是到杨伟名的老宅里问问杨伟名的儿子一些父亲的往事,之后在谢志安老先生家里坐坐,登门到七一村的老人家里聊聊。去村子的老人家里,先生叮咛我:不要说我的名字,就说是灞桥的一个老汉。

在涝河岸走着,陈忠实忽就发起感慨来,说你们户县怎么就出了一个杨伟名?这涝河到底有什么灵气呢?白鹿原上出了一个朱先生,他是白鹿原上的神,白鹿原的精神领袖啊,但他是中过举人的,这杨伟名没念过几天书,可怎么也就成了神?朱先生我能写出来,杨伟名我可是写不出来啊。这样的人,身上肯定有着不同凡响的东西,我挖掘不出来啊。沉默了会,他又说,"写杨伟名不能摘生瓜,必须把他的根根节节都知道了才能动笔。瓜熟透了才能下手啊!"

说这些话时，先生满是沟壑的脸上显出了某种迷惘。"为杨伟名写不出一部书，是我后半生的遗憾啊。"他叹息着。认识先生以来，我是第一次在他的脸上看到了迷惘。而这迷惘，完全是因为涝河岸边的一个农民。

先生来户县从来不带水杯，我以为他忘了带，就买了个玻璃水杯给他。他推开水杯，惊疑着问，"要这弄啥？到老乡家里，你一拿出这玩意，就拉开了和他们的距离。人家端上来一碗水，你能再倒进水杯子里？"每到一家，无论主人用什么盛水，他总是接过喝一口，然后认真倾听主人的讲述。在倾听时，他从不掏出笔记本，而是凭着记忆回头整理。

秋高气爽的一天，先生又来了户县，说今天想沿着涝河岸走到渭河，看涝河一路上的风景。半路上，他忽然说停一下，我想出了好句子，让我记一下。记完了他说，"你们户县这地方燎（好）得很，涝河边的空气好，跟白鹿原一样，让我有灵感呢，在这地方写不出好作品才怪呢。写杨伟名，只有这地方才能写好。"

距离涝店镇还有三里远，电动车没电了，先生就下了车。我推着电动车走了没多远，他说你坐上，叫我把你拉一截。我说那怎么可以。他说我想体验一下当车夫的感觉，再说总是你拉我，你总得让我还人情啊，说着就把我往电动车的后座上推。我上了车，他推了几步，车头总是歪来歪去。他停下来，呵呵笑着说，"我弄不了这家伙，活生生一头犟驴，还是你来吧。"

到了涝店镇,我给电动车充电,他一个人在街上转悠,和一个卖菜的老汉谝了半天。电充好了,他过来说多亏这车子没电了,要不然就碰不到卖菜的那老汉了。我想知道他得到了什么收获,他说吃饭吃饭,肚子叫唤呢。我和他便进了一家面馆。面刚端上来,他问店主要大蒜,还问是不是马营的蒜。"姚村的辣子,马营的蒜,渭曲坊的红芋担百担。"这是户县的特产,不用说,先生是从《户县志》上看到的。

那个下午,我们就沿着河岸一直骑到渭河。秋天里,涝河是不缺水的,偶尔有水鸟贴着水面滑翔。先生说:"白鹿原上有只神鹿,这涝水里有只神鸟,说不定这鸟就是杨伟名的替身呢。"

一个冬日的上午,先生和我走进涝河北岸的北河头村,村子的一条街上有人家在办喜事。先生看着人们将臊子面从盆里高高挑出来的样子,很是羡慕。他说能不能尝一碗?我为难地说,那家人我不认识。先生径直走到桌前,对正在捞面的人说,我是灞桥来的老汉,没吃过你们户县的臊子面,能不能给一碗?那人说,灞桥来的?好远呢。喜事嘛,高兴人凑热闹。你坐着,我给你捞一碗。先生坐下,接过臊子面碗,操起筷子,把面条扯得很高,津津有味地吃了起来。正吃着,先生忽然想起了我,于是喊道,"给我的这个兄弟也来一碗!"吃了一碗,有人过来要给他盛第二碗,先生说我自己来,他就学着人家的样子把面条挑得老高盛进碗里。

上午,来贺喜的人不多,但是臊子面的锅还得支应着。帮忙的"执事"们都是些上岁数的老人,他们围在账桌前聊闲话。听说是灞桥的人,一个老人说,灞桥好地方,灞柳风雪啊。

陈忠实还在吃着第二碗臊子面,回答道,那是过去的风景了,现在也不咋的。另一位戴眼镜的光头老汉问,写《白鹿原》的陈忠实好像是灞桥人?你认识不?陈忠实说,认识认识。老汉又问,那人咋样?先生回答沃(那个)人不咋向,啬皮得很,整天白吃人家的。说着,看着我笑了。老汉说,不过人家那书写得美得很,我女子看过的。陈忠实吃完了第二碗,掏出雪茄让给几个老人。几个老汉说,你那烟我们抽不惯,只有一个接过了,把他正在吸的旱烟锅递给陈忠实,问哑(抽)得动。陈忠实接过了老汉的旱烟锅,在老人们那一桌坐下,美美地抽了几口。那老汉说,今年你们那儿庄稼咋个向?陈忠实说,雨水好,旺势得很。老汉瞧了瞧陈忠实,说我看你不像农村的老汉,是个做大事的人呢。陈忠实做出一副惊讶的样子说,我能做大事?我能做什么大事?你笑话我呢。老汉摇摇头,认真地说,你甭哄我,你不像平地卧的人。

我看着先生抽烟锅的样子很想发笑,他瞪了我一眼,问老汉们当地一些结婚的乡俗,又问他们听说过杨伟名么?戴眼镜的光头老汉说,知道,咋的不知道?活着的话应该八十多了,比我大三岁。那时我也在村子当文书,我们是一个公社,在一起经常开会呢。那年扫盲,他还来我们村教村子人识字呢。后来"文化大革命"来了,造反派批斗他,想不通就喝药死了。陈忠实叹息了声说,要不是"文化大革命",杨伟名就不会死得那么早了。旁边另一位老人说,这手挡不住风,世上的事都有定数呢。

陈忠实歪过头悄声问我,那老人说的"手挡不住风"是啥意思?我说大概是说一个人的力量太小,抵御不了上天。先生说,有意思,有意思,这是哲学家的话啊。十点多,办喜事的主人拿来了一沓红纸和毛笔墨汁,问写对联的人来了没有?戴眼镜的光头那个老汉大概是筹办喜事的大总管,说还没来。陈忠实说我写一副看咋样?主人有点怀疑地看着陈忠实,让陈忠实抽他的旱烟锅的老汉说,这个灞桥的老汉写字绝对没麻达。主人便将毛笔递给了陈忠实。陈忠实拿起毛笔蘸了墨,问写啥内容?戴眼镜、光头的老汉说,就是喜事么,你随便写。陈忠实想了想,便裁了红纸,挥笔写下一副对联:

良缘一世同地久
佳偶百年共天长

刚写出上联,周围的人就都啧啧称赞,说字好内容也好。主人说这是婚房的对联,喜棚也得一副,上下联分别十个字。对联的内容我只记得有"涝河之畔""宾客棚座",其他的想不起了,犹记得周围的人一片喝彩声。

写完放下毛笔,陈忠实坐下来,要来了老汉的旱烟锅,装上旱烟叶抽起来。

午时过后,主人请来助兴的"自乐班"一帮人到了,调好了音弦,一个人唱了段《三娘教子》,问在座的谁来一段?我知道陈忠实喜欢秦腔,便看了眼他。他说你娃子想看我的洋相呢。话是那样说,却下意识地咳了咳嗓子,有点想唱的意思,我便问他唱什么?他想了会儿说,《铡美案》里包拯最后的唱段,只是他记不住唱词,看有没有本子?我去问了"自乐班"的领班,他在一个包里翻了翻,说有。我就说让灞桥的那个老汉来一段包拯咋样?领班说好得很,于是让几个人调好弦索。我把《铡美案》的剧本给了陈忠实,鼓掌道,"欢迎灞桥的老汉唱段包拯!"陈忠实站起来清了清嗓子,对着本子唱了起来:

"王朝马汉一声报,国太护铡难下刀,龙国太值得她的龙凤爪,难道我舍不得这黑头脑,在头上卸去乌纱帽,身上再脱蟒龙袍,走进铡口将身倒……"

腔调不那么准,但却铿锵有力。

唱完,先生大吼一声:"包文拯,你这个青天大老爷啊!"

此后的许多日子,先生那掷地有声的吼声不断地在我脑子里萦回。先生是有着浓厚的亲民情怀的一个作家。他那一刻的吼声,自然是对那个敢于为民做主的"包公"怀着万分的敬意。

一阵掌声过后，"自乐班"的人被主人领着到另一桌坐下，喝酒吃凉菜，吃臊子面。

这天，陈忠实在北河头村待了多半天。下午两点左右，我忽然想起省作协会员、农民诗人章立是这个村子人，便给他打了个电话。很快，他就骑着自行车到了。我说你和他聊聊当地的一些民风民俗，并叮咛他不要暴露陈忠实的身份。我向陈忠实介绍了他，陈忠实热情地握了握章立的手，坐到了另一桌。

和章立聊了大约一个多小时，陈忠实过来到账桌前，掏出二百块钱，交给登记礼钱那个戴眼镜的光头老汉。老汉不收，说你不沾亲带故的，随的啥礼？那老汉叫来了主人，主人说你这礼钱坚决不能收，你给我们写了对联，感谢还来不及呢。章立也劝了先生几句。陈忠实说，出门碰到喜庆事，也就沾了喜了，你不收我就可能要倒霉呢。听他这么说，主人也就不好再坚持，戴眼镜的光头老汉问写什么名字？陈忠实说，你就写"灞桥老汉"吧。主人搓着手，看看章立，又看看我，说这这这……章立说，这是灞桥老汉的一片心意，你就收了吧。和主人、章立以及几个老汉一一握手之后，我让先生上了电动车，拉他出了村子。

路上，先生高兴地说，今天的收获大得很。这就是诞生一个农民思想家的沃土啊。《白鹿原》我写了一个民族的秘史，写杨伟名，则是写一个民族的智慧呢。以文学的形式来写杨伟名,将一个历史人物转化为一个文学形象,这对我来说,肯定是一个巨大的挑战啊。

在户县,先生还收集了许多类似于民间语录的大实话,譬如:"人是人,鳖是鳖,喇叭是铜锅是铁。""天上下雨地上滑,自己跌倒自己爬。""为王的坐椅子,脊背朝后,没料想把肚子放在了前头。""老天爷把咱淋湿,还得把咱晒干。"他把这些话记在了本子上,常常面对着某句话沉思。有一次,他感慨道,"你们户县民间的话语很有哲学智慧呢,这就是杨伟名生活的环境嘛。一个哲人的问世,与他生存的这块土壤有很大关系啊。"

2012年9月19日,我带着自己刚刚在作家出版社出版的长篇小说《小城文化人》和我主编的《画乡文化》2012年第4期,去了陈忠实在西安石油大学的工作室。那期刊物的头条,我用了先生的散文《关于一条河的记忆和想象》,是他对家乡灞河的人文记忆。见到我,他沟壑纵横的脸上现出了笑容,热情地招呼我在凌乱的工作室的沙发上坐下。接过我的《小城文化人》,他说,不写散文了,改写长篇了?我说,这个题材酝酿了好多年,算是对自己有个交代,这也许是我的最后一部小说了。

翻开那期《画乡文化》,先生看到自己文章里的配图,问道,你在哪儿找的这张照片?我这个灞桥的老汉,很少如此笑容灿烂啊。

我说，这也是我的心愿，愿老师永远心花怒放啊。先生哈哈笑了，好，好，我何尝不想如此呢，只是人生多苦难，难啊。

我问先生怎么好久不到户县去了，先生叹口气说，咋不想去啊？一是身子懒了，精力差了，二是七事八事缠身，好几个出版社催着要书稿，泥菩萨过河，自身难保呢。他掏出四棱见角的雪茄说，《白鹿原》之后，我确实动过再写个长篇的念头，像蒲城的那个晚清军机大臣王鼎，搜集了些素材，但总是欠火候。关于杨伟名，我想搞个纪实性的长篇，也许无法超越《白鹿原》，但我会用心去写。但这件事难啊，资料有限得很，再说我怎么也进入不了杨伟名的内心世界。他从身上摸出打火机，点燃了雪茄说，写不出杨伟名，是我的心病。这辈子，怕是要带着这遗憾入土了。我说，凭老师的本事，我相信一定能成。先生摆摆手，眉宇的皱褶间呈现出忧郁来，杨伟名太神奇了，他是我们这个民族的灵魂啊。这样的人不但我写不出来，恐怕再过二十年，也没有人能写出来！

"留待后人吧！"先生沉思着说。

到了2015年的春夏之交，我听说先生患病了，传来的消息先是轻微脑梗，后来又是口腔溃疡，都不确切，急着打电话问先生，他说没事没事，七十岁都过了，身体还能没个碎毛病。我说去看先生，他说不来了，我一会这儿一会那儿，省得你白跑。你放心，我再活个七年八年的没问题。

先生的话题又扯到我，嗓子有点嘶哑，语音很低沉。他说你远离圈子，远离闹市，肯定很寂寞，不过这不是啥坏事，水泥堆堆里能长出什么好庄稼？一棵苗苗，在野地里才能欢实生长呢。把我关在西安的城墙里头，再给我陈忠实五百年，也写不出《白鹿原》来！终南山、涝河边都有灵气呢，不然怎么会出了个杨伟名？能出杨伟名的地方肯定是风水宝地，你娃子在那儿待一辈子不吃亏！记住，千万不要害怕寂寞。一个人只有把寂寞留在心底，才能盛得下整个世界。如果战胜不了寂寞，那就不要当作家了。放下电话前，先生提到了杨伟名，说你们户县要赶紧把杨伟名的墓地重新修了，工厂搬不走，可以在厂墙外修个墓地嘛，免得祭奠时连个坟头都没有。再有，把杨伟名的旧居保护下来，条件成熟的话，也可以建个纪念馆，起码对这位伟大的农民思想家有个交代嘛。电话那头突然无声了，我喂喂了几声，先生的声音才传过来，为杨伟名立传，这件事我还没死心呢。等身体好些，我还要去户县，你给我在县城北街寻一间房，里面有个炕，有一张桌子，有一把椅子就行了。我要好好住一段时间，把杨伟名生前的事情吃透。为杨伟名写传，就是为中国的农民立传，哪怕豁出这条老命！语气之坚定，完全不像一个身患绝症之人。

电话里先生最后的语气，令我宽慰许多。心里存放着一个强烈念头的人，怎么会轻易死去呢？

2016年4月29日8时34分,我正在工作室写作,突然接到一位在省政府工作的户县籍朋友的短信:

今晨7点45分左右,著名作家、茅盾文学奖获得者陈忠实,因病在西京医院去世,享年七十四岁。

陈忠实,一个用《白鹿原》震撼了世界文坛的灞桥老汉,一个活了七十四岁的文学信徒,在陕西西京医院乘云西去!

5月3日中午,我与户县文联的几位同志赶到西安建国路的省作协驻地,为先生送去了花圈,在他的灵堂前深深三鞠躬,送先生上"路"。

(作者为陕西省西安市户县文联主席,《谷雨》杂志主编)

编 后 记

2016年4月陈忠实先生因病离世，让他的亲人、朋友、读者痛惜不已。一年过去了，我们的悲伤或许有所缓和，思念却更加深重。

陈忠实先生和人民文学出版社所结的缘分，将永远成为文化史上的佳话。当年他将自己的心血之作《白鹿原》交给人民文学出版社，出版社对其高度肯定并积极宣传和发行。该书一面世即赢得了广大读者以及文学评论界的普遍赞誉，并获得了茅盾文学奖，二十余年畅销不衰。二十年后，陈先生不忘当初，在人民文学出版社设立"白鹿当代文学编辑奖"，用自己的稿费奖励在长篇小说出版方面有突出成就的编辑。其深情厚谊，令人感动。

在与他的合作过程中，人民文学出版社的几代编辑都为他的风范所感动，他的宽厚真诚、朴实善良、慷慨幽默令熟识他的人都永生难忘。他因《白鹿原》得到了无数读者的热爱，但在现实世界里，他的身份并不只是"作家"就能涵盖得了的。得到他提携帮助的也并不仅仅是文学圈子里的人，他们有民间艺人，也有普通民众。在最后送别他的那天，现场涌动的人潮，就能说明人们对他的敬仰。这样的陈忠实，可能许多人还并不了解。为此，人民文学出版社编辑部在先生逝世一周年之际，特意编辑了这本《陈忠实纪念集》，以纪念这位令人尊敬的大师。

陈忠实先生去世后，社会各界人士写下了大量纪念文章，本书精选了其中的三十一篇。同时又约请先生的亲人、同事、朋友从亲情和友情的角度新写了九篇，以尽可能补充新的记忆侧面，让读者形成更清晰的印象。这些文章提供了忠实先生日常生活中的一些片段和为人处世的一些细节，十分珍贵。在编辑此书的过程中，我们还从上百幅陈先生的影像中，挑选了二十余张照片插于书中，希望借助这些文字与图片，为读者呈现一个更为真实生动的陈忠实。为了全书体例的统一，编者对部分文章的细节有所调整，希望能得到作者的谅解。收入本书的所有文章，均按作者姓氏音序排列先后，在此特予说明。

随着时光流逝，随着《白鹿原》等作品文学价值的持续凸显，相信了解、热爱陈忠实先生的人，在痛定思痛时，会不断梳理记忆，沉淀感情，深化对先生的理解，相信到时一定会有更新、更丰富的文章出现。期望不久的将来，我们还能出版此书的续集。

斯人已逝，他留下的文字将长存于世，陈先生将永远活在一代又一代读者心里！

人民文学出版社编辑部

2017年5月